U0742169

安徽师范大学传媒视界丛书

安徽师范大学新闻与传播学院

部校共建论文集

第2辑

马　梅　张师帅·主编

马星宇　朱飞虎·副主编

安徽师范大学出版社
ANHUI NORMAL UNIVERSITY PRESS

·芜湖·

图书在版编目(CIP)数据

安徽师范大学新闻与传播学院部校共建论文集.第2辑／马梅,张师帅主编.-- 芜湖:安徽师范大学出版社,2025.4.

ISBN 978-7-5676-6775-4

Ⅰ.①安… Ⅱ.①马… ②张… Ⅲ.①新闻学－传播学－文集 Ⅳ.①G210-53

中国国家版本馆CIP数据核字(2024)第099852号

安徽师范大学新闻与传播学院部校共建论文集.第2辑　　马 梅　张师帅◎主编

责任编辑:阎　娟　　　　责任校对:王　贤

装帧设计:王晴晴　汤彬彬　责任印制:桑国磊

出版发行:安徽师范大学出版社

　　　　　芜湖市北京中路2号安徽师范大学赭山校区

网　　　址:https://press.ahnu.edu.cn

发 行 部:0553-3883578　5910327　5910310(传真)

印　　刷:安徽新华印刷股份有限公司

版　　次:2025年4月第1版

印　　次:2025年4月第1次印刷

规　　格:787 mm × 1092 mm　1/16

印　　张:19.25

字　　数:335千字

书　　号:978-7-5676-6775-4

定　　价:68.00元

凡发现图书有质量问题,请与我社联系(联系电话:0553-5910315)

目 录

马克思主义新闻观

品牌传播

媒体融合

新闻教育

历史与文化

媒介化社会研究

马克思主义新闻观

习近平对中国共产党新闻舆论观的继承与发展

丁柏铨[*]

摘　要：习近平新闻舆论观对中国共产党新闻舆论观既有继承又有发展。（1）始终不渝坚持新闻事业党性原则，阐明了党性和人民性"从来都是一致的、统一的"关系。（2）在任何情况下都十分重视新闻舆论工作，就舆论所作出的很多重要论述是此前所没有的。（3）发挥新闻媒体作为党、政府和人民的喉舌功能，由"党媒姓党"谈党媒该当好党和人民的喉舌。（4）坚持以正面宣传为主和重视舆论监督。正面宣传为主，要增强新闻的吸引力和感染力，阐明"舆论监督和正面宣传是统一的"；要求发挥舆论监督包括互联网监督的作用。（5）始终坚持并体现新闻真实性原则，将真实性比作新闻的生命，要求"根据事实来描述事实，既准确报道个别事实，又从宏观上把握和反映事件或事物的全貌"。（6）遵循新闻传播规律、新兴媒体发展规律、新闻舆论的传播规律、网络传播规律以将新闻舆论工作提至自觉境界。（7）提出"媒体融合"这一理论与实践全新命题。（8）提出展现中国形象与扩大国际传播中的话语权。（9）坚持以高标准进行新闻队伍和优良文风建设。对新闻舆论工作职责使命和新闻舆论工作者角色身份进行准确定位。提出培养"全媒型""专家型"新闻人才。提出"短、实、新"的文风要求。（10）提出创新理念、内容、体裁、形式、方法、手段、业态、体制、机制。

关键词：习近平；新时代；新闻舆论观；中国共产党；继承；发展

---

*作者简介：丁柏铨，教授，博士生导师，主要研究方向：新闻理论与实务、舆论学。

引 言

以党的十八大为标志，中国进入了新时代。在这样一个新时代，举国上下正在为实现"两个一百年"的宏伟目标而奋斗，国内主要矛盾已转化为人民日益增长的美好生活需要和不平衡不充分的发展之间的矛盾，新兴媒体在先进技术推动下颠覆原有社会舆论格局和社会话语格局的程度更甚。习近平总书记就新闻舆论工作和意识形态工作发表的系列重要讲话，对这方面的工作有着重大指导意义。

习近平对中国共产党新闻舆论观既有所继承又有所发展，本文就此进行探讨。

（一）研究习近平新闻舆论观的意义

1.新闻舆论关乎一系列重大问题

舆论是形成了交集的"众议"，而"众议"则是公众公开表达的意见。马克思认为，舆论是一种普遍的、隐蔽的、强制的力量[1]。舆论几乎存在于一切有人类活动的空间之中，是为普遍性。舆论中的由口头意见形成的部分既看不见又摸不着，多以隐蔽的形态存在，是为隐蔽性。舆论通过作用于人心的方式，对有关行为主体形成巨大压力；而一旦形成"舆论倒逼"之态，则更是呈现出某种强制力，是为强制性。舆论对特定的人和事或砭或褒，以此作用于人们的精神和心理层面。其特殊作用在于：既反映人心向背和聚散（是人心向背和聚散的晴雨表），又影响人心向背和聚散（发挥了对人心向背和聚散的牵引作用）。而新闻舆论则是社会舆论中相当重要的、自为（而非自在）的部分。

中国共产党新闻舆论观，是引导人心朝着"向"（向往之）和"聚"（聚拢之）方向发展的行动指南和理论升华。正是因为舆论反映和影响人心向背、聚散，所以习近平说："党的新闻舆论工作是党的一项重要工作，是治国理政、定国安邦的大事……做好党的新闻舆论工作，事关旗帜和道路，事关贯彻落实党的理论和路线方针政策，事关顺利推进党和国家各项事业，事关全党全国各族人民凝聚力和向心力，事关党和国家前途命运。"[2]党的新闻舆论工作与上述一系列重大问题密切相关，是上述大事、要事的人心支撑，因而极其重要。

2.习近平新闻舆论观是新时代新闻舆论工作的指南针和定盘星

习近平新闻舆论观，是围绕新闻舆论工作历史经验和现实状况形成的理论观念，是当下这方面工作的经验和要旨的科学总结，有着指导新闻舆论工作的实践意义和理论意义。

其一，在新时代，改革将进入"深水区"，将在负重艰行的过程中得以进一步深化。有待进一步深化的改革，将触及社会成员更深层次的利益分配格局。与此密切相关，社会舆论和舆情的内容、形态将更趋复杂。习近平新闻舆论观，将为难度更大的社会舆论和舆情引导提供及时、可行的思想和行动指南。

其二，在新时代，面对社会主要矛盾的变化，一方面，需在更高层次上满足人民日益增长的美好生活需要；另一方面，必须促进平衡发展、充分发展。在此进程中，新闻媒体和新闻舆论工作者在更大程度上满足人民日益增长的美好生活需要方面，有许多事情要做（例如：提供真实的、有价值的信息，为人民行使知情权提供方便条件，以优质的精神产品为受众服务等），可谓任重而道远。

其三，在新时代，与西方某些发达国家在意识形态较量、博弈方面，将会处于持续的激烈状态之中。西方某些发达国家通过社交类媒体对我国进行的意识形态渗透，较之先前更为隐蔽、更具力度、更加无孔不入。我国在确保意识形态安全方面的任务更加繁重、艰巨，新闻舆论工作在其中无疑担负着比以往难度更大的任务。

其四，在新时代，新兴媒体将在以往已经发挥了巨大作用的基础上进一步发挥其作用，媒体融合发展将进入新的境界。随着传播技术及与此密切相关的大数据、人工智能、区块链、5G、量子计算等的迅速发展，新闻舆论工作将不断面对新的严峻挑战。先进技术可以用来助推新闻舆论工作，提高其传播力、引导力、影响力和公信力；也可以颠覆现有的舆论格局和话语格局，使得掌握话语主动权和主导权变得更加艰难。

其五，与上述诸多因素密切相关，社会舆论格局和话语权格局将继续存在发生变局的可能性。面对互联网这个"最大变量"，不使网络战场上的领导权旁落，始终是一个极其重要、任何时候都不可掉以轻心的重大问题。

3.习近平新闻舆论观丰富和发展了马克思主义新闻观

习近平新闻舆论观就新时代新闻舆论领域的许多"现实突出问题"进行了

深入思考和精辟论述，具有极高的理论价值。习近平新闻舆论观是对中国共产党已有新闻舆论观的继承和发展，是其思想宝库中的新的智慧结晶，也是马克思主义新闻观的最新发展成果。因此弥足珍贵。

（二）习近平新闻舆论观是中国共产党原有新闻舆论观合乎逻辑的发展

习近平新闻舆论观，是党的整个新闻舆论观乃至马克思主义新闻观中的一个重要构成部分，在诸多方面与中国共产党此前的新闻舆论观一脉相承，从中汲取了丰富的思想养料，是中国共产党原有新闻舆论观在新的历史条件下合乎逻辑的发展。新时代较之此前，在诸多方面具有一致性和连贯性，如：在各个方面坚持党的坚强领导，将中国特色社会主义不断向前推进，维护人民的国家主人地位，依法治国，加强执政能力建设等；但在许多方面面临新情况：社会主要矛盾已经转化，深化改革的难度有增无减，新兴媒体造成的社会舆论格局和话语格局被颠覆的状况仍在继续，西方发达国家借助社交类媒体对我国的意识形态渗透呈加剧趋势。随着时代发展，在继承中国共产党原有新闻舆论观的基础上创新发展，是题中应有之义。

一、始终不渝坚持新闻事业的党性原则

（一）中国共产党历任领导人都十分重视新闻事业的党性原则

中国共产党的历任主要领导人，从毛泽东、邓小平到江泽民、胡锦涛、习近平，都十分重视新闻事业的党性原则，并就此作出过重要论述。可以说，中国共产党自从有了自己的新闻事业后，在各个历史时期中始终要求新闻媒体和新闻工作者坚持党性原则，可谓一以贯之。

毛泽东关于"政治家办报"的观点，可以理解成是关于坚持新闻事业党性原则的一种富有特色的表述。习近平则要求：坚持党管媒体原则，严格落实政治家办报要求，确保宣传工作领导权牢牢掌握在忠于党和人民的人手里[3]。

（二）习近平新闻舆论观在党性问题上的创新发展

毋庸讳言，在比较长的一段时间里，在主流语境中很少提及与党性相辅相

成的人民性。笔者注意到，时任中央政治局常委、分管意识形态工作的李瑞环，曾在《坚持正面宣传为主的方针》的讲话[4]中，就党性和人民性的关系作过以下阐述："我们的新闻事业是党的新闻事业，是社会主义国家的新闻事业，新闻的党性同新闻的人民性，两者是统一的。我们党的宗旨是全心全意为人民服务，除了人民的利益以外，党没有自己的私利。党是人民利益的最集中的代表者。因此，党的耳目喉舌当然是人民的耳目喉舌。新闻工作对党负责与对人民负责是完全一致的。"[5]李瑞环提出了"新闻的党性和新闻的人民性，两者是统一的"这一命题，但党性和人民性被限定在"新闻"这一层面，概念外延并没有覆盖整个新闻工作和新闻事业，更没有覆盖包括新闻作品、新闻工作、新闻事业在内的整个社会生活；而与党性相统一的人民性，也并没有在主流语境中得到应有的高度重视。

习近平在这一问题上的创新发展是：阐明了党性和人民性之间"从来都是一致的、统一的"[6]关系。中国共产党最高领导人此前没有作过这样的重要论述。这里的党性和人民性，既涵括了新闻，又不限于新闻；因此，不仅在理论新闻学方面有突出的贡献，而且在党建理论、政治学等方面也是有所突破和有所创新的。习近平不仅指出其应然，而且指明其实然；不仅着眼于当前，而且道明是"从来"；既强调两者"一致"，又强调归于"统一"。这一论述，纠正了在党性和人民性关系问题上存在的种种误识（如：把人民性和党性相对立、相割裂，主张用党性取代人民性，认为人民性无关紧要，认定人民性高于党性等）。习近平在党性和人民性关系问题上的创新发展，对指导新闻舆论工作乃至各方面工作有着重大意义。

（三）新时代坚持新闻事业党性原则须探讨的问题

列宁认为："党性是高度发展的阶级对立的结果和政治表现。"[7]在当今中国，阶级并没有消亡；在世界范围内，阶级客观存在。只要存在着阶级，阶级性就必然存在，党性是阶级性的集中体现的判断就仍然是正确的。

不可否认，在现实政治生活和社会语境中，阶级和阶级性的概念确已淡化，使用频率也已大大降低。为此，在当前条件下理解和把握党性，须在列宁的上述表述外增加如下表述：党性同时又是特定政党根本性质的集中体现。这两句话合起来就可以表述党性的含义。对于中国共产党来说，其党性不仅是工人阶级阶级性的最高表现，同时也是"中国工人阶级的先锋队，中国人民和中华民族的先锋队"的根本性质及"全心全意为人民服务"最高宗旨的集中体现。在中国的国情条件下，新闻事业党性原则是中国共产党的党性和党性原则在新闻舆论工作中的具体体现。在不同历史时期的新闻舆论工作中，都必须坚持中国共产党的党性原则；在新时代同样必须如此。

二、在任何情况下都必须十分重视新闻舆论工作

（一）在革命战争年代"笔杆子"的作用不可或缺

在革命战争年代，中国共产党所领导的舆论工作，是与"枪杆子"配合使用的"笔杆子"，充分发挥了动员人民和凝聚人心的舆论力量（舆论的力量，其实也就是作用于人心的力量和通过人心得以彰显的力量），其作用不是"枪杆子"可以取代的，因而不可或缺。毛泽东做出过如下正确论断：

"凡是要推翻一个政权，总要先造成舆论，总要先做意识形态方面的工作。革命的阶级是这样，反革命的阶级也是这样。"[8] 这一论断得到了实践的有力证明。

（二）新中国成立后舆论涉及思想防线能否巩固

新中国成立后，舆论工作仍然十分重要并始终受到党的主要领导人的高度重视。毛泽东提出的上述重要命题，完全可以延伸至这一时期，即：凡是要巩固一个政权，总是要先形成舆论，要做意识形态方面的工作，可以说是概莫能外。为巩固政权而筑的防线可以有多条；而思想的防线一旦被冲垮，其他各种防线都将被冲垮。思想防线被冲垮的本质是人心被搞乱。而一部分舆论所产生的，是使社会公众"销魂""失魄"而形成相对于政权的离心力。例如在苏联解体的过程中，舆论发挥的就是这样的作用。

邓小平说过："拿笔杆是实行领导的主要方法"，"拿笔有多种。党和政府写决议、指示、计划，发电报，这是很重要的，但指示、电报只能传达到一定范围的干部。任何政策如果只同干部见面，不同群众见面，是不能产生效果的。拿笔杆子中，作用最广泛的是写文章登在报纸上和出小册子，再就是写好

稿子到广播电台去广播。出报纸、办广播、出刊物和小册子，而又能做到密切联系实际，紧密结合中心任务，这在贯彻实现领导意图上，就比其他方法更有效、更广泛，作用大得多。"[9]可见邓小平深谙让"笔杆子"发挥舆论作用的路径。

20世纪80年代末，时任党的总书记的江泽民先后提出了"坚持正确的舆论导向"和"以正确的舆论引导人"的重大理论和实践命题。这就同时解决了两大问题：一是指明了舆论应该被引至的方向，二是指明了舆论发挥影响力的方式。被引至的方向一旦发生错误，舆论将会产生毒害人们心灵的恶劣作用，带来社会震荡的严重后果，这比特定主体使用武力消灭一些人的躯体还要可怕得多。舆论发挥影响力的方式如果不当（过于直露让人反感，过于生硬令人难受，过于绝对招人厌烦），都不可能收到润物无声、让人心悦诚服并从心底里予以认同之效。李瑞环在《坚持正面宣传为主的方针》的讲话中曾说："新闻舆论随时随地都在影响着人们的思想和行动。一条新闻，可以启迪人民奋发进取，也可能混淆视听，涣散人心。还必须看到，随着改革开放的深入，国外境外的大批记者进行采访，国外境外的各种声音也通过种种渠道迅速地传递进来，其中有许多新闻报道，或由于作者的政治偏见，或是有意造谣歪曲，往往造成错误的舆论影响。利用舆论蛊惑人心，进行颠覆煽动，已成为敌对势力实行和平演变战略的一个重要手段。因此，正确发挥新闻舆论在当代社会生活中的导向作用，既是正确引导人民群众的需要，也是反对敌对势力反动宣传的需要。"发挥舆论导向良好的正向作用，避免其负面影响，委实是一件极其重要的事情。江泽民提出的"舆论导向正确，是党和人民之福；舆论导向错误，是党和人民之祸"的"福祸"论[10]，是关于舆论导向重要性的经典表述。而胡锦涛的"舆论引导正确，利党利国利民；舆论引导错误，误党误国误民"[11]论，则是关于舆论引导重要性的言简意赅的精彩见解。

（三）习近平就舆论所作的很多重要论述是前所未有的

1. "高举旗帜"引领舆论导向

习近平在党的新闻舆论工作座谈会上的讲话即"2·19"讲话中提出："高举旗帜，引领导向"[12]，意即用高高举起的马克思主义旗帜，对舆论导向加以引领。这是舆论导向理论在新的条件下的创新发展。在当下，舆论引导主体已多元化，大致有：

（1）官方和官媒（含官微和微信公众号等）。原来就是主体，现在依然是主体。不过其主体地位经常受到其他主体的挑战。

（2）众多商业网站。它们是公众接受新闻信息的重要和主要的渠道，在公众中具有相当大的影响力。

（3）某些社会组织。所发之声通过其官方微博和微信公众号等渠道发布传送，往往会引起不小的舆论反响。

（4）相当多的意见领袖。其一部分意见，顺应了或引领着民意，在舆论场域中往往产生"登高一呼、应者云集"的效果，在一些重要舆论场合被称为掌握着引爆舆论和舆情的"核按钮"。

（5）在特定情况下使舆论和舆情爆发或发酵的"草根"。他们平时可能只是随大流者或围观者，但在特殊情况下，因披露了关于重大突发危机事件现场的重要信息，或发表了众人心中所有而口中所无的重要见解、信息和意见而被广泛转发，使舆论和舆情被引发、引爆，或改变走向。

上述所列，除第（1）条外，均为新媒体时代到来前所没有的景观。高举旗帜引领舆论导向，将使正确舆论导向获得根本性保障，不因受干扰而发生偏差和错误。

2.重视"好"与"不好"的舆论的差异性

正误舆论导向产生的效果截然相反。诚如习近平在"2·19"讲话中所说：好的舆论可以成为发展的"推进器"、民意的"晴雨表"、社会的"黏合剂"、道德的"风向标"，不好的舆论可以成为民众的"迷魂汤"、社会的"分离器"、杀人的"软刀子"、动乱的"催化剂"。他对"好的舆论"和"不好的舆论"形象的、对比性的描述，说得在理、点得到位，很有启发性，很有传播力。对舆论作"好"与"不好"的区分，是对不同导向所产生的殊异效果的揭示。

3.坚持正确舆论导向的全时空覆盖

在"2·19"讲话中，习近平说："新闻舆论工作各个方面、各个环节都要坚持正确舆论导向。各级党报党刊、电台电视台要讲导向，都市类报刊、新媒体也要讲导向；新闻报道要讲导向，副刊、专题节目、广告宣传也要讲导向；时政新闻要讲导向，娱乐类、社会类新闻也要讲导向；国内新闻报道要讲导向，国际新闻报道也要讲导向。"表述为"也要讲"的传播媒介、传播内容、传播形态，在讲导向方面存在着问题。要全时空地坚持正确的舆论导向，不留盲区、不留死角。这无疑是从时空上将坚持正确舆论导向的重大命题向前推进了一大步。

4.从战略层面认知网络及网络舆论

习近平这样评价互联网的作用："当今时代，以信息技术为核心的新一轮科技革命正在孕育兴起，互联网日益成为创新驱动发展的先导力量，深刻改变着人们的生产生活，有力推动着社会发展。"[13]从论述中使用的"创新""驱动""先导"等一系列重要的关键词，可以看出习近平对互联网作用的高度评价及在互联网问题上的理念和思路。

互联网被用于新闻传播后，深刻改变了社会舆论的固有格局。其中一个表现是：传统主流媒体不再成为公众接受新闻信息的主要渠道和首选渠道。习近平直陈问题的严重性："很多人特别是年轻人基本不看主流媒体，大部分信息都从网上获取。"他强调，"必须正视这个事实，加大力量投入，尽快掌握这个舆论战场上的主动权，不能被边缘化了"[14]。他从正面提出了掌握网络"舆论战场上的主动权"的重大命题，又从另一面提出"不能被边缘化了"的告诫。互联网深刻改变社会舆论的固有格局，再一个表现是：网民可以通过自己手中的自媒体，就社会事件及时发声，参与形成社会舆论，甚至成为舆论的始发点和其发展过程中的重要转折点。

在这样的背景下，习近平在2013年全国宣传思想工作会议上的讲话中指出："互联网已经成为今天意识形态斗争的主战场。西方反华势力妄图以这个'最大变量'来'扳倒中国'，我们在这个战场上能否顶得住、打得赢，直接关系我国意识形态安全和政权安全。这个阵地，我们不去占领，人家就会去占领。现在看来，必须要把网上斗争作为意识形态领域斗争的重中之重和当务之急，高度重视起来，抓紧干起来，讲究战略战术，坚持下去，久久为功。"[15]习近平的以上观点体现出高屋建瓴和揭示本质的特点：第一，互联网在今天已成意识形态斗争的主战场；第二，作为当今社会中"最大变量"的互联网，被西方反华势力用作"扳倒中国"的工具，必须正视这一事实；第三，在意识形态斗争中尤其应该以网上舆论斗争为重中之重，使之体现出最高的优先级。

5.网上舆论引导须把握好时、度、效[16]

网上舆论引导较之线下舆论引导的任务更加艰巨、繁重。把握网上舆论引导的时、度、效，这属于舆论引导艺术范畴中的一个重要命题（其基本原理同样适用于包括线下的所有舆论引导），体现出习近平对舆论引导最终归宿的高度重视。这里所说的"效"，是舆论引导所要实现的终极目标，也是其价值之所在。舆论引导的无效果和负效果，都不应是新闻媒体和新闻舆论工作者的预期；如果出现这样的情况，应予以特别重视并进行认真整改。"效"既是舆论引导三维度中的其中一个维度，同时又是"时"维度和"度"维度两者所指向和要实现的目标。离开了传播者对于"时效""时机""时宜"的合乎新闻传播规律的把握，离开了传播者对于报道内容、报道方式恰如其分的拿捏，舆论引导的良好效果就无从谈起。可见，三个维度是合为一体的，而"效"又是作为终极目标而存在的。

如此，三者形成了内在统一关系。

三、新闻媒体应发挥党、政府和人民的喉舌功能

马克思要求报刊成为人民的耳目喉舌："报刊按其使命来说，是社会的捍卫者，是针对当权者的孜孜不倦的揭露者，是无处不在的耳目，是热情维护自己自由的人民精神的千唤万应的喉舌。"[17] 在马克思所处的时代，掌握政权者与人民处于严重对立状态（属于统治者与被统治者、压迫者与被压迫者之间的对立），因此，报刊作为人民的喉舌，为人民发声，主要表现在对当权者进行"孜孜不倦的揭露"和体现"热情维护自己自由的人民精神"。中国共产党在成为代表人民执政的执政党以后，始终坚持将新闻媒体定位为党、政府和人民的共同喉舌。由于中国共产党除了为人民谋利益以外没有自己的特殊利益，因此，新闻媒体既要当好党和政府的喉舌，又要当好人民的喉舌，这不仅是应当做到的，而且也是可以做到的。新闻媒体作为党、政府和人民共同的喉舌，既应该让人民群众听到党和政府的声音，又应该让党和政府听到人民群众真实的声音。

刘少奇早在新中国成立前夕对华北记者团谈话时就说过："你们的笔，是人民的笔，你们是党和人民的耳目喉舌。"[18] 他明确提出了"党和人民共同喉舌"的重要观点。胡耀邦在任党的总书记期间说过："党的新闻事业是党的喉舌，自然也是党所领导的人民政府的喉舌，同时也是人民自己的喉舌。"[19] 他对党

和政府的喉舌与人民的喉舌的一致性阐述得非常清楚。江泽民说过:"我们国家的报纸、广播、电视是党、政府和人民的喉舌。这既说明了新闻工作的性质,又说明了它在党和国家工作中的极其重要的地位和作用。"[20]

"喉舌"论,其理论内核为新闻媒体是党、政府和人民的喉舌。它不仅过去是而且现在也仍然是新闻媒体和新闻舆论工作者的行事准则和行动指南。习近平在"2·19"讲话中说:"党和政府主办的媒体是党和政府的宣传阵地,必须姓党……必须成为党和人民的喉舌……必须自觉在思想上政治上行动上同党中央保持高度一致……体现党的意志、反映党的主张……做到爱党、护党、为党。"他由"党媒姓党"谈党媒应该当好党和人民的喉舌,这一意见的现实针对性在于:有些党媒工作者,缺乏"党媒姓党"的意识;也有一些党媒工作者,常常忽略了在当好党的喉舌的同时必须当好人民的喉舌,甚至将人民的喉舌与党的喉舌对立起来。

四、坚持以正面宣传为主和重视舆论监督

(一)以正面宣传为主方针的思想溯源

通过追根溯源,我们可以看到,关于媒体功能,毛泽东没有提出过正面宣传或正面宣传为主的思想方针,但在新中国成立后有过"总不能以暴露为主"的表态[21]。胡耀邦在1985年2月说过:"报纸上,大体应当是八分讲成绩、讲光明、搞表扬,二分讲缺点、讲阴暗面、搞批评。这样,既有利于促进整党,又合乎今天我们社会的实际。"[22]应该说,其他媒体的情况和报纸是大体相似的。"八分讲成绩""二分讲缺点",是形象的说法。它不仅是一种重要的宣传策略,而且也是"合乎今天我们社会的实际"的,体现了重视本质真实和总体真实的重要观点,因此胡耀邦的上述观点得到了社会客观实际的强有力支撑,可谓是"以正面宣传为主"方针的思想渊源。

(二)正确理解"正面宣传为主"中的"正面"和"为主"

20世纪80年代末,李瑞环提出"以正面宣传为主的方针"。此后,贯彻此方针一直是我国新闻舆论工作的工作指南。李瑞环在《坚持正面宣传为主的方

针的讲话中》对"正面"和"为主"作过如下诠释:"我们所说的'正面',所说的'为主',就是要着力去宣传报道鼓舞和启迪人们发展社会生产力的东西,鼓舞和启迪人们坚持四项基本原则、坚持改革开放的东西,鼓舞和启迪人们加强社会主义民主和法制建设的东西,鼓舞和启迪人们推进社会主义精神文明建设的东西,鼓舞和启迪人们热爱伟大祖国和弘扬民族文化的东西,鼓舞和启迪人们维护国家统一和民族团结的东西,鼓舞和启迪人们为推动世界和平与发展而斗争的东西。总之,一切鼓舞和启迪人们为国家的富强、人民的幸福和社会的进步而奋斗的新闻舆论,都是我们所说的正面,都应当努力加以报道。"他以上述七个方面对"正面"作出了界定;又以"着力"宣传和"努力"报道,对"为主"进行了强调。

习近平在"2·19"讲话中说:"团结稳定鼓劲、正面宣传为主,是党的新闻舆论工作必须遵循的基本方针。做好正面宣传,要增强吸引力和感染力。"一方面是将正面宣传为主作为新闻舆论工作必须遵循的基本方针,另一方面又有针对性地要求正面宣传必须增强吸引力和感染力,体现出在继承基础上的发展。

(三)舆论监督和正面宣传是统一而不是对立的

正面宣传并不排斥舆论监督。舆论监督虽然在十三大报告中才首次出现,但是此前的批评报道实际上已经发挥了舆论监督的作用。"以正面宣传为主的方针",其中"为主"的正面宣传内容,并不是宣传(报道)的全部内容和唯一内容。它为不属于正面宣传的舆论监督类报道预留了足够空间。李瑞环在《坚持正面宣传为主的方针的讲话中》说过:"坚持正面宣传为主的方针与正确地实行舆论监督是一致的。新闻舆论的监督,实质上是人民的监督,是人民群众通过新闻工具对党和政府的工作及其工作人员进行的监督,是党和人民通过新闻工具对社会进行的监督。"这段论述科学地阐明了舆论监督与正面宣传之间内在的一致性。它们统一于党的利益、人民的利益及两者高度的一致性。

习近平在"2·19"讲话中指出:"舆论监督和正面宣传是统一的,而不是对立的。"可以看出,在正面宣传和舆论监督的关系问题上,习近平很好地继承了中国共产党新闻舆论观中原有的思想理论精髓。

在舆论监督问题上,习近平还指出:"要把权力关进制度的笼子里,一个重要手段就是发挥舆论监督包括互联网监督作用。这一条，各级党政机关和领导干部特别要注意，首先要做好。对网上那些出于善意的批评，对互联网监督，不论是对党和政府工作提的还是对领导干部个人提的，不论是和风细雨的还是忠言逆耳的，我们不仅要欢迎，而且要认真研究和吸取。"[23]互联网监督，是充分体现民意和俯拾皆是的舆论监督，因而是常态性的舆论监督。能否自觉接受互联网监督，对领导干部而言是一个十分严峻的考验。

五、始终坚持并恪守新闻的真实性原则

（一）"根据事实来描写事实"和"忠实地报告"事实

马克思关于新闻真实性的经典性论述有：要"根据事实来描写事实"，而不能"根据希望来描写事实"[24]。虽然都是"描写事实"，但两者存在着天壤之别。"根据事实"即为将事实作为报道的依据，"描写事实"即为按事实的原貌进行叙述。"根据事实来描写事实"，是为据实报道和如实报道，符合新闻真实性要求。"根据希望来描写事实"，是为基于主观意愿和主观臆断加以报道，不仅在消息源和报道内容方面会出现谬误，而且在叙事方面也难免会产生偏差，从而违背了新闻真实性要求。

马克思从源头上厘清了真实新闻和虚假新闻的界限。

毛泽东的"忠实地报告我们革命工作的事实"[25]理念和经验，是对敌展开舆论斗争时使用的法宝，同时也对新闻舆论工作有着普遍的启迪意义。报告事实，这表明事实是向公众进行报告的对象和内容；而尤其重要的是"忠实地报告"，这不仅是报告者所该秉持的态度（实事求是，一丝不苟，真诚直率），也是报告者所应追求的效果（报告与事实完全吻合）。事实所包含的雄辩力量，通过"忠实地报告"而得以充分展现。

（二）新闻必须是客观的、真实的、公正的、全面的

新中国成立以后，刘少奇在与新华社负责人谈话时指出："新华社要成为世界性通讯社，新华社的新闻就必须是客观的、真实的、公正的、全面的，同时必须是有立场的。和其他通讯社相比，尽管观点不一样，但是新闻报道是客观

的、真实的、公正的、全面的，这就能在世界上建立威信。"[26] 新闻必须真实，这是全世界新闻从业者的共识（不排除对新闻真实的理解和展示存在差异）。正因为如此，真实是刘少奇提出的新华社在世界上建立威信的不可缺少的四要素之一。它与客观、公正、全面密切相关。只有客观，才可能真实（不致因主观因素的影响而对事实作出偏离真相的反映）；而真实地反映事实，方才称得上是客观的。报道真实，方才谈得上公正。报道全面，是真实性必不可少的条件，离开或背离了新闻真实，报道者就无威信可言。贯彻上述"八字方针"与体现"必须是有立场的"要求，两者关系如何处理，这是一个比较大的难题。但在"必须是有立场的"（当时还被要求有阶级立场）的前提下强调真实性，就更显出新闻真实在刘少奇心目中的极端重要的地位。

（三）从总体上、本质上以及发展趋势上把握事物的真实性

江泽民曾对新闻真实性进行过系统的论述："新闻的真实性，就是要在新闻工作中坚持党的一切从实际出发、实事求是的思想路线。我们坦率地指出新闻工作的阶级性和党性原则，因为我们新闻工作的阶级性和党性同新闻的真实性是一致的"，"我们的新闻工作者要做到真实地反映生活，就要深入进行调查研究，不仅要做到所报道的单个事情的真实、准确，尤其要注意和善于从总体上、本质上以及发展趋势上去把握事物的真实性"[27]。以上论述包含的要点有：（1）新闻工作的党性原则与新闻真实性是一致的。中国共产党的党性原则本身就包含了实事求是的思想路线这一重要内容，恪守新闻真实性是在新闻工作中贯彻实事求是思想路线的题中应有之义。（2）新闻真实源于新闻工作者深入的调查采访。如果在调查采访中浮光掠影、浅尝辄止，缺乏对新闻事实的基本了解，又焉能真实地反映生活？（3）从总体上、本质上以及发展趋势上去把握事物的真实性，这样才能避免产生"一叶障目、不见森林"、囿于表面真实而背离本质真实、对事实的判断与发展趋势相背离等问题。

（四）实事求是地反映情况，坚决反对弄虚作假

胡锦涛曾强调："要坚持讲真话、报实情，实事求是地反映情况，坚决反对弄虚作假。要切实改进文风，写文章、搞报道都要言之有物、生动鲜活、言简意赅，切忌八股习气。"[28] 不讲真话、不讲实情、不实事求是地反映情况，是

指：不说真心话语，不讲实在情形，反映情况包含虚假成分。此外，将坚持新闻真实性与倡导优良文风、抵制恶劣文风结合起来，这也是胡锦涛论述中的特别引人注目之处。

（五）将真实性视为新闻的生命

习近平在"2·19"讲话中谈及新闻真实性时说："真实性是新闻的生命。要根据事实来描述事实，既准确报道个别事实，又从宏观上把握和反映事件或事物的全貌。"将真实性喻为新闻的生命，足见习近平对新闻真实性的重视、推崇。"根据事实来描述事实，既准确报道个别事实，又从宏观上把握和反映事件或事物的全貌"，是将马克思关于新闻真实性的名言和江泽民的相关论述加以融会贯通得出的合理论断。

六、遵循规律，将新闻舆论工作提升至自觉境界

（一）马克思和列宁奠定的理论基础

在《〈莱比锡总汇报〉的查封》一文中，马克思指出："要使报刊完成自己的使命，首先不应该从外部施加任何压力，必须承认它具有连植物也具有的那种为我们所承认的东西，即承认它具有自己的内在规律，这种规律它不能而且也不应该由于专横暴戾而丧失掉。"[29]马克思针对报刊直接使用了"内在规律"的概念。列宁曾说过：规律就是关系，是本质的关系或本质之间的关系[30]。准确把握事物内部以及事物之间的本质关系，可把握住事物本身的客观规律。这是列宁所揭示的路径。

（二）中国共产党人做过的探索

中国共产党的历任领导人特别是毛泽东，就新闻规律、新闻传播规律作过许多极有价值的理论和实践探索工作，不过并没有提及上述概念。在习近平担任党的总书记之前提及新闻规律、新闻传播规律的分别是李瑞环和胡锦涛。李瑞环于1989年11月在《坚持正面宣传为主的方针》的讲话中说过："我们社会主义新闻改革的目的，就是使新闻工作更加符合新闻的党性原则，更好地遵循

新闻的规律，发挥现代化舆论工具的功能，发挥新闻作为党、政府和人民的耳目喉舌作用。"他当时用的是"新闻的规律"的提法。在强调党性原则时能同时强调"新闻的规律"，是很有眼光的。胡锦涛于2008年6月提出："按照新闻传播规律办事。"[31]在中国共产党的最高领导人中，他首提新闻传播规律，这表明中国共产党对于新闻工作的领导和指导进入了一种新的境界。

（三）习近平所作出的新贡献

习近平谈新闻工作的规律性，可追溯至1989年5月。当时作为福建宁德地委书记，他在接受新华社福建分社记者许一鸣专访时说："新闻学作为一门科学，与政治的关系很密切。但不是说新闻可以等同于政治，不是说为了政治需要可以不要它的真实性，所以既要强调新闻工作的党性，又不可忽视新闻工作自身的规律性。"虽然"新闻工作自身的规律性"和新闻规律或新闻传播规律并不是完全等同的概念，但至少可以说明习近平作为地委书记，在领导和指导新闻工作时，具有遵循新闻工作规律的高度自觉意识；可以使人从新闻工作自身的规律性的角度正确把握新闻与政治、新闻与党性之间的关系。

在新时代，习近平要求遵循的新闻、舆论（包括网络舆论）、传播（包括网络传播）规律有四种，即：新闻传播规律、新兴媒体发展规律、新闻舆论的传播规律、网络传播规律[32]，既涵盖了传统媒体，也涵盖了新兴媒体。新闻传播规律以外的其他三种规律，都是由习近平在党中央领导层面首提的。

新兴媒体发展规律，是新兴媒体在形成、成长、壮大过程中呈现的规律。新兴媒体迅猛发展，其客观存在的发展规律及运行规律均不同于传统媒体的规律。在媒体融合中，不为人们所熟知的新兴媒体发展规律，必定在深层次发挥其作用。潜心研究、深入了解、正确掌握新兴媒体发展规律，有其不言而喻的重要性和紧迫性。

新闻舆论的传播规律，是舆论中新闻舆论的传播规律。它与舆论的规律既有联系又有区别；作为新闻舆论传播规律，它与舆论的一般运行规律也有所不同。在当下舆论极易形成大潮甚至狂潮因而亟须新闻舆论发挥对社会舆论引领作用的情况下，关注并遵循新闻舆论传播规律，至关重要。

网络传播规律与线下传播规律的差异十分明显。但这仅是问题的一个方面。问题的另一个方面是：新闻舆论工作者对网络传播规律理解的深度和广度，往往制约着把握和运用此规律的能力。如果用线下传播的方式来运作线上传播，就不可能使此项工作具备应有的传播力、引导力、影响力、公信力。

七、作为全新理论与实践命题的媒体融合发展

（一）媒体融合不同于此前的媒介融合研究与实践

在习近平总书记提出媒体融合之前，国内外新闻学界和业界人士对媒介融合的研究已有所触及。但或只限于理论探讨，或只限于小范围实验。习近平提出的媒体融合，既有学术的含量，又推动和指导着全国性的大规模媒体融合发展实践。这与此前的媒介融合理论探讨和相应实践有显著区别。

（二）媒体融合自提出后经历的三个阶段

媒体融合，是指传统媒体和新兴媒体融合发展。媒体融合提出后历经了三个阶段：

第一，提出并初步实施"媒体融合"阶段。2014年8月18日，习近平主持召开中央深改组第四次会议，审议并通过《关于推动传统媒体和新兴媒体融合发展的指导意见》。值得注意的是：这一属于顶层设计的内容由此上升为国家战略。媒体融合进入国人视野，媒体融合发展的理论和实践探索逐渐为人们所接受，传统媒体和新兴媒体"你中有我、我中有你"的状况逐渐为业界和学界人士所认知。

第二，从相"加"阶段迈向相"融"阶段。习近平在"2·19"讲话中说："融合发展关键在融为一体、合而为一。要尽快从相'加'阶段迈向相'融'阶段，从'你是你、我是我'变成'你中有我、我中有你'，进而变成'你就是我、我就是你'，着力打造一批新型主流媒体。"媒体融合由此进入了新的境界。

第三，向纵深发展的阶段。2019年1月25日，习近平在主持中共中央政治局就全媒体时代和媒体融合发展举行的第十二次集体学习时发表的讲话中说：全媒体不断发展，出现了全程媒体、全息媒体、全员媒体、全效媒体，信息无处不在、无所不及、无人不用，导致舆论生态、媒体格局、传播方式发生深刻

变化，新闻舆论工作面临新的挑战。我们要因势而谋、应势而动、顺势而为，加快推动媒体融合发展，使主流媒体具有强大传播力、引导力、影响力、公信力，形成网上网下同心圆，使全体人民在理想信念、价值理念、道德观念上紧紧团结在一起，让正能量更强劲、主旋律更高昂[33]。这是媒体融合发展的新的更高境界。

（三）习近平论及了媒体融合过程中的若干重要问题

其一，互联网思维。此概念虽然在互联网业界早有人提出，但由习近平将它引入新闻舆论工作范畴和政治语境之中，仍然有其不寻常的意义。提出互联网思维的要旨是摆脱传统媒体思维的束缚。传统媒体思维的缺陷是：以自我为中心，不将自己的服务对象放在极其重要的位置上。而互联网思维的本质是以用户/客户为中心，是为用户/客户提供优质服务。媒体融合，如果停留于传播平台和渠道的融合、内容生产和推送的融合、传播方法和手段的融合，而不转变思维方式，那肯定是不能成功的。

其二，多方面深融。具体是指：传统媒体和新兴媒体在内容、技术、渠道、管理、经营等方面的深度融合。其中，应以先进技术为支撑，以内容建设为根本。先进技术无疑极为重要，能在一定程度上帮助提高内容生产、制作手段和精准推送的水平；但它们毕竟是为内容建设服务的，技术再先进，并不能直接对人们的精神世界和心理世界产生实质性的影响。因此在媒体融合中抓好内容生产，才能确保传播主体立于不败之地。

其三，主流媒体转型。传统媒体已经或正在式微（被边缘化），这是不争的事实。但此态势并非绝对不可改变，可行之道是走媒体融合之路，通过转型，使传统媒体成为新型主流媒体。实行媒体融合的最终目标是：传统媒体和新兴媒体融为一体。在此过程中，可以使传统媒体善于做深度报道和做"有思想、有温度、有品质"作品的特点展现得淋漓尽致；新兴媒体的传播速度快捷、传播手段灵活、传播范围宽广、便于用户接收等优势得以凸现。经由这样的融合，新闻媒体得以全面提升传播力、引导力、影响力、公信力。

其四，形成现代传播体系。这个传播体系，既包括新闻媒介体系、传播形态体系，也包括传播业务体系和传播理论体系，体现了宏大的构想和丰富的内容。

八、展现中国形象与扩大国际传播中的话语权

(一) 我国对外传播取得了引人瞩目的成绩

新中国成立后，中国共产党领导的新闻事业，在对外传播中国声音和展示中国形象方面做了许多卓有成效的工作，取得了引人瞩目的成绩。早在20世纪50年代中期，毛泽东就曾要求新华社"把地球管起来，让全世界都能听到我们的声音"[34]。如前所述，刘少奇也曾希望新华社在世界上建立威信。

江泽民论及对外传播，对"正面宣传""事实""规律""研究""本领"等关键点有所强调："要坚持以正面宣传为主、以事实为主、以我为主的方针。考虑宣传重点内容和工作部署，一定要着眼于增进外国人对中国的理解和支持。对外宣传工作有自己的规律，要加强研究，不断提高对外宣传的本领。"[35]

胡锦涛要求统筹国内国际两个大局，注重在谋划全局中提高对外宣传实力[36]。"在世界范围内各种思想文化交流交融交锋更加频繁的背景下，谁占据了文化发展制高点，谁拥有了强大文化软实力，谁就能够在激烈的国际竞争中赢得主动。"[37]他提出的"统筹国内国际两个大局"和提升"文化软实力"，是对外传播战略思想中的重要内容。

(二) 习近平在推进对外传播方面的重要贡献

首先，顾及传播对象———讲好中国故事。对外传播的目标受众是外国的政要、媒体记者和公众，不能指望让他们来倾听我国的若干新闻媒体的宣讲；如果讲的是生动有趣的中国故事，他们则可能有兴趣了解。因此，应该学会讲好中国故事，将中国元素中的妙不可言之处不着痕迹地融入其中，将要讲的道理、主张、意见自然巧妙地隐含其中。这既是一种叙事策略，同时也体现了对目标受众的尊重。

其次，注意合理合度———真实、立体、全面地展示中国形象。对外传播所做的主要工作之一是向世界展示中国的形象。展示形象讲究合度。习近平说，要展示真实、立体、全面的中国形象[38]。对真实的中国形象进行真实的展现。任何夸大、虚假、失真、拔高、掩饰，都是不可取的。所展示的形象是立

体的、丰满的,而不是平面的、干瘪的。所展示的形象,还应当是全面的,而不是片面的。这样"展形象",才可能让人感到可信并愿意认同和接受。

最后,注重话语体系。长期以来,对外传播的话语体系与国内传播的话语体系基本没有区别。其实,国内传播的话语体系尚未达到理想状态,经常受到公众的诟病;以这样的话语方式直接面对国外的受众,怎么可行?有鉴于此,习近平提出:要打造融通中外的新概念新范畴新表述。

九、以高标准进行新闻队伍和优良文风建设

(一)中国共产党新闻舆论观中关于新闻队伍建设的精髓

1.邓小平的"人类灵魂工程师"说

邓小平关于新闻队伍建设的要求,体现在他对"思想战线的战士"的要求上。他认为:"思想战线上的战士,都应当是人类灵魂工程师。"[39]人类灵魂工程师从事的是"铸魂"(从正向影响人们的灵魂)的工作,其重要性非同小可。新闻舆论工作者应该以"思想战线的战士"的标准严格要求自己,首先要对自己进行"铸魂"的工作。这是最根本性的要求。

2.江泽民对新闻队伍建设的系统表述

江泽民在视察解放军报社时,对军报队伍建设提出了涉及四个方面的系统要求:"政治强、业务精、纪律严、作风正。"[40]这对整个新闻队伍建设也是完全适用的。他在视察人民日报社时,对全体新闻工作者提出了打好"五种根底"、发扬"六种作风"[41]的全面要求,为新闻工作者个人成长和新闻队伍建设指明了目标和方向。

3.习近平的主要创新发展

(1)在"2·19"讲话中,习近平对党的新闻舆论工作职责使命和新闻舆论工作者角色身份进行了准确定位,将新闻舆论工作职责使命表述为:"高举旗帜、引领导向,围绕中心、服务大局,团结人民、鼓舞士气,成风化人、凝心聚力,澄清谬误、明辨是非,联接中外、沟通世界。"上述"48字方针",是对新闻舆论工作职责使命的全面概括,涵盖了举旗引领导向(关键所在)、服务中心和大局(所处地位)、团结鼓劲和激浊扬清(国内任务)、增进中国和世界

的相互了解（外部关系）等各个方面，既高屋建瓴，又言简意赅。以往党的最高领导人对新闻工作、宣传工作、舆论工作的任务也提出过要求，也都很有高度和指导性；但从职责使命的高度和角度对整个新闻舆论工作进行全面论述，这是第一次。

与新闻舆论工作的职责使命相联系，习近平在"2·19"讲话中还对新闻舆论工作者的角色、身份作出了重要论述：党的政策主张的传播者、时代风云的记录者、社会进步的推动者、公平正义的守望者。这是对新闻舆论工作者个体和整体而言的。他们作为传播者，无疑要及时、精准地传播党的政策主张、大政方针，为人民群众释疑解惑；作为记录者，仔细观察，秉笔直书，忠实地记录时代风云，激励当代人、影响后来人；作为推动者，以自己的勤勉努力，为社会的进步和发展作出应有贡献；作为守望者，"勿忘人民"，为捍卫人民的利益不遗余力地鼓与呼，全力维护社会公平正义。党的最高领导人对新闻舆论工作者的角色身份进行如此全面完整的论述，这是第一次。

（2）提出了培养"全媒型""专家型"新闻人才的新要求。习近平根据时代发展的实际情况，对新闻队伍建设和新闻人才培养提出了新的要求。其中特别引人注目的是：提出培养"全媒型""专家型"新闻人才。

当下，传播新闻的载体/媒介，已经不再是单一的纸质媒体、广播媒体和电视媒体（后两者为电子媒体），而已经是"全媒体"，是可以将各种传播形态和图像符号融于一体的"全媒体"，是集"全程媒体、全息媒体、全员媒体、全效媒体"于一体的"四全媒体"。新闻舆论工作者倘若非"全媒型"人才，势必无法与其担当的职责使命相适应，必定难堪重任。

如果说"全媒型"人才须较多地掌握先进传播技术的话，那么"专家型"人才则须具备特定领域的专业知识和专业素养。唯其如此，方才具备与高端专家对话的资格，方才可能形成有启发性和能发挥引领作用的思想见解，生产出具有真知灼见和具有穿透力的新闻作品。而"专家型"新闻人才不是轻易就能培养成功的，除了外部条件外，人才自身须付出持之以恒的努力。

（二）致力于批评不良文风和推动优良文风建设

历史上，毛泽东发表过《反对党八股》的著名檄文。他所痛斥的就是恶劣的文风。新闻作品文风不良甚至文风恶劣，就会拒人于千里之外，就会从根本上失去受众。

特定主体的文风与其工作作风紧密相联，与社会风气密切相关。1992年，邓小平在视察南方期间发表的重要谈话中说："现在有一个问题，就是形式主义多。电视一打开，尽是会议。会议多，文章太长，讲话也太长，而且内容重复，新的语言并不很多。重复的话要讲，但要精简。形式主义也是官僚主义。"[42] 他在批评新闻文风时，触及了工作作风（形式主义、官僚主义）这一深层次的问题。陷入"党八股"深坑者，即使导向正确也仍然是一无可取的。

江泽民说：要力求做到生动活泼，群众喜闻乐见，切忌形式主义、教条主义，切忌简单生硬。思想工作必须讲求春风化雨，润物无声，耐心细致，潜移默化[43]。

2010年，习近平曾批评"长、空、假"的文风，提出了"短、实、新"的文风要求[44]。而他本人在体现优良文风方面更是为国人做出了榜样。在"2·19"讲话中，要求新闻舆论工作者："转作风改文风，俯下身、沉下心，察实情、说实话、动真情，努力推出有思想、有温度、有品质的作品。"放低身段，力戒浮躁，掌握实情，敢讲实话，融入真情，属于转作风的范畴；而推出的作品达到"有思想、有温度、有品质"的水准，则是优良文风的充分体现。

十、将不懈创新贯穿于新闻舆论工作始终

（一）把创新摆在国家发展全局的核心位置

我们今天所处的新时代，是一个比以往更期待和呼唤创新的时代。唯有创新，才能在激烈的国际竞争中胜出，才能使各项工作达到优胜的地步。习近平曾说过："面对日益激烈的国际竞争，我们必须把创新摆在国家发展全局的核心位置，不断推进理论创新、制度创新、科技创新、文化创新等各方面创新。"[45] 新闻舆论工作，是一项比其他工作更应体现"苟日新、日日新、又日新"特点的事业。离开了"苟日新、日日新、又日新"，新闻舆论工作就会黯然失色。就此而言，把创新摆在新闻舆论工作的核心位置，这是一个永恒的主题。

（二）创新理念、内容、体裁、形式、方法、手段、业态、体制、机制

党的新闻舆论工作面对的是有思想有感情的人，是受到先进技术熏陶和激荡的活生生的人。如果新闻舆论工作疏于创新、了无生气，就无法吸引受众，就会被受众无情抛弃。而传播格局、传播生态和受众喜好的变化，也正在倒逼新闻舆论工作不懈地进行创新。正是在这样的背景下，习近平在"2·19"讲话中说："随着形势发展，党的新闻舆论工作必须创新理念、内容、体裁、形式、方法、手段、业态、体制、机制，增强针对性和实效性。要适应分众化、差异化传播趋势，加快构建舆论引导新格局。"也就是说，新闻舆论工作需要全方位创新，从新闻产品的生产、传播的创新，到行业、业态的创新，再到管理理念、体制和机制的创新。习近平论及的九种创新，涵盖了新闻舆论的制作和推送端、客户和接收端、服务和管理端。这样一种关于新闻舆论工作的创新论述是前所未有的。

（三）在诸多重要的创新中尤其关注内容创新

习近平认为："对新闻媒体来说，内容创新、形式创新、手段创新都重要，但内容创新是根本的。"[46]笔者在前文引述了习近平在论及内容与技术关系时对内容重要性的强调，此处则是在论析新闻生产时对内容创新所做的强调。他要求部队新闻舆论工作者："要多深入基层、深入一线、深入官兵，了解第一手材料。要善于观察，在众多材料中发现好材料，找到反映时代精神、反映官兵面貌、能够引起广泛共鸣的材料。要善于思考，深入发掘好材料的内涵，梳理和阐发好材料中蕴含的隽永的精神和深刻的道理，运用丰富的新闻语言、形式、方法、技巧创作出精品力作来。"[47]这是他为内容创新指明的努力方向和具体进路。

习近平新闻舆论观，在继承中国共产党原有新闻舆论观的基础上，实现了全方位的创新发展，其内涵十分丰富，可谓博大精深。本文由于受到篇幅的限制，只能论及主要的方面。这是需要特别加以说明的。

参考文献：

[1]《马克思恩格斯全集》第1卷，人民出版社1995年版，第385页。

[2]杜尚泽：《习近平在党的新闻舆论工作座谈会上强调：坚持正确方向创新方法手段　提高新闻舆论传播力引导力　刘云山出席》，《人民日报》，2016年2月20日，第1版。

[3]《习近平关于社会主义文化建设论述摘编》，中央文献出版社2017年版，第33页。

[4]见李瑞环1989年11月25日在中共中央宣传部举办的新闻工作研讨班上发表的讲话：《坚持正面宣传为主的方针》。

[5]《十三大以来重要文献选编》（中），人民出版社1991年版，第734页。

[6]《习近平关于社会主义文化建设论述摘编》，中央文献出版社2017年版，第23页。

[7]《列宁全集》第13卷，人民出版社1987年版，第273页。

[8]见毛泽东1962年9月在中共八届十中全会上的讲话。

[9]《邓小平文选》第1卷，人民出版社1994年版，第145页。

[10]《江泽民文选》第1卷，人民出版社2006年版，第564页。

[11]见胡锦涛2008年6月20日考察《人民日报》创刊60周年时发表的讲话。

[12]杜尚泽：《习近平在党的新闻舆论工作座谈会上强调：坚持正确方向创新方法手段　提高新闻舆论传播力引导力　刘云山出席》，《人民日报》，2016年2月20日，第1版。（以下引文中凡出自"2·19"讲话的，不再一一加注。）

[13]《习近平致首届世界互联网大会贺词全文》，新华网，http://www.xinhua-net.com/zajx/2014-11/19/c_133800180.htm，2014年11月19日。

[14]《习近平谈媒体融合发展：关键在融为一体、合而为一》，人民网，http://media.people.com.cn/n1/2018/0822/c40606-30244361.html，2018年8月22日。

[15]《意识形态领域斗争要敢于亮剑》，人民网，http://politics.people.com.cn/n/2013/0903/c70731-22782905.html，2013年9月3日。

[16]《习近平：创新改进网上宣传　把握网上舆论引导的时度效》，国家网信办，http://www.cac.gov.cn/2014-02/28/c_126205895.htm，2014年2月28日。

[17]《马克思恩格斯全集》第6卷,人民出版社1956年版,第275页。

[18]《刘少奇选集》上卷,人民出版社1981年版,第404页。

[19]胡耀邦:《关于党的新闻工作》,中国网,http://www.china.com.cn/cpc/2011-04/12/content_22343622.htm,2011年4月12日。

[20]江泽民:《关于党的新闻工作的几个问题》,中国网,http://www.china.com.cn/guoqing/2012-09/13/content_26747868.htm,2012年9月13日。

[21]转引自商恺:《报纸工作谈话录》,人民日报出版社1984年版,第150页。

[22]胡耀邦:《关于党的新闻工作》,中国网,http://www.china.com.cn/cpc/2011-04/12/content_22343622.htm,2011年4月12日。

[23]习近平:《在网络安全和信息化工作座谈会上的讲话》,央视网,http://news.cctv.com/2016/04/25/ARTIa8uTHXqX8JF25uz6S7Yh160425.shtml,2016年4月25日。

[24]马克思:《好报刊和坏报刊》,见《马克思恩格斯全集》第13卷,人民出版社1962年版,第7页。

[25]毛泽东:《〈政治周报〉发刊理由》,见《毛泽东文集》第1卷,人民出版社1993年版,第22页。

[26]中国社会科学院新闻研究所编:《中国共产党新闻工作文件汇编》(下卷),新华出版社1980年版,第361页。

[27]江泽民:《关于党的新闻工作的几个问题》,见《十三大以来重要文献选编》(中),人民出版社1991年版,第775—776页。

[28]《十五大以来重要文献选编》(下),人民出版社2003年版,第2224页。

[29]《马克思恩格斯全集》第1卷,人民出版社1956年版,第190页。

[30]《列宁全集》第38卷,人民出版社1974年版,第161页。

[31]《胡锦涛就舆论引导提意见办好报纸要统筹国际国内》,中国网,http://www.china.com.cn/17da/2008-06/20/content_15864454.htm,2008年6月20日。

[32]请参见丁柏铨:《"关系"视域中的新闻传播规律》,《新闻与写作》,2015年第5期;丁柏铨:《略论新兴媒体发展规律——兼及它与新闻传播规律的关系》,《新闻记者》,2015年第10期;丁柏铨、任桐:《"新闻舆论的传播规律"初探》,《新闻记者》,2017年第12期;丁柏铨:《浅议网络传播规律》,《中国地质大学学报(社会科学版)》,2017年第6期。

[33]《习近平在中共中央政治局第十二次集体学习时强调 推动媒体融合向纵深发展巩固全党全国人民共同思想基础》,《人民日报》,2019年1月26日,第1版。

[34]《毛泽东新闻工作文选》,新华出版社1983年版,第182页。

[35]《江泽民在全国对外宣传工作会议上强调 站在更高起点上把外宣工作做得更好 要在国际上形成同我国地位和声望相称的强大宣传舆论力量,更好地为改革开放和现代化建设服务 胡锦涛李岚清等出席》,人民网,http://www.people.com.cn/item/ldhd/Jianazm/1999/huiyi/hy0002.html.

[36]《胡锦涛同志关于繁荣发展文化事业和文化产业的重要论述》,中国文明网,http://www.wenming.cn/ziliao/zhongyaolunshu/hujintao/201202/t20120227_523239.html,2012年2月27日。

[37]胡锦涛:《坚定不移走中国特色社会主义文化发展道路,努力建设社会主义文化强国》,《求是》,2012年第1期。

[38]《习近平在全国宣传思想工作会议上强调 举旗帜聚民心育新人兴文化展形象 更好完成新形势下宣传思想工作使命任务 王沪宁主持》,新华网,http://www.xinhuanet.com/politics/2018-08/22c_1123310844.htm,2018年8月22日。

[39]《邓小平文选》第3卷,人民出版社1993年版,第40页。

[40]《江泽民总书记视察人民日报社,丁关根和中央有关部门负责人参加了视察》,人民网,http://www.people.com.cn/item/dongtai/newfils/jiang.html.

[41]《江泽民总书记视察人民日报社,丁关根和中央有关部门负责人参加了视察》,人民网,http://www.people.com.cn/item/dongtai/newfils/jiang.html.要打好的五种根底是:理论路线根底、政策法律纪律根底、群众观点根底、知识根底、新闻业务根底;要发扬的六种作风是:敬业的作风、实事求是的作风、艰苦奋斗的作风、清正廉洁的作风、严谨细致的作风、勇于创新的作风。

[42]《邓小平文选》第3卷,人民出版社1993年版,第381页。

[43]《江泽民提出对国际国内形势如何认识的四个问题》,央视网,http://www.cctv.com/special/777/1/51864.html.

[44]习近平:《努力克服不良文风积极倡导优良文风》,《求是》,2010年第10期。

[45]《习近平的创新观》,中国网新闻中心,http://news.china.com.cn/2018-08/10/

content_58373877.htm,2018年8月10日。

[46]《习近平在视察解放军报社时强调　坚持军报姓党坚持强军为本坚持创新为要　为实现中国梦强军梦提供思想舆论支持》,新华网,http://news.xinhuanet.com/politics/2015−12/26/c_1117588434.htm,2015年12月26日。

[47]《习近平在视察解放军报社时强调　坚持军报姓党坚持强军为本坚持创新为要　为实现中国梦强军梦提供思想舆论支持》,新华网,http://news.xinhuanet.com/politics/2015−12/26/c_1117588434.htm,2015年12月26日。

[原载《福建师范大学学报(哲学社会科学版)》2019年第6期]

遮蔽与解蔽：突破马克思主义新闻观的理解困境

胡　靖*

摘　要：学界对马克思主义新闻观理论体系及其科学内涵的理解存在较大差距，比如基本概念混淆、定义方式多样、内涵解读多重、研究层面不深等。这些问题交织在一起，建构了一个混沌不明的马克思主义新闻观话语体系，从而带来对马克思主义新闻观的认识偏差和理解困境，形成了固定格式和刻板印象。解决这些问题，必须练好马克思主义基本功，坚持用马克思主义去理解马克思主义新闻观，实现马克思主义新闻观研究的视界融合。

关键词：马克思主义；新闻观；理解；困境

新闻观是关于新闻传播活动总的看法，是一个社会新闻思想的统领与核心。新时期以来，理论界对马克思主义新闻观的研究日益活跃，也产生了积极成果。研究也发现，我们对马克思主义新闻观理论体系和科学内涵的认识尚有不少差距，对马克思主义新闻观的理解依然存在一些误区、误读，如内涵解读多重、研究层面不深等，这些问题交织在一起，共同建构了一个混沌不明的马克思主义新闻观话语体系，从而带来对马克思主义新闻观的认识偏差和理解困境。习近平总书记指出："有一些同志对马克思主义理解不深、理解不透，在运用马克思主义立场、观点、方法上功力不足、高水平成果不多，在建设以马克思主义为指导的学科体系、学术体系、话语体系上功力不足、高水平成果不多。社会上也存在一些模糊甚至错误的认识。"[1] 这些问题在马克思主义新闻观研究中同样存在。

---

*作者简介：胡靖，教授，博士生导师，主要研究方向：马克思主义新闻学与意识形态建设、思政教育。

一、问题之一：基本概念混淆

对文本的理解是从概念的确定性开始的。"概念都有内涵和外延，内涵和外延是互相联系、互相制约的。"[2] 有些人经常在还没有正确理解基本概念及其内涵和外延之前，就自觉或不自觉地在不同层面或不同意义上使用这些概念，去理解和言说马克思主义新闻观，造成一系列相关概念的混淆。

1.不同类别概念的混淆

新闻与传播、新闻与媒体、新闻与传媒、功能与作用等，这些概念相互关联，但内涵与外延却有很大差别，不能混用。有学者认为："马克思主义新闻观主要包括：喉舌观、党性观、真实观、功能观和自由观。"[3] 其实，"喉舌"只是人们对新闻功能的一种比喻，"喉舌观"只是新闻"功能观"的一项具体内容，"功能观"是"属"，"喉舌观"是"种"，这两个具有包含与被包含关系的概念不适合放在一起并列。再比如，不少研究者在认识和理解"新闻"活动时，习惯性地将"新闻"与"宣传"这两个概念不加区分地进行并列或者替代使用，还有人曾专门撰文批判"新闻与宣传区别论"，认为没有宣传的新闻不存在。李良荣专门撰文厘清两者的区别："的确，新闻与宣传有其相似之处，相通之处，但新闻与宣传却是两种不同的社会现象，有各自不同的特点。"[4] 他认为："新闻传播信息，宣传传播观念，这是两者最基本的区别，由此引起其他一系列区别。"[5] 其实，新闻有宣传功能，媒体是宣传阵地，但新闻并不等于宣传，新闻有自身的规律。"新闻宣传"的概念是历史产物，随着社会发展进步和国家治理体系现代化的深入推进，我国新闻传播事业已经实现从"宣传本位"向"新闻本位"转变，"新闻宣传工作"也逐步向"新闻舆论工作"转型，这是新中国新闻思想形成和发展历程中的一个重要转变[6]，背后折射的是社会发展的进步，是新闻理论与实践的进步，也是新闻话语表达方式的进步。

2.不同性质概念的混淆

有些概念与概念之间从文字和表面上看较为相似，但从本质和意义上分析却有天壤之别，比如马克思新闻观与马克思主义新闻观，常常有人会忽视这些基本概念的本质区别。有学者针对理论界关于马克思新闻思想转变的机械理解批判指出："马克思至少从1837—1842年（约19—24岁）已经具有唯物主义和共产主义思想，说他的新闻思想在后来（1844年或1848年）才转向唯物主义和共产主义，是没有任何根据的"，"由此可见，马克思的人民报刊思想与无产阶级报刊思想是一脉相承的"[7]。这些批判建立在一定的实证考察基础上，有一定积极意义，但是这种观点似是而非，如果将青年马克思所认识的唯物主义、共产主义与后来他所领导创立的"新唯物主义"不加区分，肯定不符合马克思的思想史，这一点马克思、恩格斯自己在后来的著作中也作了特别说明。1859年，马克思在《〈政治经济学批判〉序言》中表示，当年自己"在善良的'前进'愿望大大超过实际知识的当时，在《莱茵报》上可以听到法国社会主义和共产主义的带着微弱哲学色彩的回声。我曾表示反对这种肤浅言论，但是同时在和奥格斯堡《总汇报》的一次争论中坦率承认，我以往的研究还不容许我对法兰西思潮的内容本身妄加评判"[8]。研究马克思的思想史就会发现，这时的马克思虽然对唯物主义、共产主义有情感上的支持，但这里的"唯物主义"绝不是后来的"历史唯物主义"，这里的"共产主义"也绝不是后来的"科学共产主义"。因此，无论是从逻辑层面还是经验层面理解，在1837—1844年间，当马克思的主要思想还是一个理性主义（或黑格尔主义）、人本主义（或费尔巴哈主义）的时候，同样也不可能产生马克思主义的新闻观。为什么在研究时一定要做如此明确的区分？因为这是大是大非的问题，它关系到新闻观背后的世界观及其立场、观点、方法，这既是理论本身彻底性的必然要求，也是马克思主义理论品质的内在要求。

二、问题之二：定义方式多样

《辞海》中解释，"定义"就是"揭示概念的内涵或语词意义的方法"[9]。正确认识和理解马克思主义新闻观，首先要给马克思主义新闻观下一个定义，让理解者有一个总体认识和明确概念，这是我们认识马克思主义新闻观的入口。

1.创建主体的专有化

理论界一般认为，马克思、恩格斯及其他经典作家，如列宁、毛泽东及中国共产党其他领导人的新闻观念体系，简称马克思主义新闻观[10]。"我们知道，马克思主义新闻观是马克思主义经典作家，包括马克思、恩格斯、列宁、斯大林、毛泽东、邓小平等，基于无产阶级新闻传播的历史实践，在批判吸收资产阶级新闻思想的基础上，对新闻传播现象及其内在规律的深刻理解。"[11]在这些理解中，马克思主义新闻观的创建主体基本是一致的，都限定在马克思、恩格斯、列宁以及我党主要领导人这个范围内。陈力丹在这个基础上做了一定的拓展，他认为，马克思主义新闻观是由自马克思和恩格斯创立马克思主义以来的经典作家的著作，以及一系列国际共产主义运动中的政党组织的文献中的有关论述构成。中国共产党几代主要领导人、老一代党的新闻工作主要领导人的著作，以及党的文献中的有关论述，也都是马克思主义新闻观的组成部分[12]。这里增加了两个重要的主体，一是"一系列国际共产主义运动中的政党组织"，另一个是"老一代党的新闻工作主要领导人"。不容否认，马克思、恩格斯、列宁以及中国共产党主要领导人是马克思主义新闻观的主要创建主体，但是如果认为马克思主义新闻观的创建仅限于这些主体，就会偏离历史真实、理论真实和实践真实。如果我们坚持马克思主义新闻观就是"马克思主义关于新闻传播活动根本性问题的总的看法"，或者是"马克思主义的立场、观点、方法在新闻传播领域的集中体现和反映"，那马克思主义新闻观的创建主体就不能限于"经典作家和领导人"，而是需要更多的主体去共同参与马克思新闻观理论体系的建构和发展。马克思主义新闻观是一个发展的、开放的理论体系，在实际工作中，有很多政治家、理论家、学者和新闻工作者自觉运用马克思主义去思考新闻传播活动的根本性问题，取得了大量的理论成果，从而丰富和发展了马克思主义新闻观的科学内涵。

2.定义方式的程式化

研究者对马克思主义新闻观的定义虽然不尽相同，但在定义方式上形成了较为固定的程式。郑保卫认为："所谓马克思主义新闻观，是指马克思主义对于新闻现象和新闻传播活动的总的看法，它涉及诸如新闻本源、新闻本质及新闻传播规律等许多根本性问题。其核心是马克思主义关于无产阶级及其政党新闻事业的工作性质、工作原则和工作规律的一系列基本观点。它是马克思主义的世界观、人生观和价值观在新闻传播领域的反映和体现。它告诉人们怎样运用辩证唯物主义和历史唯物主义的观点和方法去看待新闻现象，去回答新闻传播活动中的各种问题。"[13]这个定义是学界公认的较为经典的定义，它从三个方面界定了马克思主义新闻观的内涵与外延，明确了马克思主义与马克思主义新闻观之间的属与种的关系：第一，它明确了马克思主义新闻观的指导思想是马克思主义;第二,它明确了马克思主义新闻观的主要内容是关于无产阶级及其政党新闻事业根本问题的基本观点;第三,它明确了马克思主义新闻观的本质要求是掌握马克思主义的立场、观点、方法。很多学者对马克思主义新闻观的定义方式应该或多或少受到这个定义的影响,大多坚持着这种"三段论"式的解释框架。比如,"马克思主义新闻观,就是马克思主义关于无产阶级及其政党新闻事业的工作性质、工作原则和工作规律的一系列基本观点,是马克思主义的世界观、人生观和价值观在新闻传播领域的反映和体现。"[14] "马克思主义新闻观,顾名思义,指马克思主义关于新闻学的思想见解。它是辩证唯物主义和历史唯物主义世界观、价值观在新闻领域的思想成果,是马克思主义理论的重要内容。"[15] 应该说这种"三段论"式的解释框架对我们正确认识和理解马克思主义新闻观的本质特征提供了重要的观察视界和理解通道。但是,正如海德格尔所言,任何"解蔽"又都是"遮蔽"。这种程式化的定义方式是否会遮蔽掉马克思主义新闻观其他重要科学思想和本质内涵,或者说这种定义方式会不会形成马克思主义新闻观的"刻板印象",进而影响马克思主义新闻观的传播力、引导力?这些问题都是值得我们深思的。近年来,也有学者尝试突破这一解释框架,比如童兵指出:"马克思主义新闻学是马克思主义经典作家关于新闻传播活动、新闻传媒产业及其运行规律的观点和学说的理论体系。"[16]高晓红认为:"马克思主义新闻观是马克思主义在新闻传播领域的观念与学说的理论体系,它以马克思主义基本原理为指针,揭示了新闻传播活动的客观规律,明确了党和人民新闻事业的方针原则。"[17] 这些定义就更加强调马克思主义新闻观的科学性和规律性,试图开拓马克思主义新闻观理解的新视域。

3.源流关系的混沌化

有学者认为,"马克思主义新闻观即是从马克思主义的立场、观点、方法出发,对当代中国和世界新闻活动的提炼和总结"[18]。这种定义将马克思主义新闻观的研究对象和认识对象局限在了"当代中国和世界新闻活动",很容易让人理解成"马克思主义新闻观"就是"中国化的马克思主义新闻观",这显然与理论和实践都不相符。马克思主义新闻观是对人类整个新闻传播活动一般规律的根本认识,不仅可以解释西方新闻现象,更可以解释和指导中国新闻活动;不仅是当代新闻活动的提炼和总结,也是整个新闻活动历史的提炼和总结。也有学者指出,马克思主义新闻观"是无产阶级革命导师在社会变革中,我们党和国家主要领导人在历史进程中，长期指导新闻传媒特别是党的报刊工作的理论概括和经验结晶"[19]。这是将马克思主义新闻观局限于革命导师和党的领导人关于新闻的具体论述上，尤其是局限在"党的报刊工作"这一范围，遮蔽了"马克思主义关于新闻传播活动总的看法"这一重要视域，割裂了马克思主义与马克思主义新闻观之间的辩证统一关系，忽视了马克思主义新闻观中国化与时俱进的最新成果。特别是在新传播革命的时代背景下，更需要运用马克思主义新闻观去认识、理解和把握新闻媒介之变、生态之变、主体之变。

三、问题之三：内涵解读多重

马克思主义新闻观到底包含哪些"观"？研究发现，这个问题可能是多年以来理论界在马克思主义新闻观研究中着力最多的领域，也形成了一系列的研究成果，主要有如下一些代表性观点。

1. "一观"说

《新闻界》在为夏鼎铭《坚持马克思主义新闻观》一文添加的"编者按"中指出，"马克思主义新闻观的根本点是坚持无产阶级的党性原则"[20]。他们认为，"坚持无产阶级的党性原则"是马克思主义新闻观最为核心的观点，其他的观点和论述都是这个根本点的自然延伸或者应有之义。

2. "两观"说

许正林、李芸认为，马克思主义新闻观的创立者马克思和恩格斯的新闻思想中包含两部分内容：一是关于人民报刊的基本观点；二是关于无产阶级党报党刊的基本观点[21]。

3. "四观"说

李凌沙在《论马克思主义新闻观的四个基本观点》一文中提出，马克思主义新闻观应该包括喉舌论、党性论、导向论、艺术论等"四观"[22]。

4. "五观"说

持这种理解的学者最为普遍，但他们对"五观"的概括方式和具体内容又不尽相同。文有仁认为是"喉舌观、党性观、真实观、效益观、自由观"[23]。盛沛林在文有仁的"五观"基础上，改"效益观"为"功能观"[24]。张昆认为马克思主义新闻观的精要所在表现为：以人为本、实事求是、党性原则、社会责任、开放创新[25]，该理解兼顾了传统和当下（如强调"以人为本"），综合了中西方新闻思想（如强调"社会责任理论"），这种概括思路很具有代表性，既不丢老本，又要讲看齐，还要有国际视野。2016年，在全国学习贯彻党的新闻舆论工作座谈会精神的背景之下，《人民日报》刊发的评论文章《牢牢把握马克思主义新闻观这个"定盘星"》指出："在党的新闻舆论工作中，以喉舌观、党性观、真实观、效益观、职业道德观等为基本内容的马克思主义新闻观，是做好新闻舆论工作的基本遵循。"[26] 这是在文有仁的"五观"说基础上，改"自由观"为"职业道德观"；胡钰在《论马克思主义新闻观的时代内涵》一文中将马克思主义新闻观概括为"使命观、政治观、人民观、真实观、创新观"[27]；童兵提出，马克思主义新闻观最重要的核心观念有：信息传递是人类精神交往的重要形式，大众传媒是主体反映客体的产物，新闻的客观性、真实性和倾向性，新闻工作的党性与人民性，新闻传播有规律可循。[28]

5."六观"说

邵华泽主编的《马克思主义新闻观及其在当代中国的运用和发展》一书，从发展论、本质论、功能论、主体论、受众论和管理论六个方面对马克思主义新闻观历史发展、中国化、当代化进行整体性梳理。冯建新认为，马克思主义新闻观的六个基本观点分别是：新闻媒体都是为一定阶级、党派、政治集团和利益集团服务的工具；坚持新闻的无产阶级党性原则；坚持政治家办报；坚持正确的舆论导向；正确处理社会效益和经济效益；维护新闻的真实性[29]。刘建明提出马克思主义新闻观的六个经典性观点：报刊是意识形态机构；真实是新闻与报刊的本质；新闻是事实的报道，不是空洞的议论；新闻自由是人民的基本权利；人民和党的耳目喉舌的统一；科学性是党报党性原则的灵魂[30]。

6.其他概括方式

林枫从16个方面总结了中国共产党三代领导核心如何从中国实际出发，继承和发展马克思主义新闻观。朱国圣在《马克思主义新闻观研究》一书中概括出了马克思主义新闻观的18个基本原理。

这里暂且不论马克思主义新闻观到底应该有几个核心观点，我们首先需要审视的是：这些理解和概括分别是从什么视域去认识马克思主义新闻观的，是用什么思维方式去理解马克思主义新闻观的，是用什么逻辑架构去言说马克思主义新闻观的。我们仍然需要从定义逻辑的自然延伸出发，思考上面提到的这些"核心观点"是不是马克思主义关于新闻传播活动根本性问题的总的看法，是不是马克思主义立场、观点、方法在新闻传播领域的反映和体现。应该说，上述各种概括都有一定的道理。但我们需要进一步思考：每一种概括中的观点是不是马克思主义新闻观最经典的观点，这些观点之间是不是在同一个层面上，相互之间是什么关系，是不是形成了"全面、历史、科学、辩证"的马克思主义新闻观理论体系。尤其需要指出的是，这里列举的很多观点是不是马克思主义新闻观的原创？比如"喉舌观""真实观""自由观"，甚至"党性观"。如果事实证明这些"观点"大多是学习借鉴资产阶级的新闻思想，又如何体现马克思主义新闻观的特色与科学性？

四、问题之四：研究层面不深

上述这些在概念、定义和内涵把握层面出现的问题，不仅造成了马克思主义新闻观的理解困境，还直接影响到马克思主义新闻观的研究深度，突出体现在以下几个方面。

1.理论体系的抽象化

现今马克思主义新闻观是不是一个科学的理论体系，这并不是一个不言自明的问题，至少这是一个需要理解和把握的问题，是一个需要梳理和建构的工程。在马克思主义新闻观的研究中，出现了一个奇怪的认识现象，一方面大家对马克思主义新闻观有科学的理论体系似乎没有太多的怀疑，认为马克思主义新闻观虽然在不断充实和发展的过程中，但其基本理论和基本观点却有着严格的科学性，许多东西一脉相承，代代相传，形成了一个严格的、完整的科学理论体系[31]。但是另一方面，人们又对马克思主义新闻观的理论框架和本质内涵观点不一，在一些问题上分歧依然严重，至少在马克思主义新闻观基本原理和核心内涵上尚未达成共识。这种情况造成了马克思主义新闻观理论体系的抽象化，给马克思主义新闻观的理解和传播带来了很大困难。马克思主义新闻观研究和解读的习惯方式是"糖葫芦串"式的结构，大多数研究都是从马克思、恩格斯、列宁以及中国共产党的主要领导人角度，逐一分析他们的新闻论述及其主要观点。

2.理解与实践的脱节化

郑保卫关于马克思主义新闻观"三段论"式的定义是一个较为严谨的、完整的经典定义。但是理论认识并不必然转化成理解实践，如果沿着这个定义中的理解逻辑，接下来就应该回答：第一，关于新闻传播活动有哪些根本性问题，马克思主义对新闻传播活动根本性问题的看法是什么？第二，马克思主义关于无产阶级及其政党新闻事业的工作性质、工作原则和工作规律的一系列基本观点是什么？第三，马克思主义的世界观、人生观和价值观在新闻传播领域有哪些反映和体现？如何运用马克思主义立场、观点、方法回答新闻传播中的各种问题？但是郑保卫没有完全沿着他定义的逻辑去认识马克思主义新闻观的本质内涵，很快就将马克思主义新闻观的理解视线又引到了马克思就新闻本身说了什么，如："马克思和恩格斯的新闻观，涉及他们对新闻传播领域诸多基本理论问题的看法，但其主要内容集中体现在他们关于无产阶级党报工作的一系列思想观点中。"[32]其实郑保卫自己就曾特别强调："还需指出的是，马克思主义新闻观是马克思主义的世界观、人生观和价值观在新闻传播领域、在新闻工作中的集中体现。因此，新闻工作者应当坚持马克思主义的立场、观点，真正将其作为一种工作理念和观念规范自己的言行，审视自己的工作。"[33]我们首先要审视的恰恰是我们思考马克思主义新闻观的理论视野和思维方法，没有立场的正确性，没有思维的科学性，就不可能有理解的正确性和科学性，更不会有理论的彻底性和系统性。童兵力图从马克思主义哲学基础及其对新闻传播学启示进行阐述，认为马克思主义新闻观的哲学基础主要体现在五个方面："从事物联系的普遍性考察人类社会交往的必要性，从存在决定意识规律认识新闻传播的本质，对立统一法则制约新闻传播机制，经济基础与上层建筑互动原理规定新闻事业的性质，人民的历史地位决定人民是新闻事业发展的动力。"[34]这是将马克思主义新闻观科学内涵的理解从理论逻辑自然延伸的角度向前推进的重要一步，体现了概念定义与理解实践的一致性原则。但是，童兵是从马克思主义新闻观的哲学基础视角进行概括和提炼的，并不是马克思主义新闻观内涵本身，如何运用马克思主义的立场、观点和方法去理解和把握马克思主义新闻观的科学内涵，仍然是一个重要的历史课题。

五、结语

值得我们深思的是，在对马克思主义新闻观的认识和理解上，我们是否已经形成了一种固定的格式、固定的话语，是否已经形成了一种自我设定的"框架理论"，是否已经形成了马克思主义新闻观的"刻板印象"？而这些理解是否真正符合马克思主义的立场、观点、方法，是否真正是马克思主义新闻观的本质内涵，是否遮蔽了马克思主义新闻观的科学思想，是否影响了马克思主义教育的实际成效？所有这些问题都需要我们回到起点，重新出发。

上述问题出现的原因是多方面的，但主要根源还是我们对马克思主义本身这个基本功练得不扎实，马克思主义这个看家本领掌握得不牢靠。我们习惯于从马克思主义经典中寻找关于新闻传播活动的具体论述，从这个狭义的视角去理解马克思主义新闻观。其实比这个更重要的是自觉运用马克思主义立场、观点、方法这个广义视域去认识新闻传播活动的根本问题，去理解和把握马克思主义新闻观，实现马克思主义新闻观研究的狭义与广义的视界融合。习近平指出："在人类思想史上，还没有一种理论像马克思主义那样对人类文明进步产生了如此广泛而巨大的影响。"[35] 其实，理论界早已经开始产生这种理论自觉和迫切呼声。2006年，有采访者问已经90岁高龄的甘惜分教授："能谈谈您对当前中国新闻理论界的希望吗？"甘老迅速回答："十个字：立足中国土，回到马克思。"[36] "回到马克思"，这是正确认识和理解马克思主义新闻观的必由之路，也是马克思主义新闻观更好地走入当代的逻辑起点。

参考文献：

[1]习近平：《在哲学社会科学工作座谈会上的讲话》，人民出版社2016年版，第10页。

[2]《辞海》，上海辞书出版社1999年版，第3745页。

[3]盛沛林：《关于马克思主义新闻观的若干思考》，《南京政治学院学报》，2002年第5期。

[4]李良荣：《艰难的转身：从宣传本位到新闻本位——共和国60年新闻媒

体》,《国际新闻界》,2009 年第 9 期。

[5]李良荣:《新闻学概论》第 5 版,复旦大学出版社 2013 年版,第 50 页。

[6]李良荣:《艰难的转身:从宣传本位到新闻本位——共和国 60 年新闻媒体》,《国际新闻界》,2009 年第 9 期。

[7]刘建明:《马克思人民报刊思想"两个转变"的神话——马克思主义新闻观研究的一个理论缺失》,《陕西师范大学学报(哲学社会科学版)》,2010 年第 4 期。

[8]《马克思恩格斯选集》第 2 卷,人民出版社 2012 年版,第 2 页。

[9]《辞海》,上海辞书出版社 1999 年版,第 2868 页。

[10]童兵:《马克思主义新闻观是新闻理论的灵魂和核心》,《新闻爱好者》,2016 年第 1 期。

[11]张昆:《以马克思主义新闻观统领卓越新闻传播人才培养》,《中国高等教育》,2014 年第 C2 期。

[12]陈力丹:《"遵循新闻从业基本准则"——马克思主义新闻观立论的基础》,《新闻大学》,2010 年第 1 期。

[13]郑保卫:《马克思主义新闻观的形成与特点》,《中国记者》,2001 年第 5 期。

[14]胡友仁:《高校新闻事业意识形态引导应自觉践行马克思主义新闻观》,《学术问题研究》,2014 年第 1 期。

[15]彭菊华:《马克思主义新闻观的多级命题及其理论体系》,《新闻记者》,2004 年第 5 期。

[16]童兵:《马克思主义新闻观是新闻理论的灵魂和核心》,《新闻爱好者》,2016 年第 1 期。

[17]高晓红:《高校马克思主义新闻观教育与实践的重大创新——〈实践中的马克思主义新闻观〉评析》,《新闻战线》,2015 年第 1 期。

[18]支庭荣:《实践新闻专业性 实现新闻公共性——基于马克思主义新闻观的视角》,《新闻与传播研究》,2014 年第 4 期。

[19]丁法章:《马克思主义新闻观的中国化及其运用》,《新闻记者》,2007 年第 2 期。

[20]夏鼎铭:《坚持马克思主义新闻观》,《新闻界》,2001 年第 3 期。

[21]许正林、李芸：《马克思主义新闻观研究的当代维度与未来取向》，《现代视听》，2011年第4期。

[22]李凌沙：《论马克思主义新闻观的四个基本观点》，《求索》，2004年第6期。

[23]文有仁：《马克思主义新闻观的基本方面》，《中华新闻报》，2001年6月25日，第6版。

[24]盛沛林：《关于马克思主义新闻观的若干思考》，《南京政治学院学报》，2002年第5期。

[25]张昆：《以马克思主义新闻观统领卓越新闻传播人才培养》，《中国高等教育》，2014年第C2期。

[26]吴敏苏：《牢牢把握马克思主义新闻观这个"定盘星"》，《人民日报》，2016年4月19日，第7版。

[27]胡钰：《论马克思主义新闻观的时代内涵》，《思想教育研究》，2016年第3期。

[28]童兵：《马克思主义新闻观是新闻理论的灵魂和核心》，《新闻爱好者》，2016年第1期。

[29]冯建新：《马克思主义新闻观与若干实践问题》，中国记协网，http://news.xinhuanet.com/zgjx/2007-01/06/content_5573258.htm，2007年1月6日。

[30]刘建明：《马克思主义新闻观的经典性与实践性》，《国际新闻界》，2006年第1期。

[31]郑保卫：《马克思主义新闻观的形成与特点》，《中国记者》，2001年第5期。

[32]郑保卫：《马克思主义新闻观的形成与特点》，《中国记者》，2001年第5期。

[33]郑保卫：《马克思主义新闻观的形成与特点》，《中国记者》，2001年第5期。

[34]童兵：《试析马克思主义新闻观的哲学基础》，《南京社会科学》，2016年第1期。

[35]习近平：《在哲学社会科学工作座谈会上的讲话》，人民出版社2016年版，第9页。

[36]甘惜分：《甘惜分文集》第3卷，人民日报出版社2012年版，第584页。

（原载《新闻与传播研究》2017年第12期）

舆论监督与舆论引导：新时代中国共产党新闻舆论思想的核心理念

沈正赋*

摘　要：纵观中国共产党历代领导人的新闻观，尤其是习近平总书记关于新闻舆论思想工作的重要论述，"舆论监督"与"舆论引导"是贯穿中国共产党新闻舆论思想发展的一条主线和两个核心理念。对新时代中国共产党新闻舆论思想核心理念的阐释与研究，主要体现在这样几个方面：中国共产党舆论监督思想发展的历史观照及其现实问题，舆论引导及其舆论引导力建构的理论基础与现实归因，舆论监督与舆论引导"双轮驱动"成为新时代中国共产党舆论思想发展的新手段与新空间。

关键词：中国共产党；新闻舆论思想；舆论监督；舆论引导；舆论引导力

中国共产党新闻舆论思想是立足于中国基本国情，以中华五千年传统文化和道德理念为基石，坚持以马克思主义新闻舆论思想为核心理念和精髓要义，广泛借鉴并吸取西方舆论思想中契合人类社会共同价值观的有益成分，在长期的舆论传播实践中通过不断地总结、涵化、修正和升华，而确立起来并将继续发展和完善的一种先进思想。在中国共产党新闻舆论思想的发展中，"舆论监督"和"舆论引导"是其中最重要、最核心的理念和要素，也是在新闻舆论工作中最讲究艺术、最有效的手段和方法。中国共产党新闻舆论思想既是对马克思主义舆论思想的继承，也是紧密结合中国特色社会主义实践与时俱进的发展。虽然它仍在不断丰富、发展和完善之中，但作为历史阶段性的理论成果在

*作者简介：沈正赋，教授，博士生导师，主要研究方向：马克思主义新闻观、习近平文化思想等。

特定时期具有鲜明的时代特征。

一、中国共产党舆论监督思想发展的历史观照及其现实问题

纵观中国共产党舆论思想的生成和发展历程，我们发现，舆论监督从概念的提出到其理论的承袭及其实践的沿革发展，在保持总体发展基调和路线不变的前提下，其间经历了曲折和反复的过程。这种曲折和反复的过程恰恰说明，在中国开展舆论监督存在着现实困境与发展愿景之间的矛盾现象。

1.中共领导人关于舆论监督的论述和思想具有一脉相承的特征

毛泽东虽然没有直接提出和使用过"舆论监督"这一概念，但是他的关于"报纸批评"的论述就表达了其舆论监督的精神和思想。1954年4月，毛泽东在对宣传工作负责同志的谈话中要求："关于报纸上的批评，要实行'开、好、管'三字方针。""开，就是要开展批评。不要怕批评。不开展批评，害怕批评、压制批评，是不对的。好，就是开展得好。批评要正确，要对人民有利，不能乱批一阵。什么事应指名批评，什么事不应指名，要经过研究。管，就是要把这件事管起来。这是根本的关键。"[1]这可以理解为毛泽东间接对舆论监督作用和价值作出的深刻剖析和精辟概括。

明确提出"舆论监督"这一概念的是邓小平，他在1987年主持通过的中共十三大政治报告中，第一次使用了"舆论监督"的表述，这是中国共产党历史上第一次把"发挥舆论监督作用"写入全国代表大会的报告中，报告指出："要通过各种现代化的新闻和宣传工具，增加对政务和党务活动的报道，发挥舆论监督的作用，支持群众批评工作中的缺点错误，反对官僚主义，同各种不正之风作斗争。"[2]从此，"舆论监督"正式成为中共的政治理论话语，进入中国的政治生活层面，并开始融入中国的民主政治生活，在中国共产党舆论监督的发展史上具有里程碑意义。

江泽民进一步提出建立健全监督体系，各种监督相互制约的思想。他在1992年党的十四大报告中提出："强化法律监督机关和行政监察机关的职能，重视传播媒介的舆论监督，逐步完善监督机制，使各级国家机关及其工作人员置于有效的监督之下。"[3]在1997年党的十五大报告中，江泽民强调："把党内监督、法律监督、群众监督结合起来，发挥舆论监督的作用。"[4]他结合我国国

情和全面建设小康社会的目标，加强社会主义民主政治建设，促进舆论监督法制化。江泽民在党的十六大报告中强调："建立结构合理、配置科学、程序严密、制约有效的权力运行机制，从决策和执行等环节加强对权力的监督，保证把人民赋予的权力真正用来为人民谋利益。"[5]在党的十七大报告中，胡锦涛提出："扩大人民民主""保障人民知情权、参与权、表达权、监督权"。[6]他把作为手段的监督上升到了权力的监督，人民行使的监督权就包括舆论监督的权利。胡锦涛在继续强化舆论监督思想的同时，还在监督体系的建设上作出了重要的理论贡献。他在党的十八大报告中指出："加强党内监督、民主监督、法律监督、舆论监督，让人民监督权力，让权力在阳光下运行。"[7]胡锦涛在此前的"党内监督""法律监督""群众监督"和"舆论监督"等"四大监督"的基础上增加了"民主监督"，形成"五大监督"。

在党的十九大报告中，习近平指出："构建党统一指挥、全面覆盖、权威高效的监督体系，把党内监督同国家机关监督、民主监督、司法监督、群众监督、舆论监督贯通起来，增强监督合力。"[8]在这里，习近平提出了"国家机关监督"这一新的监督要素，让监督的内涵又扩大到"六大监督"，从而进一步健全了党和国家的监督体系。在中共主要领导人的论述中，无论监督的手段和要素如何变化，"舆论监督"都始终贯穿于他们的核心思想中，而且从未缺席，其地位由此可见一斑。

2.中共舆论监督思想在具体工作实践中所面临的机遇和挑战

马克思曾经指出："理论需要是否会直接成为实践需要呢？光是思想力求成为现实是不够的，现实本身应当力求趋向思想。"[9]思想源自现实，现实依托于思想。理论必须与实践相结合，并在实践中接受检验，才能使之得到进一步的发展和完善。中共舆论监督思想正是中国共产党在革命、建设和改革三个历史阶段的伟大实践中，立足中国的国情而进行的一场"理论旅行"。尤其是中华人民共和国成立后，有了党的新闻舆论思想这把"尚方宝剑"，我国各级各类新闻媒体的舆论监督工作有声有色地开展起来。1956年，以《人民日报》改版、新华社和中央广播事业局新闻改革为突破口，在全国掀起了一场轰轰烈烈的新闻批评热潮。

20世纪80年代，我国新闻媒体在端正党风中进行了强化报纸批评的努力，批评"渤海二号沉船事件"等名篇见诸报端，发挥了舆论监督的作用，一时在社会上激起强烈的反响。到90年代,新闻舆论监督在经过短暂的调整之后,在人们的呼唤和期待中,诞生了以中央电视台《焦点访谈》《南方周末》等为代表的舆论监督类栏目和报刊,它们通过一篇篇犀利的批评报道,引起上到中央领导下到普通百姓的普遍关注。1998年,时任国务院总理的朱镕基到中央电视台《焦点访谈》视察并欣然为该栏目题词:"舆论监督、群众喉舌、政府镜鉴、改革尖兵。"这一举动无疑是代表党中央在给媒体开展的舆论监督行为撑腰与打气,"标志着中国新闻舆论监督开始走向理性发展"[10]。此后,舆论监督虽也出现了反反复复的现象,但总体趋势还是较为稳定和向好的。

然而,在舆论监督工作实施和推进过程中也存在三个较为尴尬和棘手的问题。

一是地方保护主义问题。一些地方领导从保护地方形象、"维护社会稳定"、担心政绩受损等方面出发,对于自己管辖范围内出现的问题讳莫如深,尤其对于新闻媒体的采访和报道刻意进行阻拦和隐瞒。对待本地媒体一般采取下达"封口令"、封锁负面新闻的办法,不让这些媒体介入和报道;而对于异地媒体开展舆论监督则往往采取软硬兼施的办法进行干预,阻止采访报道活动。

二是异地媒体监督问题。长期以来,我国新闻媒体实施舆论监督的方式是垂直式监督,不同级别的媒体被赋予大小不等的监督权限,级别越高,监督的权限越大,反之,级别越低则权限越小。在社会主义市场经济不断深化的过程中,一些市场化程度较高的媒体积极寻求舆论监督阻力和资源的突破,其结果便出现了异地监督的"怪胎"现象。正如一位学者所分析的:"一个地区的党政部门可以管住本地区的新闻媒体,但无法控制外地的媒体,这就为异地监督提供了可能,而新闻运作的市场化则将这种可能转化为现实。"[11]

三是法律保障乏力问题。1987年我国制定并颁布《中华人民共和国民法通则》,虽然对舆论监督的规范化具有重要意义,从而让舆论监督逐步走上法治化的轨道,但是民法以及其他法律中的相关条文大多是制约舆论监督的,对舆论监督缺少保障性、授权性条款,以致在现实中,"我们的新闻批评和舆论监督常常陷入困难和尴尬的境地。一些媒体和新闻工作者在采写批评报道和进行舆论监督时常常感到'孤立无援',正当的采访报道权力受到侵害,有时甚至财产和生命安全都会受到威胁"[12]。正因为如此,使得新闻舆论监督工作陷入十分困难的境地。

二、舆论引导及其舆论引导力建构的理论基础与现实归因

"舆论引导"是中国共产党领导中国人民在伟大实践中逐步确立的概念。从国际共产主义运动发展史来考察，"舆论监督"的提出与确立大致经历了从"制造舆论""新闻舆论""舆论宣传""舆论导向"到"舆论引导"这样一个演变和发展过程。2016年2月19日，习近平在党的新闻舆论工作座谈会上要求，"尊重新闻传播规律，创新方法手段，切实提高党的新闻舆论传播力、引导力、影响力、公信力"[13]，鲜明地提出了"舆论引导力"的新理论新概念新表述。如果说作为世界范围内通用概念的"舆论监督"，无论学界还是业界对此不持异议且能够理解和接受，那么对于这一具有中国特色的"舆论引导"和"舆论引导力"的表述，由于其中包含着对舆论进程进行某种干预和控制等人为因素，于是就有人认为它和现代民主的基本准则相冲突，甚至有悖于舆论监督功能的发挥，其实这是对舆论引导的一种误解、误读。中共舆论引导及其舆论引导力理论的提出和建构，正是基于新媒体时代舆论传播格局发生新变化的现实归因。舆论新格局的变化主要表现在这样几个方面。

1.传播主体多元化对舆论传播的聚焦功能构成威胁

新媒体时代，随着媒介技术的迅猛发展，网络新媒体已经逐步成为聚合民众意见、纾解公众情绪、表达各种不同观点的新平台。在这些新媒体尤其是自媒体的终端及其空间上，公民个体或群体已经一跃成为舆论传播的一支不可忽视的新生力量，在舆论传播的行动中占有较大的份额，逐渐摆脱了被新闻媒体代言的依附地位和从属角色，其自身的主体性和社会主体地位获得了空前的回归，进而从舆论传播的抽象主体变为具有直接行为能力的真正主体。显而易见的是，技术赋能让舆论传播主体的角色发生了历史性易位和时代性改变，多元化带来的结果就是，"个个都有麦克风，人人都是新闻记者"逐渐变为现实。新媒体提倡去权威性、去中心化，在此情境下，公民积极谋求和行使各自在舆论传播上的主动权，极易形成群龙无首、众说纷纭的混乱和复杂局面，缺少"领头羊"甚至成为常态。虽然有网络大V、民间舆论领袖的存在，但他们往往鱼龙混杂，良莠不齐，难以承担舆论引导的重任。因此，主流媒体在舆论的聚焦功能上不可避免地会受到来自这些新媒体的挑战。面对如此严峻的挑战和威

胁，党领导下的主流媒体不仅不能缺席而且还要积极充当"领头羊"，不仅不能放弃舆论引导的职责和使命，而且还要进一步强化舆论引导的功能，进一步发挥"举旗帜""聚民心"的作用。

2.传播渠道多样化让舆论传播的集约效应产生分裂

在新媒体时代，各种媒介形态不断涌现，传播渠道越来越多样化，从网络论坛、网络杂志、网络视频、电子邮件、即时通信、搜索引擎到播客、博客、社交网站、微博、微信等层出不穷，名目繁多，让人目不暇接，乐此不疲。公众可以通过个人门户和移动终端等即时通信工具，就社会热点议题、公共话题畅所欲言，自由发表意见。舆论传播渠道的多样化，在为公众参与舆论提供更多的空间和机会，扩大舆论的覆盖面，丰富公众生产和传播舆论的表达手段的同时，也在社会舆论中形成了不同的舆论场。在这些不同的舆论场中，众声喧哗，观点不一，声音嘈杂，网上平台俨然变成了公众"观点的自由市场"，这对主流媒体在开展舆论传播时所拥有的集约效应容易形成不良影响，舆论传播渠道多样化甚至会造成舆论集约效应的分裂和发散。渠道多带来的后果是，广泛性有余而统一性不足。广泛讨论虽是必要的，但任意发声，尤其是随意发表不负责任的言论，则会出现噪音和杂音，扰乱社会既有的各种秩序，严重的还会影响到党和政府的政令畅通，让人们感到真假难辨，莫衷一是，无所适从。此时，主流媒体就要担负起舆论引导的重担，积极扮演其在舆论传播中的主渠道、主阵地的角色，最大限度地发挥舆论的集约效应。

3.传播内容泛娱乐化让舆论传播的正面效应发生消解

随着市场进程的不断加快，社会经济的发展程度和人们的经济意识不断加深，在市场利益和媒体竞争的双重驱动和裹挟下，无论是传统媒体还是新媒体，传播内容的泛娱乐化现象均日益突出，传统媒体在新媒休的倒逼之下，严肃新闻逐渐被综艺类节目和娱乐性新闻取而代之；新媒体本身由于竞争激烈，抢占市场，更是偏向于报道具有刺激性、能吸引眼球、猎奇的人和事。于是，各种非主流的信息、花边新闻，甚至低俗、庸俗、媚俗的所谓"三俗"新闻等甚嚣尘上，这些不能登大雅之堂的流言蜚语、家长里短，容易对时代主旋律、社会正能量形成正面"对冲"。它迎合了一部分受众的口味甚至低级趣味，但对大众的世界观、人生观和价值观带来了冲击和负面影响。此时，舆论引导工作就显得非常重要和必要，主流媒体就要敢于迎难而上，善于纠偏，用社会主义核心价值观来统一人们的思想和意志，振奋国人的斗志，提升民族精气神，让舆论引导真正起到"兴文化"的作用。

4.新媒体用户分众化对舆论传播的受众面和覆盖率形成影响

新媒体时代，技术赋权让用户享有更多的主体性和自主权，但也让"群体极化"现象得以滋生和蔓延，QQ群、微信好友、朋友圈等一个个"网络部落"和"信息同盟"悄然形成并不断壮大。媒体面对的不再是单纯的受众，而是具有各种利益诉求和情绪表达需要的用户，改变了传统媒体时代自上而下的新闻生产方式和舆论生成模式。同时，从用户的阅读习惯来看，新媒体用户又分化为精英用户和普通用户，精英用户具有较强的信息生产和传播能力，普通用户则适应新媒体的信息传播方式，以碎片化、浅阅读为获取信息的主要方式，缺乏对信息的鉴别能力和批判能力。因此，主流媒体加强媒体融合，适时推出微博、微信、新闻客户端，与受众之间开展及时的、全面的信息交流和互动，迅速占领媒介市场和被分割的受众市场，扩大舆论传播的受众面和覆盖率，就成为摆在主流媒体面前一项亟待解决的问题，是主流媒体加强自身建设工作的重中之重。只有布好局，占领传播制高点，才能抓住受众，赢得机会和市场，进而增强舆论引导工作的社会传播效果。

三、舆论监督与舆论引导"双轮驱动"成为新时代中国共产党舆论思想发展的新手段与新空间

"舆论监督"和"舆论引导"是中国共产党开展新闻舆论工作的两大优良传统与两大思想法宝。1989年5月，习近平在福建宁德地区新闻工作会议上的讲话中曾经明确指出："舆论引导和舆论监督是社会主义新闻事业的两大功能。"[14] 在这里，习近平把"舆论引导"和"舆论监督"放到相提并论的位置，把它们归属于"社会主义新闻事业的两大功能"，其地位、作用和影响由此可见一斑。在谈到舆论监督时，习近平指出："在加强舆论引导工作的同时，还要重视发挥舆论监督的作用。舆论监督是加强党的建设和民主政治建设的一项重要内容。""新闻媒介的舆论监督是最经常、公开、广泛的一种监督方式。"[15] 2016年2月19日，在党的新闻舆论工作座谈会上，习近平再次强调："舆论监督和正面宣传是统一的。新闻媒体要直面工作中存在的问题，直面社

会丑恶现象，激浊扬清、针砭时弊，同时发表批评性报道要事实准确、分析客观。"[16] 习近平既要求开展舆论监督，又要求加强舆论引导，舆论引导和舆论监督是舆论工作的"一体两面"。由此可见，实施和推行舆论监督与舆论引导"双轮驱动"战略，已成为新时代中共舆论思想发展的新手段与新空间。

1. "要抓典型事件"

习近平在福建宁德地区新闻工作会议上的讲话中，就曾对如何运用舆论监督的问题作出过详细论述："舆论监督的出发点应该是积极的、建设性的。监督的重点应该针对那些严重违反党和国家重大政策以及社会生活中存在的重大问题，要抓典型事件。揭发的事实，务求准确。涉及党的一级组织和政府的批评，要持慎重态度，不能先入为主。要深入调查，多方听取意见，得出合乎事实的结论。特别要注意不应把批评的矛头对准那些群众有意见而我们工作中因限于目前条件、一时难以解决的问题上。要让人民知道，党和政府正在采取措施，克服困难，解决问题。"[17] 一般来说，典型既有正面典型又有反面典型，习近平所说的舆论监督对象主要是针对反面典型、负面事件，尤其是社会突发性事件。群众关注的问题往往是一些发生在社会敏感领域的敏感问题，是各方矛盾和利益冲突的焦点和难点所在，特别是重大突发性事件，一旦发生，容易引起民众的恐慌和疑虑，甚至影响到社会秩序的稳定。由于它既关系到老百姓的切身利益，又关系到地方政府的政绩和形象问题，因此处理起来一时可能会感到比较棘手和困难。面对这种情况，媒体开展舆论监督既不能不负责任地选择回避，或闪烁其词，也不能不计后果地一曝了之，或幸灾乐祸。舆论监督应从建设性的角度出发，帮助群众和政府分析问题产生的根源，把有效解决问题作为新闻传播工作的出发点和落脚点，这样的舆论监督就不是简单的批评而是含有潜在舆论引导的成分。

2. "善于设置议题"

习近平指出："引导社会舆论走向，要善于设置议题，让该热的热起来，该冷的冷下去，该说的说到位。新闻舆论议题有的是自然发生的，有的是人为设置的。要让我们设置的议题成为引导社会舆论的话题，而不是被社会舆论牵着鼻子走。要善于挖掘事实，也要善于提出概念、形成标识；要面向普通人群，也要影响关键少数。""高明的议题设置，往往都是时机、技巧、方法的最佳运用。"[18] 善于设置议题、引导社会舆论，不仅是增强新闻传播工作针对性的一个重要方面，而且是新闻传播工作的一项重要本领，甚至是评价媒体舆论引导力的重要因素。新闻传播不能不加选择地做到"有闻必录"，而应该充分发挥主流媒体教育群众、引导舆论的功能，要善于根据形势变化和社会现实的需要，充分考虑和衡量社会效果来进行精准议题设置，从而增强舆论引导的针对性和建设性，绝不能让负面舆论剑走偏锋，炒成热点，肆意侵占舆论阵地，误导社会大众，而是要把大力倡导践行正确、健康的世界观、人生观、价值观和社会主义核心价值观放到一切舆论引导工作的首位。

3. "把握好时度效"

习近平多次强调，新闻舆论工作"关键是要提高质量和水平，把握好时、度、效"。"要抓住时机、把握节奏、讲究策略，从时度效着力，体现时度效要求。"[19]坚持用时度效的标尺检验新闻舆论工作，是习近平宣传思想的重大理论创新，体现了宣传思想规律、新闻传播规律、媒体发展规律的本质要求，是新闻舆论工作履行好新时代职责使命的必然要求。党的新闻舆论工作是一门科学，必须按照规律办事。不管是主题宣传、典型宣传、成就宣传，还是突发事件报道、热点引导、舆论监督，都要从时度效着力、体现时度效要求。时，就是时机、节奏。时效决定成效，速度赢得先机。尤其是突发事件的舆论引导，要完善快速反应机制，及时发布权威信息，有针对性地回应社会关切，先声夺人、赢得主动，确保首发定调。度，就是力度、分寸。新闻报道该造势的要造势，该突出的要突出，该有力度的要有力度，但不能渲染过头，不能为取悦受众而"失向"、因盲目介入而"失准"、为吸引眼球而"失真"、为过分渲染而"失范"、为刻意迎合而"失态"。要因事制宜、因时制宜，精准研判舆情，恰如其分掌控舆论引导的密度和尺度。效，就是效果、实效。新闻舆论工作最终要看效果，就是群众口碑好、社会共识强。要抓住涉及治国理政的战略问题、广大群众关注的现实问题、国内外发生的热点问题，找准思想认识的共同点、情感交流的共鸣点、利益关系的交汇点、化解矛盾的切入点，不断提高工作实效。

4. "提高舆论引导力"

"舆论引导力"是习近平在党的新闻舆论工作座谈会上首次提出来的，在党的十九大报告中，他再次强调包括舆论引导力在内的"四力"建设："牢牢掌握意识形态工作领导权""建设具有强大凝聚力和引领力的社会主义意识形态"

"高度重视传播手段建设和创新，提高新闻舆论传播力、引导力、影响力、公信力。"[20]

2018年8月21日至22日，习近平在全国宣传思想工作会议上指出："在实践中，我们不断深化对宣传思想工作的规律性认识，提出了一系列新思想新观点新论断。"[21]这些新思想新观点新论断的内涵主要体现为"九个坚持"，而"坚持提高新闻舆论传播力、引导力、影响力、公信力"就是其中之一。他强调："要把握正确舆论导向，提高新闻舆论传播力、引导力、影响力、公信力，巩固壮大主流思想舆论。要加强传播手段和话语方式创新，让党的创新理论'飞入寻常百姓家'。"[22]显而易见，舆论引导力创新与建设思想已经成为习近平新时代中国特色社会主义理论的重要组成部分。舆论引导力一般是指新闻媒体根据自己设置的议程或议题，引导受众进行思考，或者是引导他们朝着预设的方向去认识和理解新闻的一种能力[23]。如果说舆论引导是一种传播手段的话，那么舆论引导力就是舆论引导思想中的一个新观点与新论断。作为生产力的引导力和具有策略、方法与技巧的引导力，是舆论引导力构建的两个有效着力点，要互相兼顾，相得益彰。新时代，提高舆论引导力既是党的新闻舆论工作亟待破解的理论课题，也是其面临的实践命题。

四、结语

在中国共产党舆论思想发展史上，"舆论监督"与"舆论引导"是两座丰碑、两大法宝，它们在舆论发展进程中处于核心和主导的地位。纵观马克思主义新闻观及其中国化时代化大众化的中国共产党历代领导人的新闻观，尤其是习近平总书记关于新闻舆论工作的重要论述，不难发现，"舆论监督"与"舆论引导"是贯穿中国共产党舆论思想发展始终的一条主线、两大核心理念。新时代，无论是在理论建构层面还是在实践应用层面，"舆论监督"与"舆论引导"之间不仅不能出现任何偏离、偏废的现象，而且还要不断强化它们之间的有机耦合。"舆论监督"与"舆论引导"既是中国共产党舆论思想继续发展的源头活水，更是中国共产党舆论思想傲立于世界先进思想之列的两面猎猎旌旗。

参考文献：

[1]中共中央文献研究室、新华通讯社编：《毛泽东新闻工作文选》，新华出版社 1983 年版，第 177 页。

[2]《沿着有中国特色的社会主义道路前进》，《人民日报》，1987 年 11 月 4 日。

[3]《加快改革开放和现代化建设步伐 夺取有中国特色社会主义事业的更大胜利》，《人民日报》，1992 年 10 月 13 日。

[4]《高举邓小平理论伟大旗帜 把建设有中国特色的社会主义事业全面推向二十一世纪》，《人民日报》，1997 年 9 月 13 日。

[5]《全面建设小康社会 开创中国特色社会主义事业新局面》，《人民日报》，2002 年 11 月 9 日。

[6]《高举中国特色社会主义伟大旗帜 为夺取全面建设小康社会新胜利而奋斗》，《人民日报》，2007 年 10 月 16 日。

[7]《坚定不移沿着中国特色社会主义道路前进 为全面建成小康社会而奋斗》，《人民日报》，2012 年 11 月 9 日。

[8]《决胜全面建成小康社会 夺取新时代中国特色社会主义伟大胜利》，《人民日报》，2017 年 10 月 19 日。

[9]中共中央编译局编：《马克思恩格斯选集》第 1 卷，人民出版社 1995 年版，第 11 页。

[10]王闽京：《舆论监督新论》，《中国广播电视学刊》，1999 年第 3 期。

[11]王梅芳：《舆论监督与社会正义》，武汉大学出版社 2005 年版，第 208—209 页。

[12]郑保卫：《力度·效度·制度——对当前抓好舆论监督的思考》，展江：《舆论监督紫皮书》，南方日报出版社 2004 年版，第 73 页。

[13]《习近平在党的新闻舆论工作座谈会上强调 坚持正确方向创新方法手段 提高新闻舆论传播力引导力》，《人民日报》，2016 年 2 月 20 日。

[14]习近平：《摆脱贫困》，福建人民出版社 1992 年版，第 65 页。

[15]习近平：《摆脱贫困》，福建人民出版社 1992 年版，第 65 页。

[16]《习近平在党的新闻舆论工作座谈会上强调 坚持正确方向创新方法手

段　提高新闻舆论传播力引导力》，《人民日报》，2016年2月20日。

[17]习近平：《摆脱贫困》，福建人民出版社1992年版，第66页。

[18]中共中央文献研究室编：《习近平总书记重要讲话文章选编》，中央文献出版社2016年版，第428页。

[19]中共中央宣传部新闻局编：《习近平总书记党的新闻舆论工作座谈会重要讲话精神学习辅助材料》，学习出版社2016年版，第7页。

[20]《决胜全面建成小康社会　夺取新时代中国特色社会主义伟大胜利》，《人民日报》，2017年10月19日。

[21]《习近平在全国宣传思想工作会议上强调　举旗帜聚民心育新人兴文化展形象　更好完成新形势下宣传思想工作使命任务》，《人民日报》，2018年8月23日。

[22]《习近平在全国宣传思想工作会议上强调　举旗帜聚民心育新人兴文化展形象　更好完成新形势下宣传思想工作使命任务》，《人民日报》，2018年8月23日。

[23]沈正赋：《新媒体时代新闻舆论传播力、引导力、影响力和公信力的重构》，《现代传播》，2016年第5期。

（原载《新闻与传播研究》2018年第11期）

品牌传播

中国国家品牌内涵、特性及其实现路径研究

舒咏平[*]

摘　要： 国家品牌是一个时期内一个国家在其他国家公民心目中的总体形象，也是一个国家竞争力的综合体现。中国国家品牌的特性主要有：道路自主性、效率显著性、优势共享性、长远一致性；其实现路径为：凝心聚力，发挥中国梦的价值引领作用；推动"三个转变"，高质量建设社会主义现代化强国；彰显文化魅力，提升新时代中国文化软实力；建立国际信赖与合作，为构筑人类命运共同体作出积极贡献。

关键词： "两个一百年"奋斗目标；中国国家品牌；品牌实践

在庆祝中国共产党成立100周年大会上，习近平总书记庄严宣告：经过全党全国各族人民持续奋斗，我们实现了第一个百年奋斗目标……正在意气风发向着全面建成社会主义现代化强国的第二个百年奋斗目标迈进。在"两个一百年"奋斗目标的历史交汇之际，一些国家却无视中国的成就与贡献，抹黑打压中国。在此背景下，如何展示既开放自信又谦逊谦和的中国形象？我们拟从中国特色社会主义国家品牌塑造入手，做一简要分析。

一、中国国家品牌及其内涵

品牌是商品的标志与象征，其本质是人类赖以信誉化生存的理念。随着人们认知的深化，品牌由市场营销层面"为买卖双方所识别并能够为双方带来价

---

*作者简介：舒咏平，教授，博士生导师，主要研究方向：品牌传播。

值的东西"[1]上升为哲学层面的"信誉主体与信任主体之间的关系符号"[2]，并逐渐成为学界对于各类主体正向价值的解读与运用的词。把国家形象和影响力的总和作为国家品牌是近些年品牌研究的一种新取向，研究认为，国家品牌是一个国家最重要的资产之一，国家品牌价值越高，形象越好，越能促进对内投资和对外出口，并吸引游客和专业人才[3]。实际上，我国也对国家品牌塑造进行了实践，国务院办公厅文件提出："品牌是企业乃至国家竞争力的综合体现。"[4]这是国家层面对品牌赋予的深刻内涵，即"国家竞争力的综合体现"。这无疑为中国特色社会主义国家品牌探索提供了一个全新视角。

国家品牌是一个时期内一个国家在其他国家公民心目中的总体形象，它的提出源于1965年原产国效应研究，即强调国家形象与其制造的产品评价呈正相关。随后，具有实力性质的国家形象开始提升为硬实力与软实力相结合的国家品牌。对国家品牌卓有研究的西蒙·安浩提出，制造特定产品的国家是一类品牌，任何城市、国家和地区如果打算在新的世界秩序下存活并繁荣，需要用国家品牌的方式来考虑身份、战略、发展、竞争和愿景。随后，他提出"国家品牌六维度模型"，认为国家品牌是国家竞争力的总和，并以此模型来进行全球国家品牌排名[5]。荷兰学者彼得·范·汉姆也认为国家品牌与产品品牌有着高度相似性，因为"国家品牌包含了外部世界对特定国家的信任和满意度"，并强调面对开放世界提出"国家品牌"无疑可有力地取代民族主义国家思维[6]。随着国家品牌研究的深入，我国学者对于国家品牌的认识，已经从最初无价值取向的国家形象——"指一个国家在全球公民心中的整体印象……也是外界对一国总体的、相对稳定的一般性评价"[7]，深化到富有正向价值判断的国家形象——"是国家在与国际社会互动过程中形成的国际社会公众对国家的正面评价、认可或信任"[8]。"国家品牌"具有鲜明正价值导向，既得到国内民众认同与自觉建构，又得到国际社会认可与信任，是一个国家主体处于自信且呈现出良好发展态势的信息符号。国家品牌既彰显自身的独立性又展现了开放性，既给本国人民带来自豪感，又为国际社会带来互惠互利的价值。

品牌多维度的正向价值以及竞争力的综合性，提示我们建构中国特色社会主义国家品牌的重要性，以期更好地内聚自信、外获认同。实际上，中国特色社会主义国家品牌正被越来越多的国家认同，据总部位于英国的全球品牌价值咨询公司 Brand Finance 发布的2019年国家品牌价值研究报告，中国国家品牌价值高居第二位。其中，2018—2019年，"中国"这一国家品牌价值大涨了40.4%[9]。我国有关品牌研究报告曾指出："由于国家品牌建设与微观品牌建设是相辅相成的，因此应更加关注顶层架构和进行全盘考虑。政府在国家品牌建设中应当发挥主导作用，在探索未来世界经济发展战略制高点的竞争中，应充分发挥国家品牌战略的引领作用。"[10]也就是说，以中国国家品牌来展示中国特色社会主义制度优越性，无疑是一种简明易懂、超越意识形态的好方式、好渠道，有利于引领社会发展与国际合作。

中国特色社会主义国家品牌是基于中国国情，独立自主地形成的。中国问题专家乔舒亚·库珀·雷默曾经将中国独立自主、艰苦努力、主动创新、循序渐进的发展道路和发展模式称为"北京共识"，以区别于拉美国家和东欧转轨国家所采用的资本流动开放、私有化、自由化发展。雷默关注并肯定的"北京共识"以及后来演化产生的"中国模式"，主要是就经济模式而言，仅仅停留在经济发展的层面，并没有深层次地认识并揭示中国特色社会主义制度内涵。以人民为中心，"立党为公，执政为民""权为民所用，情为民所系，利为民所谋"的理念，已显示出独具特色的优势。因此，相对于"北京共识""中国模式"的他者认同，"中国国家品牌"则更能展示中国特色社会主义内涵及其实践的自觉，更能展示中国发展给本国与世界带来的共享性福祉。"国家品牌是一种全新的目标凝聚、舆论导向、国际合作、国际传播的话语，它超越了意识形态，也超越了阶层利益与国家利益，上升为一种基于人类社会发展共赢的理念。"[11]

我们知道，中国从半殖民地半封建社会走向国家独立、民族复兴，起步于中国共产党领导人民开创出的一条独立自主的求解放之路，中国人民从此站起来了，独立自主的国家品牌也开始屹立于世界民族之林。这条道路以及相应的中国特色社会主义制度，确保了在生产力高度发展的基础上，实现马克思和恩格斯所强调的社会主义本质，即让所有人获得全面而自由的发展：未来新社会是以每个人的全面而自由发展为基本原则的社会形态，与其相应的则是"在保证社会劳动生产力极高度发展的同时又保证每个生产者个人最全面的发展的这样一种经济形态"[12]。实践证明，中国特色社会主义制度和国家治理体系是以马克思主义为指导、植根中国大地、具有深厚中华文化根基、深得人民拥护的制度和治理体系，是具有强大生命力和巨大优越性的制度和治理体系，是能够持续推动拥有近十四亿人口大国进步和发展、确保拥有五千多年文明史的中华民族实现"两个一百年"奋斗目标进而实现伟大复兴的制度和治理体系。正是中华民族的伟大实践，形成了中国特色社会主义且"综合竞争力"优势明显的中国国家品牌。在把握了如上中国国家品牌本质内涵基础上，我们还需进一步对其特性予以认识。

二、中国国家品牌的特性

1.道路自主性

品牌鲜明的识别性是由其内在的自主性决定的。求同存异、开放包容、和合天下、勤奋拓新、自尊自强的中华优秀传统文化，是中国自主性发展道路的精神力量。独特而富有生生不息生命力的文化，为中国国家品牌厚植了底色。近代中国救亡史证明，只有中国共产党领导并开创的独立自主之路，才能让中国昂首站立起来。毛泽东在1938年指出："马克思主义必须和我国的具体特点相结合并通过一定的民族形式才能实现"，必须"使马克思主义在中国具体化，使之在其每一表现中带着必须有的中国的特性"[13]。

随着党的十一届三中全会召开，中国以经济建设为中心，坚持改革开放与四项基本原则，再次明确了自主性发展道路。正是因为1978年我们党果断决定实行改革开放，并坚定不移推进改革开放，社会主义中国才有今天这样的大好局面。习近平总书记指出，我们的国权，我们的国格，我们的民族自尊心，我们的民族独立，关键是道路、理论、制度的独立[14]。而中国选择自主道路，并没有伤害其他国家的主权。邓小平指出，"制定自己的适合于本国情况的战略和策略，纲领和要求，只能由各国党自己搞"。中国在发展过程中，为其他国家与民族提供了可借鉴的经验，至于"这些经验哪些可以借鉴，哪些不能借鉴，完全由各个党自己去选择"[15]。每一个国家、每一个党都有自己的经历，情况千差万别，应该互相尊重各自的选择；党与党之间要建立独立自主、完全平等、互相尊重、互不干涉内部事务的新型关系。习近平总书记强调："要坚持国家不分大小、强弱、贫富一律平等，尊重各国人民自主选择发展道路的权利，反对干涉别国内政，维护国际公平正义。'鞋子合不合脚，自己穿了才知道'。一个国家的发展道路合不合适，只有这个国家的人民才最有发言权。"[16]

与西方国家相比，基于中国道路的国家品牌自主性清晰突出，又能为不同国家与民族以自身特色获得发展、屹立于世界各国国家品牌之林提供借鉴。

2.效率显著性

市场上表现优异的品牌，其产品不仅形成溢价，而且能高效整合资源，形成品牌运作上的高效率。中国国家品牌所拥有的效率显著性，同样有目共睹。在新中国成立之后，中国人均粮食消耗额达到了世界中等水平，人均寿命由1949年的35岁增加到1982年的68岁，全国进入小学人数高达96%，初步建立起工业体系，有了"两弹一星"等国之重器。而改革开放以来，中国更创造了第二次世界大战结束后一个10亿人口量级的国家经济高速增长持续时间最长的奇迹。2020年，中国在人类历史上前所未有地整体消除绝对贫困，全面建成小康社会。中国速度、中国奇迹，无不验证了中国国家品牌效率的显著性。相比而言，西方国家固有的政治体制缺陷，无法实行民主基础上的集中，不同利益集团绑架政治的现象比比皆是，由此造成决策相互羁绊、效率低下，形成英国前首相布莱尔所称"民主已死"的局面。而在中国，中国共产党领导的多党合作和政治协商制度，最大限度地减少社会内耗，极大突出了制度效能优势。中国制度决定了决策一旦出台，就会全国动员，众志成城地坚决执行下去，集中力量办大事。2020年抗击新冠疫情的人民战争，在党中央领导下，全国一盘棋，武汉"封城"、全国驰援、总体协同、全民行动，有效控制住疫情，在全世界树立了一个科学施策、高效抗击疫情的标杆。习近平总书记指出，这次抗疫斗争有力彰显了"我国社会主义制度具有非凡的组织动员能力、统筹协调能力、贯彻执行能力，能够充分发挥集中力量办大事、办难事、办急事的独特优势"[17]。中国国家品牌的效率显著性由此得到了最有力的证实。

3.优势共享性

一场新冠疫情的防范，检验出了一个国家能否具有优势共享性的品牌特质。中国面对突如其来的疫情，用举国体制、全民行动的方式获得了防控的胜利，并为国际社会争取了宝贵的时间，向全人类提供了开放透明的疫情信息，分享了病毒基因序列信息、诊疗方案及其防控经验，还向世卫组织捐款，向有关国家捐赠或出口急需防疫物资和设备、派遣专家团队、提供作为全球公共产品的疫苗。中国国家制度的优越性不仅使自身很快从疫情阴霾中走出，而且让国际社会获得了益处。而这"优势共享"正是品牌精神。因为，品牌不仅让品牌主获益，而且能与顾客形成双赢，同时还能让供应链、社会等多方共享价值。而站起来、富起来、强起来的中国正是这样的一个对内共同富裕、对外合作共赢，愿意让世界共享优越性的国家品牌。

自 2013 年以来，中国对世界经济发展贡献率持续位居世界第一位。从 2018 年开始中国举办了全球唯一以进口为主题的国际进口博览会，中国市场进一步开放，中国经济得以高质量发展，同时为世界经济发展提供了平台与动力。可以说，中国的快速发展，让全球各国搭上了顺风车。同时中国还对其他发展中国家给予了有力支援，显示中国国家品牌优越性共享的特性。最典型的就是对非洲的共享性合作与支援。据统计，2019 年中非双边贸易额达到 2087 亿美元，比 2000 年增加了 20 多倍。中国已连续 11 年成为非洲第一大贸易伙伴。而中国对非投资存量达到 1100 亿美元，共有 3700 多家企业在非洲投资兴业；在非洲建设的铁路和公路双双超过 6000 公里，港口和大型电站近 20 个，为非洲发展注入强劲动力。在民生领域，中方已援建 130 多个医疗机构，45 个体育场馆，170 多所学校，培训各方面专业人才 20 万人次。且从 1963 年开始，中国已累计向非洲派出 2.1 万人次的医疗队，2.6 亿非洲人民得到无偿医疗救助。中国让发展中的非洲共享国家品牌优越性，与美国追求在非洲的霸权式军事存在，无疑形成了鲜明的对比。

4. 长远一致性

由于品牌是以信誉取胜，这就决定了品牌需要保持长远的一致性。汤姆·邓肯等从企业角度提出评价品牌的 8 个指标，其中明确提出了品牌的"一致性"[18]。很显然，市场竞争中决定品牌生命力的不仅是品牌识别一致性，更是内在的战略一致性。享誉市场的品牌总是长期保持战略一致、信息一致以及传播一致，这才构筑了百年品牌的信誉。而纵观全球，唯有中国特色社会主义国家品牌，才能在具有诸多优胜特点基础上显示出长期一致性。这无疑是由中国共产党领导决定的。因为，坚持党的集中统一领导，就能保持政治稳定，确保国家始终沿着社会主义方向前进；就能坚持人民当家作主，发展全过程人民民主，依靠人民推动国家发展；就能全面依法治国，建设社会主义法治国家，切实保障社会公平正义和人民权利；就能坚持全国一盘棋，调动各方面积极性，集中力量办大事；就能坚持各民族一律平等，铸牢中华民族共同体意识，实现共同团结奋斗、共同繁荣发展；就能坚持公有制为主体、多种所有制经济共同发展和按劳分配为主体、多种分配方式并存，把社会主义制度和市场经济有机结合起来，不断解放和发展社会生产力，不断保障和改善民生、增进人民福祉。

三、中国国家品牌的实现路径

1.凝心聚力，发挥中国梦的价值引领作用

优秀的品牌总怀有吸引员工的完美梦想，是经营者与员工心中持续且不断追逐的百年梦想，是引以为豪、得以振奋的源泉。由于市场上的优秀品牌能得到消费者由衷的认可与务实的消费，且享有较高的社会评价，其反馈到品牌企业内部，自然能让员工获得实惠、愿意长期为企业尽责，并激发员工自豪感[19]。从国家层面来说，中国梦为实现中华民族伟大复兴凝聚起强大精神力量，中国国家品牌正是在中国梦的价值引领下，不断得到实现、不断获得实践捷报。中国国家品牌与中国梦一样，寄托着中华民族伟大复兴的美好追求。习近平总书记指出："实现中华民族伟大复兴，就是中华民族近代以来最伟大的梦想。这个梦想，凝聚了几代中国人的夙愿，体现了中华民族和中国人民的整体利益，是每一个中华儿女的共同期盼。"[20] 由于中国梦不可能一天实现，于是日渐清晰明确的中国梦伴随着新时代中国特色社会主义的实践、伴随着一路胜利捷报而得到逐步呈现，这无疑就是中国国家品牌在发挥着凝心聚力的感召力作用。

2.推动"三个转变"，高质量建设社会主义现代化强国

2014年5月，习近平总书记在郑州考察时，通过模型了解盾构机整体构造和工作原理，察看了装配情况，了解到我国盾构机打破国外垄断、树立起自主品牌，高兴地指出：要"推动中国制造向中国创造转变、中国速度向中国质量转变、中国产品向中国品牌转变"。由此，推动"三个转变"成为高质量发展的重要抓手。"中国创造""中国质量"均需落到"中国品牌"产品的载体上，因此品牌意味着高品质、高质量发展。美国政府之所以要对我国"华为"品牌进行全方位打压，根本原因就是华为依靠科技创新，在5G技术上拥有了话语权，率先走上了高质量发展之路。因此，我们要实现具有综合竞争力特性的中国国家品牌，首先体现在经济建设领域品牌引领的高质量发展。习近平总书记

曾指出："我国经济已由高速增长阶段转向高质量发展阶段"，而"高质量发展，就是从'有没有'转向'好不好'"。[21] 围绕经济主战场，我国各行各业也必然转向品牌的高质量发展。如航天科技界的"长征""天问""神舟"，交通运输界的"复兴号""C919""港珠澳大桥"，教育界的"双一流""示范院校"，绿色环保界的"国家公园""国家湿地""生态保护区"等，都在通过行业品牌引领高质量发展，进而成就中国国家品牌。可以说，中国国家品牌实现路径典型地体现在各个领域推动"三个转变"，以促进高质量发展。唯有如此，社会主义现代化强国的第二个百年奋斗目标才能在高质量发展中逐步得以实现。

3.彰显文化魅力，提升新时代中国文化软实力

国家品牌是一个国家硬实力与软实力相融合的正向价值集中体现，因此提高国家文化软实力，关系"两个一百年"奋斗目标和中华民族伟大复兴中国梦的实现。西方国家常常自我标榜他们的强大乃是自由、民主的价值观之软实力所致，但塞缪尔·亨廷顿对此一针见血地反驳："西方赢得世界靠的不是高人一筹的思想、价值观或宗教，而是在应用有组织的暴力手段方面技高一筹。西方人通常忘记了这一事实，但是非西方人从来就没有忘记。"[22] 可以说西方列强发家的历程并不光彩，是靠武力掠夺、贩卖黑奴、殖民地抢占、输出毒品、操控金融、军事霸占等恶劣的硬实力，与其乔装打扮的所谓普世价值观之软实力毫无关系。但中国国家品牌建设，却是以源远流长的民为邦本、仁义治国、真诚守信、尚和求同、自强不息等中华灿烂文化传统，结合马克思主义等优秀人类文明成果，提升发展成为弘扬和平、发展、公平、正义、民主、自由的文化魅力，从而提升了新时代中国文化软实力。张维为认为："中国崛起是一个五千年文明与现代国家重叠的'文明型国家'崛起"；"这种国家的崛起不仅在物质财富上，而且在制度安排上、在文化理念上一定是超越西方和西方模式的，并一定会深刻地影响世界未来的格局和秩序。"[23] 相对更多体现于经济与军事上的硬实力，软实力就是"通过吸引和说服他国接受自己的目标的能力。软实力要求身体力行"[24]。中国作为"文明型国家"，其文化软实力就是通过身体力行、成功实践，必然跨越时空、国度，彰显出具有吸引力、说服力、影响力的全人类共同价值。

4.建立国际信赖与合作，为构筑人类命运共同体作出积极贡献

马克思和恩格斯在《共产党宣言》中指出："共产党人不屑于隐瞒自己的观点和意图。"马克思恩格斯在分析了国家的起源后指出："国家是社会在一定发展阶段上的产物"，但"随着阶级的消失，国家也不可避免地要消失"[25]。国家从起源到消失，需要建立国际信赖与合作的国家品牌，需要担负起构建人类命运共同体的责任担当。而中国国家品牌的实践，不仅仅是高质量发展好自身，而且要在全球化与多边主义潮流中，以品牌信誉为导向，担负起构筑人类命运共同体的大国责任。中国文化以和为贵、和而不同，和平的基因深植于中华民族的血脉之中。我国历代领导人不止一次地阐明，中国无论发展到什么程度，也永远不称霸，永远不搞扩张。中国将会把开放的大门越开越大，扩大同各国利益的交汇点，推进国家之间的信任、友谊、合作，为世界人民的共同发展作出贡献。这也是中国国家品牌区别于其他西方国家以我独尊、以霸凌弱的不同之处。历史也证明，中国从来没有侵略他国、殖民他国、掠夺他国的记录，有的却是与邻友好、互通互惠的一贯作为，以及不断获得国际信赖的历程。新中国成立后，中国提出了"和平共处五项原则"，得到了国际社会广泛认可，并被广泛运用于国际关系中。不仅如此，中国即使自身并不富裕，仍然援助非洲，并获得大多数发展中国家的认可。欧美等发达国家也意识到中国的重要性，自我破冰与我国建交。今天，我国外贸总量居全球第一，126个国家和29个国际组织同我国签署了"一带一路"合作协议，与中国建交国家达到180个并位于世界第一，这些富有建设性的作为，不断提升了中国国家品牌的国际信赖度。在中共中央政治局第三十次集体学习中，习近平总书记指出："我国日益走近世界舞台中央，我们这么大的体量，有能力也有责任在全球事务中发挥更大作用，同各国一道为解决全人类问题作出更大贡献。要高举人类命运共同体大旗，依托我国发展的生动实践，立足五千多年中华文明……运用各种生动感人的事例，说明中国发展本身就是对世界的最大贡献、为解决人类问题贡献了智慧。"[26]显然，中国践行的国际信赖、国际合作，以及大国责任担当，均有力地促进人类命运共同体的构建，彰显了为世界人民谋福祉的务实担当精神与中国国家品牌实力。

参考文献：

［1］唐·舒尔茨：《唐·舒尔茨论品牌》，高增安等译，人民邮电出版社 2005 年版，第 8—9 页。

［2］舒咏平：《品牌即信誉主体与信任主体的关系符号》，《品牌研究》，2016 年第 1 期。

［3］Brand Finance：《中国国家品牌正在崛起》，《党员文摘》，2020 年第 1 期。

［4］国务院办公厅：《关于发挥品牌引领作用推动供需结构升级的意见》，中国政府网，http://www.gov.cn/xinwen/2016-06/20/content_5083901.htm，2016 年 6 月 20 日。

［5］西蒙·安浩：《铸造国家、城市和地区的品牌：竞争优势识别系统》，葛岩，等译，上海交通大学出版社 2009 年版，第 19 页。

［6］Peter van Ham：The rise of the brand state：The postmodern politics of image and reputation，Foreign Affairs，2001（5）：2-6.

［7］刘瑞旗、李平：《国家品牌与国家文化软实力研究》，经济管理出版社 2014 年版，第 2 页。

［8］张昆、王孟晴：《国家品牌的内涵、功能及其提升路径》，《学术界》，2018 年第 4 期。

［9］刘平均：《2018—2019 中国品牌价值增 40.4%　增速全球第一》，新浪财经，http://finance.sina.com.cn/hy/hyjz/2019-12-28/doc-iihnzhfz8926673.shtml，2019 年 12 月 28 日。

［10］汪同三：《中国品牌战略发展报告》，社会科学文献出版社 2017 年版，第 9 页。

［11］舒咏平、祝晓彤：《习近平关于国家品牌论述的研究》，《新闻与传播评论》，2018 年第 4 期。

［12］《马克思恩格斯全集》第 25 卷，人民出版社 2001 年版，第 145 页。

［13］《毛泽东选集》第 2 卷，人民出版社 1991 年版，第 534 页。

［14］《习近平谈治国理政》第 2 卷，外文出版社 2017 年版，第 12 页。

［15］《邓小平文选》第 1 卷，人民出版社 1994 年版，第 340 页。

［16］《习近平谈治国理政》，外文出版社2014年版，第273页。

［17］习近平：《在全国抗击新冠肺炎疫情表彰大会上的讲话》，人民出版社2020年版，第19页。

［18］汤姆·邓肯、桑德拉·莫里亚蒂：《品牌至尊：利用整合营销创造终极价值》，廖宜怡译，华夏出版社2000年版，第37—38页。

［19］斯科特·M·戴维斯、迈克尔·邓恩：《品牌驱动力》，李哲等译，中国财政经济出版社2007年版，第7页。

［20］《习近平谈治国理政》，外文出版社2014年版，第36页。

［21］《习近平谈治国理政》第3卷，外文出版社2020年版，第237—239页。

［22］Christopher Layne：The global power shift from west to east，National Interest，2012（119）：21-31.

［23］张维为：《中国超越》，上海人民出版社2014年版，第2—3页。

［24］奥利弗·施廷克尔：《中国之治终结西方时代》，宋伟译，中国友谊出版公司2017年版，第61页。

［25］《马克思恩格斯全集》第28卷，人民出版社2018年版，第198、202页。

［26］《习近平在中共中央政治局第三十次集体学习时强调加强和改进国际传播工作，展示真实立体全面的中国》，新华社，http://cpc.people.com.cn/n1/2021/0601/c64093-32119449.html，2021年6月1日。

（原载《江淮论坛》2021年第4期）

融入"家"文化：央视公益广告的文化传播符号分析

吴来安*

摘　要： 公益广告具有文化传播的独特性，在国家日益重视文化建设和国际传播能力建设的大背景下，担当了传承历史文明内涵、传播当下社会主流价值、引领未来文明风尚等重要角色。然而当下的问题是，不少公益广告中所使用的文化能指与所指张力拉大，呈现出一定程度上文化符号的断裂现象，使得传播效果大打折扣。这引发我们进一步思考，如何充分发挥公益广告这个独特的载体，进一步提升中国文化传播效果，成了当前亟待解决的问题。基于此，本文选取两则央视公益广告为样本案例，进行符号学分析，提出：央视公益广告以"家"为核心，深入挖掘"家"文化中各重要元素为符号，以小见大，用接地气的方式深入公众内心，可有效弥补当前文化传播的符号断裂问题，从而实现讲好中国故事、传播中国声音的目的。同时，本文也借由这样的个案分析，为符号学视角下传播学理论的延伸做了一定的尝试。

关键词： 公益广告；文化断裂；文化传播符号；"家"文化

一、研究缘起

当前，我国处于社会转型期，"精神文化层面的文化生态问题复杂和迫切"[1]，出现了道德滑坡、行为失范、审美异化、价值错位等问题。近年来，国家高度重视文化建设，大力推进社会主义文化强国建设，弘扬社会主义核心

*作者简介：吴来安，教授，硕士生导师，主要研究方向：艺术传播、文化政策等。

价值观。习近平总书记于2014年10月15日在北京主持召开了文艺工作座谈会，强调了文艺作品在文化建设中的重要地位，认为"文艺是时代前进的号角，最能代表一个时代的风貌，最能引领一个时代的风气"[2]，并强调要"努力创作生产更多传播当代中国价值观念、体现中华文化精神、反映中国人审美追求，思想性、艺术性、观赏性有机统一的优秀作品"[3]。

公益广告作为一门实践性很强的艺术，是文艺作品以公共利益为导向来传播文化，进行公众教育及舆论引导的一种表达形式。可有效从提升受众艺术审美水平及媒体传播广度/深度的角度推进精神文明建设，在传播当代中国价值观念、弘扬中华文化精神、提升公众审美等方面，均可起到积极作用，呈现出文化传播的某种独特性。

鉴于公益广告的特征及重要作用，大批支持公益广告创意和制作的政策，甚至是硬性指标相继出台。如，2013年1月，中宣部、中央文明办、国家网信办等七部委联合发文，成立公益广告制作中心，动员并倡导社会力量，以及全国各类媒体积极制作和播出公益广告。2013年12月，中共中央办公厅印发《关于培育和践行社会主义核心价值观的意见》，在第十九条明确指出，要"运用公益广告传播社会主流价值、引领文明风尚"[4]，并对公益广告的选题、创意、内容、刊播力度、时段、媒体平台等都做了明确要求。

国家政策的支持，为公益广告的大量涌现提供了有力的保障。以《人民日报》、中央电视台、中央人民广播电台、中国网络电视台等为代表的中央各媒体积极响应，设计制作并投放了大量公益广告。于是，车站、社区、街道、饭店等，只要是公众目之所及的地方，几乎都能捕捉到公益广告的身影，更不用说报纸、杂志、电视、广播、互联网等传统和新兴媒体了。

公益广告的大爆发，让其迅速成为媒体和公众关注的焦点。然而，随处可见的公益广告却并未能获得公众的一致认可，无论是学界、业界，还是普通公众，对公益广告的表现都有一定程度的存疑。如认为公益广告作品"精品少，创作样式单调，口号化"[5]，"总体而言，所刊播的公益广告还是多少存在空洞说教、老生常谈、没有新意、没有美感等问题"[6]，认为《文明旅游之熊猫篇》公益广告"带有针对中国游客的歧视和偏见"，认为《埋儿奉母》公益广告"是一种愚孝，不值得赞美，更不应该作为公益广告"……

还有一些公益广告图文牵强，普及性差。如《己所不欲，勿施于人》公益广告（图1），运用户县农民画为广告的主体画面，这和广告文案所要传达的主题"己所不欲，勿施于人"，以及"社会主义核心价值观"并没有直接关联；再如《直心为惪》公益广告（图2），运用书法搭配国画山水为背景的画面展示方式，广告中"直心为惪生理本直人行道而有得于心为惪"无任何断句及解说，普通公众很难理解。

图1　《己所不欲　勿施于人》公益广告　　图2　《直心为惪》公益广告

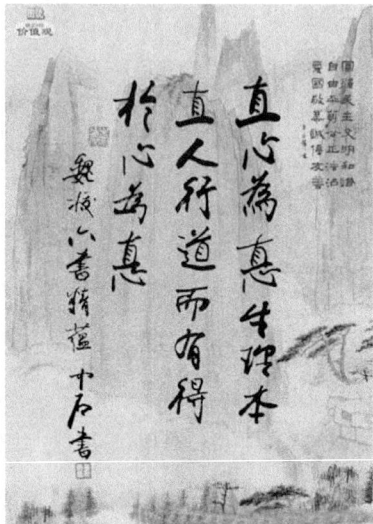

现状显示，现有公益广告数量虽多，但质量却不容乐观。在文化传播方面并不成熟，面临诸多问题。综合来看，公益广告传播行为和人文价值提升目标之间，存有严重的缺憾——文化符号的断裂。即，现有公益广告中使用的仁、孝、德、礼等传统文化符号，在艺术传达上过于生硬，导致公众在文化接受与传承之间产生了断裂。随着当代新兴传播技术的影响，这种断裂的张力愈来愈大，较难弥合。

那么，公益广告该如何寻找有效途径，去弥补这一文化符号上的断裂？本文以此为研究缘起，从符号学的视角切入，尝试对两则公众口碑优秀的央视公益广告案例进行符号学分析，提炼和归纳符号背后所显现的文化意义，希望能找到某种元素或规律，来推动解决这一难题。

二、研究方法

本研究以目标广告的文本及图像为分析单位,解析文本和画面中最为核心的符号,希望能从这些符号中找到某种关联、运行规律,或是关键性意涵,并以此为依据,总结经验,为公益广告合理运用文化符号进行创意制作,以达到良好的传播效果,进而为弥补文化符号的断裂提供借鉴。

1.学理依据及理论框架

符号学兴起于20世纪,由瑞士语言学家菲尔迪南·德·索绪尔(Saussure F.)首先提出。"法国著名的符号学家,也是社会评论家和文学评论家罗兰·巴特在1950年首次把符号学方法应用于对传媒文化的洞察和理解"[7],符号学理论很快便进入到非常广泛的文化研究当中。按照结构主义语言学的分类,符号学原理主要有四大类:"Ⅰ.语言和言语;Ⅱ.所指和能指;Ⅲ.系统和组合段;Ⅳ.直接意指和含蓄意指"[8]。索绪尔在其《普通语言学教程》中指出,"语言符号连接的不是事物和名称,而是概念和音响形象……我们建议保留用符号这个词表示整体,用所指和能指分别代替概念和音响形象"[9],并认为"能指和所指的联系是任意的"[10]。索绪尔的意思是"符号(Sign)=能指(意符Signifier)+所指(意指Signified)",并认为这二者之间的关系是任意的。

索绪尔将语言体系解释为具有横向组合和纵向组合之分,他在《普通语言学教程》中将之定义为"句段关系"和"联想关系"。认为"在话语中,各个词,由于它们是连接在一起的,彼此结成了以语言的线条特性为基础的关系,排除了同时发出两个要素的可能性。这些要素一个挨着一个排列在言语的链条上面。这些以长度为支柱的结合可以成为句段"[11],这里的句段就是指组合;"另一方面,在话语之外,各个有某种共同点的词会在人们的记忆里联合起来,构成各种关系的集合……我们可以看到,这些配合跟前一种完全不同。它们不是以长度为支柱的;它们的所在地是在人们的脑子里。它们是属于每个人的语言内部宝藏的一部分。我们管它们叫联想关系"[12],即聚合关系。

罗兰·巴特(Roland Barthes)在图像修辞(Rhetoric of the Image)中分析图像文本,认为图像信息扮演了两大功能:预设功能(anchorage)和情境功能(relay)[13]。预设功能是指文本通过文字所指向的意义,帮助辨识图像,预设图像的意义；情境功能是指文本和图像两者互补并结合，以解释图像意义。孙秀慧、陈仪芬认为罗兰·巴特的这一观点，是对索绪尔组合和聚合语言体系的发展，是将索绪尔所认为的语言链条替换成了图文之间的关联[14]。

广告作为一种独特的信息传达模式，实际上是通过图像和文本因素，对符号意义进行解构并重构，以此来满足受众需求，达到营销目的。"任何广告效果的实现都离不开受众的理解和接受，而受众的理解和接受总是对应于具体的广告作品，对应于广告符号和广告中的符号"[15]。因此，在公益广告的创意制作和传播过程中，如何将广告中要体现的公益理念，用符号的方式进行构建，吸引公众的目光，并达到影响公众改变行为的目的，相当重要。而如前所述，当前不少公益广告的传播预期和传播效果间出现了某种缺失，从符号学视角来看，即是公益广告中的能指和所指之间出现了文化传播上的断裂。如何非常恰当地通过能指来建构或深度阐释所指，是目前公益广告创意制作中亟待解决的问题。因此，本文将综合运用索绪尔和罗兰·巴特所提出的符号学理论，进行具体公益广告案例的剖析，来尝试做出回答。

2.样本选取

在全国众多媒体投放的公益广告当中，以近年来央视播出的公益广告整体表现最为突出，不仅在国际和国内多次获奖，公众口碑也异常优秀。本研究以央视两则公益广告《打包篇》和《门》为样本案例，进行公益广告的符号分析。之所以选取这两个案例，是因其独特性和领域典型性：第一，中央电视台是我国公认的最重要的思想文化阵地和主流媒体之一，具有权威性和核心性。第二，中央电视台于2013年经中宣部、中央文明办等六部委联合授权，成立"中国公益广告影视中心"，随后成立专门的"公益广告部"。该部门播出的公益广告数量众多、质量优秀，形成了"央视公益传播"的品牌效应，成为行业标杆。第三，央视公益广告在全国的覆盖面广，其社会影响力已经通过多次年度竞标的"标王"现象足证。第四，《打包篇》和《门》都较为典型地表达了中国的传统文化，并在国际国内都具有良好的公众口碑。

《打包篇》于2013年2月在央视多个频道播出后，立即引发大批观众的情感共鸣，网络转发及评论量超过百万，获得2013年第60届戛纳创意节"影视类"铜狮奖，以及第一届全国电视公益广告大赛银奖。

2013年以来，"春节公益广告"已成为央视传递家国情怀、弘扬中华传统文化的一张名片，受到社会各界的重视和关注。《门》是2016年的"春节公益广告"之一，播出后口碑优异。2017年春节期间，该广告由中宣部对外推广局通过央视网、新华网、人民网等中央媒体涉外网页端、客户端和境外社交官方平台推送，在包括美国纽约时代广场的中国屏、美国探索频道《神奇的中国》、国家地理频道《华彩中国》、美国ICN电视联播网、英国普罗派乐电视台、法国华人卫视等海外主流平台播出。

3.分析流程

罗兰·巴特认为图像具有多义性，受众在读图时很容易产生多义性解读，文本的介入，将会有效帮助受众理解图片，实现预设意义的功能[16]。由于本文所选样本皆为电视广告，是以动态的视频方式呈现，包含图像、文字和声音这三个重要的组成部分，表现较为复杂，在分析时需综合考量所有因素。因此，具体分析步骤为：首先对广告进行文本拆解，截取广告的分镜头画面，划分出图像符号，依据视频画面和声音找出文本符号（文字及声音）；接着对图像符号、文本符号以及叙事结构进行分析；再依据"能指与所指，组合与聚合"的关系，分析整个广告所表现出的符号意涵；最后，归纳其运行规律，以期寻找能弥补当前文化符号断裂的表达方式。

三、分析及探讨

（一）《打包篇》符号学分析

《打包篇》公益广告以儿子的口吻讲述了患有"阿兹海默症"的父亲在餐厅将饺子打包给他的故事。具体的文本拆解见表1。

表1 《打包篇》公益广告文本拆解

	镜头1	镜头2	镜头3	镜头4	镜头5
分镜头画面					
文字文本	无	无	无	无	无
声音文本	儿子:爸,爸!	儿子:爸,开门啊!	无	儿子:我,我是你儿子,我没带钥匙。	无
	镜头6	镜头7	镜头8	镜头9	镜头10
分镜头画面					
文字文本	无	无	无	无	无
声音文本	父亲:我不认识你!	旁白:不知道从什么时候开始	旁白:我爸的记性啊,就越来越差	无	无
	镜头11	镜头12	镜头13	镜头14	镜头15
分镜头画面					
文字文本	无	无	无	无	无
声音文本	旁白:冰箱在哪,厕所在哪	旁白:他刚刚做过的事儿都忘了	无	旁白:他不记得刚刚吃过饭	旁白:有时候走到门口,他都不记得这是他的家
	镜头16	镜头17	镜头18	镜头19	镜头20
分镜头画面					
文字文本	无	无	无	无	无

声音 文本	旁白:有一天中午,我带他到餐厅吃饭	旁白:我爸发现那个盘子里啊,有两个饺子,他竟然用手直接拿饺子装进了口袋	儿子:爸,你干吗呀?	旁白:你猜我爸怎么说?
	镜头21	镜头22	镜头23	
分镜头 画面				
文字 文本	无	无	他忘记了很多事情,但他从未忘记爱你(字幕)	
声音 文本	父亲:这是留给我儿子的,我儿子最爱吃这个!	无	无	

可以看出,《打包篇》讲述的这位父亲,因为患病而渐渐忘记了穿衣盖被、忘记了回家的路,甚至忘记了儿子的脸。但是在餐厅吃饭时,他却仍旧牢记儿子最爱吃饺子,失态地将饺子装进口袋,要带回家。嘴里还念叨着:"这是留给我儿子的,我儿子最爱吃这个"。

1."能指"和"所指"

研究者依据文本拆解的内容,分别对图像符号和文本符号(含声音和文字)进行符号分析,见表2。

表2 《打包篇》公益广告符号细分

		能指	所指	所指"意指"
图像 符号	主角	父亲	父亲是生病的老人	"父亲"需要有人照顾和呵护
	地点	家里,家外,餐厅	父亲生活无法自理	
	行为	忘记盖被子,找不到回家的路,抓起饺子放进口袋	父亲行为失当	
	图像叙事	父亲生病,遗忘越来越严重,一次和儿子聚餐,将饺子放进口袋		

续 表

			能指	所指	所指"意指"
文本符号	声音文本	对话	儿子:爸,爸! 爸,开门啊! 儿子:我,我是你儿子,我没带钥匙。 父亲:我不认识你! 儿子:爸,你干吗呀? 父亲:这是留给我儿子的,我儿子最爱吃这个!	患病父亲发生巨大的改变,并对儿子的生活造成很大影响	要孝顺"父亲"
		旁白	不知道从什么时候开始,我爸的记性啊,就越来越差。冰箱在哪,厕所在哪,他刚刚做过的事儿都忘了。 他不记得刚刚吃过饭,有时候走到门口,他都不记得这是他的家。 有一天中午,我带他到餐厅吃饭,我爸发现那个盘子里啊,有两个饺子,他竟然用手直接拿饺子装进了口袋。你猜我爸怎么说?	父亲内在健忘,外在举止不当	
		文字文本	他忘记了很多事情,但他从未忘记爱你	伟大的父爱	
	文字叙事		患阿兹海默症的父亲渐渐丧失记忆,外出吃饭时做出异于常人的举动		

表2显示,《打包篇》公益广告塑造的父亲虽然忘记了很多事情,甚至忘记了儿子的样貌,却仍念念不忘关心儿子。图像方面,故事的主角父亲作为能指符号,所指的是生病的老人这一弱势群体;"家里,家外和餐厅"作为能指符号,指向"父亲无论在哪里,生活都无法自理"的所指意义;行为表现的能指"忘记盖被子、找不到回家的路、抓起饺子放进口袋"用非常直观的画面展示了父亲行为失当的所指。而上述主角、地点和行为的所指作为能指,又共同指向"父亲作为一个病人,需要有人照顾和呵护"的意指。

文本方面,父亲和儿子的对话,所指为"患病父亲对儿子的生活造成很大影响";儿子的内心旁白,所指为"父亲健忘,举止不当";文字文本"他忘记了很多事情,但他从未忘记爱你",所指为"伟大的父爱"。文本的所指,表达了父亲病重,举止不当,却仍然关爱儿子的言行,而最终所要传达的却是呼吁"儿子要不忘父亲的关心,时刻尽孝道"的深刻意指。

整体来看，该广告的符号主体和灵魂是"父亲"这一人物，所指可概括为父亲"患病严重、无法自理、行为失当、爱护儿子"，而上述这些所指，同时又作为能指，共同指向了要尽孝心、孝顺父亲这一最终的所指，也是广告所要传达的公益目的（图3）。

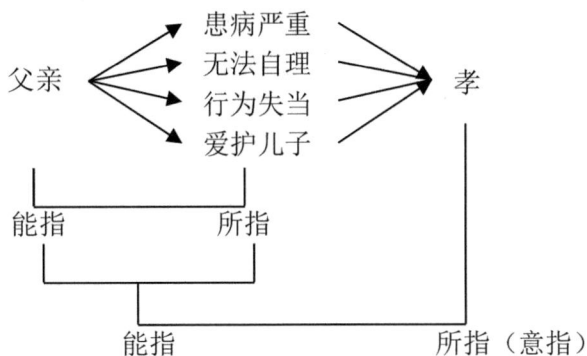

图3　《打包篇》公益广告"能指和所指"细绎

2."组合"和"聚合"

"能指"和"所指"揭示了符号本身的结构关系，而"组合关系"和"聚合关系"展现的则是符号与符号之间的逻辑关系。索绪尔认为"句段关系（即组合关系）是在场的，以两个或几个在现实的系列中出现的要素为基础。相反，联想关系（即聚合关系）却把不在场的要素联合成潜在的记忆系列"[17]。可以看出，"组合关系"是一个横向的，符号间可彼此组合成一个整体的关系，而"聚合关系"则是纵向的，在纵轴线上，处于类似位置的符号或是元素可以相互替代。

分析《打包篇》公益广告的组合和聚合关系（图4），横向维度的组合是由"父亲患病健忘，病情日渐严重，生活不能自理，行为表现失当"这些事件的综合表现所构成。纵向的聚合表现为，公众欣赏广告时，若能加以联想，将广告中的父亲替换成母亲，或者爷爷、奶奶、叔叔、阿姨等，皆可成立，且并不会影响到广告的完整性及感染力。

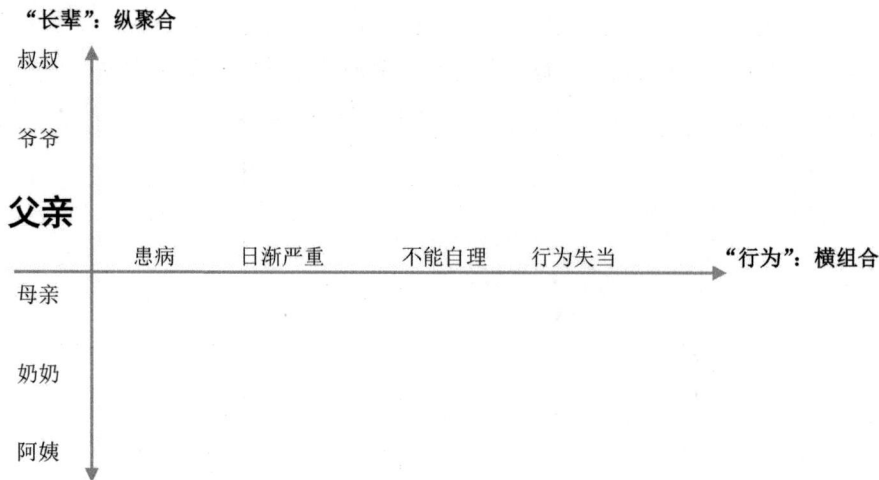

图4 《打包篇》公益广告"组合关系和聚合关系"分析

（二）《门》符号学分析

《门》是2016年央视猴年春晚中插播的一则公益广告。具体的文本拆解见表3。

表3 《门》公益广告文本拆解

	镜头1	镜头2	镜头3	镜头4	镜头5	镜头6
文字文本	河北井陉	无	无	无	无	进门尊亲
声音文本	奶奶:宝贝抬高脚	奶奶:别踩到门槛,乖	母亲:辉辉	母亲:是啥 儿子:核桃	无	儿子:妈妈,吃
	镜头7	镜头8	镜头9	镜头10	镜头11	镜头12
文字文本	无	上海 静安	无	无	无	无
声音文本	无	孩子:躲起来,躲起来	邻居:小朋友,蛋饺好了,过来吃	孩子:等等我,等等我	邻居:我们上海人吃蛋饺,团团圆圆	邻居:幸福美满
	镜头13	镜头14	镜头15	镜头16	镜头17	镜头18
文字文本	串门睦邻	广州 西关	无	入门 传承	四川 万源	无

声音文本	无	学生:何老师,恭喜哦	学生:何老师,我好挂念你	众人:聪明伶俐,勤勤恳恳,生财有道	村民:天长地久,凤凰鸳鸯配成双	村民:百年偕老幸福长

	镜头19	镜头20	镜头21	镜头22	镜头23	镜头24
文字文本	过门连理	唐人街	无	认门 望乡	无	无
声音文本	村民:进了门,就是一家人	众人:新年快乐	女儿:Daddy,中华门	父亲:Yes,中华门	媳妇:妈,请喝茶 婆婆:我会好好对待你的,跟自己妈妈一样	无

	镜头25	镜头26	镜头27	镜头28	镜头29	镜头30
文字文本	无	无	无	一门	一家	门外世界,门里是家
声音文本	邻居:过年一定要吃蛋饺	无	无	无	无	无

　　《门》公益广告记录了五个不同地方的场景：河北井陉，奶奶教孙子跨过门槛，儿子兴奋地用门将妈妈买回家的核桃压碎，送核桃仁给妈妈吃；上海静安，邻居叫门口嬉戏的小朋友们一起吃蛋饺；广州西关，老师取下门前悬挂的生菜，让学生挂上，等待舞狮者取下后，共同拿着入门；四川万源，新娘在众人的见证下过门，和新郎喜结连理；唐人街，女儿指着中华门的牌匾告诉爸爸，那是中华门，父亲饱含深情地回答："Yes，中华门！"

　　这五段不同的场景，都与"门"有着密切的关联，孩子进门，用"门"压碎核桃仁回报母亲的关爱，寓意"尊亲"；邻居邀请孩子们一起到家中"串门"吃蛋饺，寓意"睦邻"；学生们一起拿着舞狮者取下的生菜，陪同老师一起进入"家门"，寓意"传承"；新娘跨过新郎家里的"门槛"，寓意"连理"；女儿指着牌匾上的文字大喊着"中华门"，寓意"望乡"。

　　1."能指"和"所指"

　　依据上述文本拆解的内容，分别对图像符号和文本符号进行分析，见表4。

表4 《门》公益广告符号细分

		能指	所指	所指"意指"
图像符号	主角	门	房屋的出入口,以及能开关的障蔽装置,包含书面文字外形	家文化
	地点	河北井陉、上海静安、广州西关、四川万源、唐人街	不同环境里门的各种展现	
	行为	儿子给妈妈剥核桃;邻居邀孩子吃蛋饺;学生在门前挂上生菜;新郎新娘喜结连理;孩子认出中华门	门在不同场合里扮演着不同的角色	
图像叙事		从河北到上海,到广州,到四川,再到唐人街,展示了不同地域中门的各种功用		
文本符号	声音文本	奶奶:宝贝抬高脚,别踩到门槛,乖 母亲:辉辉 母亲:是啥 儿子:核桃 儿子:妈妈,吃 孩子:躲起来,躲起来 邻居:小朋友,蛋饺好了,过来吃 孩子:等等我,等等我 邻居:我们上海人吃蛋饺,团团圆圆,幸福美满 学生:何老师,恭喜哦 学生:何老师,我好挂念你 众人:聪明伶俐,勤勤恳恳,生财有道 村民:天长地久,凤凰鸳鸯配成双,百年偕老幸福长 村民:进了门,就是一家人 众人:新年快乐 女儿:Daddy,中华门 父亲:Yes,中华门 媳妇:妈,请喝茶 婆婆:我会好好对待你的,跟自己妈妈一样 邻居:过年一定要吃蛋饺	不同场合里,门连接了亲情、和睦、习俗、爱情和思念	家文化

		能指	所指	所指"意指"
文字文本		河北井陉,进门尊亲;上海静安,串门睦邻;广州西关,入门传承;四川万源,过门连理;唐人街,认门望乡。 一门一家,门外世界,门里是家。	尊亲、睦邻、传承、连理、望乡	
文字叙事		门依次在河北、上海、广州、四川、唐人街这五个不同地方,由不同人群演绎出不同的文化意涵		

表4的细分可以看出,图像符号方面,《门》公益广告的主角为"门",所指的不但是文字的外形,还有作为实体的房屋的出入口,以及能开关的障蔽装置;河北井陉、上海静安、广州西关、四川万源、唐人街这五个不同的地点,为"门"的展示提供了不同的环境;儿子给妈妈剥核桃、邻居邀孩子吃蛋饺等不同行为,都指向了"门"在不同场合里会扮演不同角色的意义。

文本符号方面,五段不同场合的对话,为公众展示了"门"与亲情、和睦、习俗、爱情和思念等连接的现象;文字文本精练的解释,将"门"的"尊亲、睦邻、传承、连理、望乡"指向解释得非常清晰。

概括而言,在这则广告中,"门"这一生活物件,是贯穿所有画面和各分镜头片段的主线

是广告的符号主体。"门"在中华传统文化中,象征意义远超于其实用价值,在不同场合会被赋予不同的含义,因此,广告中五个不同场景的"门"作为能指符号,根据每个不同的场景的设定,分别指向了多个所指意义"尊亲、睦邻、传承、连理、望乡",而这五个所指,同时又作为能指,共同指向了中华民族的文化基因及核心精神"家"这一最终所指(图5)。广告语"一门一家,门外世界,门里是家"则更道出了"门"是中国文化、文明、情感的象征,体现了家庭亲情的味道,让人看后倍感亲切和温暖。

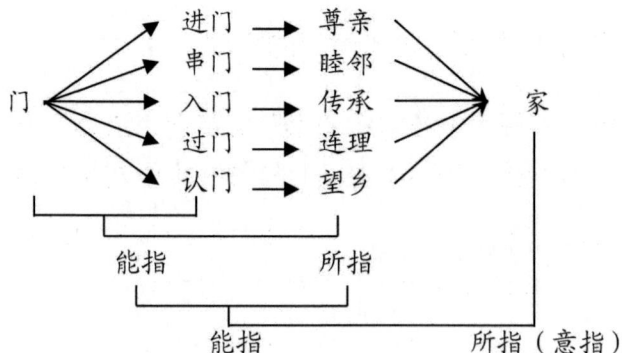

图5　《门》公益广告"能指和所指"细绎

2. "组合"和"聚合"

《门》横向维度的组合关系,是"门"与不同时空产生的链接。即从母子、邻舍、师生、夫妻、父女间的情感组合,再加上河北井陉、上海静安、广州西关、四川万源、唐人街这五个空间组合,全面呈现了不同中国人在时空中的情感联系,构成了《门》广告以"门"为主线的、独特的横向组合关系。当公众欣赏这件广告作品,展开丰富的想象时,可以将广告中的文化符号"门",替换成筷子、窗户、锁、名字、毛笔等,这种替换既不影响广告的完整性,也可以展示广告的信息和内容,这是纵向上的聚合关系(图6)。只要选取的这一符号元素,能契合广告的主题,便都能深刻地诠释出中国人对"家"文化情结的依恋。

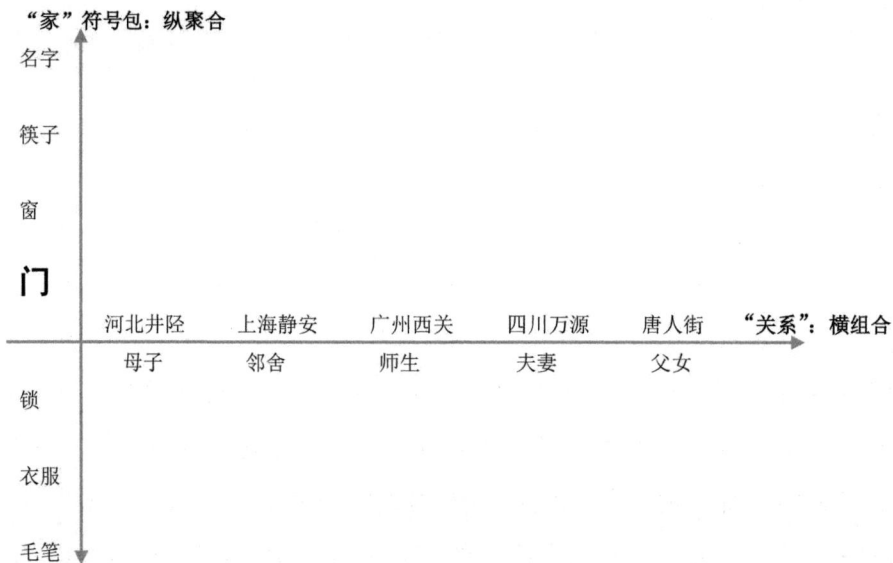

图6　《门》公益广告"组合关系和聚合关系"分析

（三）公益广告中"家"文化元素的探讨

千百年来，中国人一直十分重视"家"的观念，认为"家"不但"是个人的经济，安全，教育和游乐中心"[18]，亦是社会细胞和文化符号，将"家"视为生命中最为重要的物质和精神皈依，具有十分特殊的文化意涵。

古典文献中对于"家"的解释非常详尽。《说文解字》中，将"家"解释为"居也"[19]，《易·丰》中"丰其屋，蔀其家，窥其户，阒其无人"[20]，以及《庄子·山木》中"夫子出於山，舍於故人之家"[21]所用的"家"，皆是此意。除此之外，中国传统文化中，"家"还有更为广阔的引申意涵。《诗·周颂·桓》中"桓桓武王，保有厥士，于以四方，克定厥家"[22]的"家"有家族、家庭之意；《左传·桓公十八年》中"女有家，男有室，无相渎也"[23]，杨伯峻注"家室犹夫妻也"[24]，即"家"指夫或妻；《周易·家人》中提到："父父子子，兄兄弟弟，夫夫妇妇，而家道正。正家而天下定矣"[25]，以及《近思录》中的"伊川曰：正伦理，笃恩义，《家人》之道也"，"人之处家，在骨肉父子之间，大率以情胜礼，以恩夺义"[26]，是对于家之"理"，即家庭规范，道德伦理等的解说；再有，《礼记·大学》中的"一家仁，一国兴仁；一家让，一国兴让"[27]，梁启超的"吾中国社会之组织，以家族为单位，不以个人为单位，所谓家齐而后国治是也"[28]，又说明了"家"不但是中国社会的结构单元，还是国家兴盛的重要元素。

在当下，政治、经济、文化、社会、生态文明等的进步让"家"与国之间的关系更加凸显，"家"成了国家发展、民族进步、社会和谐的重要基点。习近平在2015年春节团拜会的重要讲话中强调"家庭是社会的基本细胞，是人生的第一所学校。不论时代发生多大变化，不论生活格局发生多大变化，我们都要重视家庭建设，注重家庭、注重家教、注重家风，发扬光大中华民族传统家庭美德"[29]。2016年12月12日，第一届全国文明家庭表彰大会上，习近平再次强调要重视家庭文明建设，认为"'天下之本在家'。尊老爱幼、妻贤夫安、母慈子孝、兄友弟恭、耕读传家、勤俭持家、知书达礼、遵纪守法、家和万事兴等中华民族传统家庭美德，铭记在中国人的心灵中，融入中国人的血脉中，是支撑中华民族生生不息、薪火相传的重要精神力量，是家庭文明建设的宝贵精神财富"[30]。

综合来看，从古至今，"家"都和我们每一个人，和国家有着相当紧密的关系，既包含着物质层面的"成员"和"居所"，又具有"规范、情感、伦理"等丰富的精神意涵，有着深厚的历史和文化积淀。因此，对"家"的眷恋和依赖，不但是我们每一个人的心理需求，更是带有历史和现实双重烙印的，中华民族的"深层集体心理"。

根据前文的符号分析可以看出，本研究所例举的两则广告分别从"成员"和"居所"的不同符号视角，来体现"规范、情感、伦理"等和"家"有着紧密文化勾连的公益主旨。

1. 《打包篇》与"家"文化

改革开放以后，我国城乡家庭结构和生活方式发生了巨大的变化，人们对经济利益的追寻大大增加，外出打工成为普遍现象，家的情感价值被经济的理性价值所冲淡。于是，"空巢"老人增多，高龄、患病和失能等问题日益凸显。年轻人对家庭仪式的缺席，造成了亲情的疏离，及孝道伦理的式微。同时，随着当前社会老年化趋势的日益严重，越来越多的老人缺乏关爱，孤独感和危机感并存，他们渴望得到亲情的安抚，对"家"的依赖成了普遍的心理。

《打包篇》即是在此背景下，通过一则真实故事而创作的公益广告。广告以儿子的眼神和内心独白的叙事交叉，来审视生病父亲对他的关爱。公众既可通过儿子的眼，观察到父亲的行为，又能感知到儿子的所思所想，体会其内心情感的变化。最后，借助父亲对儿子真挚的爱来打动儿子，引导公众对亲情孝道的顿悟，同时，也呼吁公众去关注这些弱势群体，提高对"家"更深层次的认识。

该广告以"父亲"这一家庭中的重要成员作为符号的主体，通过一个小"家"的故事，来传播家庭美德。广告自2013年2月在中央电视台等多个频道播出后，赢得了无数赞扬。"他忘记了很多事情，但他从未忘记爱你"的广告语很快便成为网络上广为传播的流行语。网络转发、评论量也超过百万，并获得第一届全国电视公益广告大赛银奖和第60届戛纳创意节"影视类"铜狮奖。

2. 《门》与"家"文化

社会经济的飞速发展，使得人们纷纷离开家，去到更远的地方谋求发展，家庭亲人间的距离日渐扩大。同时，信息科技的大爆炸，又让亲人间短暂的相聚时间被手机、电脑等网络空间所占据。亲人之间，人们与"家"之间的关联和情感日渐淡漠。

2016年春晚播出的公益广告《门》，是以"门"这一我们家居生活中必不可少的物件为主线，集合了五种不同地域的"进门、串门、入门、过门、认门"，不同层面的"门"，以隐喻的方式，表达了"尊亲、睦邻、传承、连理、望乡"的情感。广告运用叙事上时空的交叉，汇聚成了情感上的张力，将不同事件、不同人物、不同地点串联在一起，组成了一个流淌的"家"的立体影像世界。

同时，《门》公益广告借助"春晚"这一举国欢庆、目光聚焦的平台播放，通过对传统文化和家文化的勾连，巧妙地让公众由"门"联想到与"家"的互动，和家人间的情感，进而瞬间回味起一直深埋在我们内心深处的，与我们的骨血紧密相连的"家"文化情结。

四、结语

央视公益广告除了《打包篇》和《门》这两个案例，还有很多使用"家"文化元素的公益广告，都赢得了优异的受众口碑。如《妈妈的等待》《爸爸的谎言》《父亲的旅程》等，是以"父亲""母亲"这样的家庭主要成员为广告的符号主角或能指符号，进行有关"孝""德"等"家庭美德"叙事的公益广告案例；还有《筷子篇》《红包篇》《中国字中国年》等，分别使用了"筷子""红包""文字"这些日常生活中常见的事物为能指符号，表现出其在"家"中的使用，以传递出情感和规范的文化寓意。这些广告在满足"家"文化"能指"和"所指"的同时，亦符合"组合"和"聚合"关系，广告中如将"母亲"替换成"父亲"，将"门"替换成"筷子""红包"，都可以表达出浓厚的"家"文化底蕴，符合中国人的公众情感和文化心理。如，《筷子篇》在2014年春晚的播出现场就收到了热烈的反响，主持人董卿当即表示："我被它深深的中国情结打动了。我的眼睛湿润了……"无数观众随后也来电表达自己的观点，他们纷纷表示："家是我们的血脉，更有我们的文化命脉。"[31]

央视公益广告中对于"成员""居所""规范""情感""伦理"等"家"文化元素的使用，仅是央视在实践活动中所体现出的创作规律。事实证明，这种方式非常符合中国的国情及公众心理，能成功唤起公众的情感共鸣，达到讲好中国故事、传播好中国声音的宣传效果，同时也为助力精神文明建设发挥了积极作用。当然，中国的"家"文化博大精深，还有很多有待发掘的元素，需要我们在实践中不断去尝试和挖掘。

因此，本研究依据两则央视公益广告所进行的符号学分析认为，公益广告在未来的创作中，如能以"家"文化为立足点，深入剖析中国"家"文化的深刻内涵，提炼出其中每个元素，提取元素内部所包含的更多细节，并以此为符号能指，讲好中国故事，将能更好地从细微处触动人心，吸引中国公众的关注。这不仅可以改变当前多数公益广告所出现的简单化、模式化、普及度差等弱点，还能有效弥补当前文化符号的断裂问题，进而真正实现弘扬传统文化、规范文明礼仪、树立文明风尚等公益目标。

参考文献：

[1]仲呈祥、胡智锋：《文化复兴的理想与现实》，《现代传播》，2012年第1期。

[2]习近平：《坚持以人民为中心的创作导向　创作更多无愧于时代的优秀作品》，《人民日报》，2014年10月16日第1版。

[3]习近平：《坚持以人民为中心的创作导向　创作更多无愧于时代的优秀作品》，《人民日报》，2014年10月16日第1版。

[4]中共中央办公厅：《关于培育和践行社会主义核心价值观的意见（2013年12月11日）》，人民出版社2013年版，第18页。

[5]刘林清、赵践、唐忠朴主编：《中国公益广告年鉴：1986—2010》，中国工商出版社2011年版，序。

[6]曹鹏：《公益广告：传统媒体大有用武之地》，《新闻记者》，2013年第6期。

[7]李思屈等：《广告符号学》，四川大学出版社2004年版，第6页。

[8]罗兰·巴尔特：《符号学原理：结构主义文学理论文选》，李幼蒸译，生活·读书·新知三联书店1988年版，第115页。

[9]菲尔迪南·德·索绪尔：《普通语言学教程》，沙·巴利、阿·薛施蔼、阿·里德林格合作编印，岑麒祥、叶蜚声校注，商务印书馆1980年版，第101—102页。

[10]菲尔迪南·德·索绪尔：《普通语言学教程》，沙·巴利、阿·薛施蔼、阿·里德林格合作编印，岑麒祥、叶蜚声校注，商务印书馆1980年版，第102页。

[11]菲尔迪南·德·索绪尔:《普通语言学教程》,沙·巴利、阿·薛施蔼、阿·里德林格合作编印,岑麒祥、叶蜚声校注,商务印书馆1980年版,第170页。

[12]菲尔迪南·德·索绪尔:《普通语言学教程》,沙·巴利、阿·薛施蔼、阿·里德林格合作编印,岑麒祥、叶蜚声校注,商务印书馆1980年版,第171页。

[13]Roland Barthes:Image music text,Fontana Press,1977:38-41.

[14]孙秀慧、陈仪芬:《结构符号学与传播文本理论与研究实例》,正中书局2011年版,第74—75页。

[15]李思屈等:《广告符号学》,四川大学出版社2004年版,第50页。

[16]Roland Barthes:Image music text,Fontana Press,1977:32-51.

[17]菲尔迪南·德·索绪尔:《普通语言学教程》,沙·巴利、阿·薛施蔼、阿·里德林格合作编印,岑麒祥、叶蜚声校注,商务印书馆1980年版,第171页。

[18]殷海光:《中国文化的展望》,上海三联书店2002年版,第98页。

[19]许慎:《说文解字校订本》,班吉庆、王剑、王华实点校,凤凰出版社2004年版,第204页。

[20]来知德:《周易集注》,张万彬点校,九州出版社2004年版,第547页。

[21]郭庆藩:《庄子集释》,王孝鱼点校,中华书局1961年版,第667页。

[22]陈戍国:《四书五经校注本》,岳麓书社2006年版,第1623页。

[23]杨伯峻编著:《春秋左传注》,中华书局1981年版,第152页。

[24]杨伯峻编著:《春秋左传注》,中华书局1981年版,第152页。

[25]来知德:《周易集注》,张万彬点校,九州出版社2004年版,第417页。

[26]朱熹:《近思录》,昌祖谦编订,陈永革注评,江苏古籍出版社2001年版,第188页。

[27]郑玄注,孔颖达疏,李学勤主编:《十三经注疏·礼记正义》,北京大学出版社1999年版,第1600页。

[28]梁启超:《饮冰室合集——新大陆游记节录》,中华书局1936年版,第121页。

[29]习近平:《要注重家庭家教家风》,人民网,http://politics.people.com.cn/n/2015/0218/c70731-26581147.html,2015年2月18日。

[30]习近平:《在会见第一届全国文明家庭代表时的讲话》,新华网,http://www.xinhuanet.com/politics/2016-12/15/c_1120127183.htm,2016年12月15日。

［31］石正茂:《家对中国人有多重要——央视公益广告中的家文化系列谈》,《国际品牌观察》,2014年第 5 期。

（原载《新闻大学》2018 年第 2 期）

党建电视节目品牌化传播创新

孙 翔*

摘 要：融媒体时代，以传统媒体为主要传播阵地的党建电视节目面临诸多挑战。节目制作形式单调与观众审美多元化的矛盾、节目主体艺术形象扁平化与现实生活丰富性的错位、节目传播线性单一与受众反馈需求的脱节等构成了党建电视节目的困境。在此背景下，品牌化传播创新，成为新时代党建电视节目发展新方向：依托马克思主义新闻观，坚持党性与人民性的统一；提炼生活本质，打造"真实"品牌内核；尊重新闻传播规律，创新品牌传播手段；开拓互动式叙述方式，讲好党建故事。

关键词：融媒体；党建；电视节目；品牌化

融媒体时代，网络新媒体平台得到极速发展，无论是从平台类型方面抑或内容素材提供角度，均为受众提供了广泛的自主选择机会。与此同时，以电视为代表的传统媒体则面临着多重挑战。视听选择单一、观众流失、收视率降低等成为传统媒体面临的最大困境。在此背景下，党建类电视节目也遭受着新的考验。党建电视节目承担着以宣传党的先进思想、展现优秀党员形象为主的价值引导及教育功能，是当前我国大力推进党建工作进程中有效的传播力量。积极顺应融媒体时代变革，迎接新时代党建工作的现实挑战，既是党建电视节目突围新媒体围攻的主要思路，更是新时代从严治党工作的具体要求。2016年，央视正式推出"国家品牌计划"，在业内外产生重大影响，为融媒体背景下传统电视节目发展提供了新思路。品牌化传播创新，也成为新时代党建电视节目

---

*作者简介：孙翔，副教授，硕士生导师，主要研究方向：纪录片创作与传播、电视节目创作与传播。

发展新方向。

一、我国党建电视节目发展概述及存在困境

党建电视节目是我国党员电化教育的重要有机组成部分，目前我国大部分省、市频道都开播有由各级党员电化教育中心同当地电视台联合创办的党建电视栏目，主要播出党的执政方针、执政理念、执政效果以及优秀党员事迹等题材内容的党建电视节目。如山东电视台的《共产党员》、江苏电视台的《时代风范》、安徽电视台的《共产党人》、北京电视台的《党建进行时》、重庆电视台的《红岩本色》等栏目。在长期的党员电化教育实践过程中，党建电视节目形成了独特的传播特点，为党建和主流价值引领发挥了重要作用。然而随着新媒体技术的改革，传媒生态环境发生巨大变化，以传统媒体为主要播出阵地的党建电视节目也呈现出发展缓慢、后继乏力等问题。

首先，节目制作形式单调与观众审美多元化的矛盾。部分党建电视栏目制作简单，包装粗糙、符号化严重，未能紧随电视节目日渐精良的发展趋势。同时，艺术手法常规化、叙事逻辑线性化、情节表演套路化、解说词说理化等，不能满足受众多元、丰富的审美需求。尤其在有些专题节目中，解说词书面化严重，缺乏意蕴美，制约了党建电视节目的艺术水平。

其次，节目主体艺术形象扁平化与现实生活丰富性的错位。节目创作者倾向于选择主题先行的创作模式，忽略了艺术情景的典型性、生动性和独创性，以此导致艺术形象扁平化，与人在生活中作为个体的丰富形象产生错位。受众对党的媒介形象的观看与解读，离不开对实际生活中特定主体的参照，若特定主体形象和媒介形象产生偏差，势必对受众的解读与评价产生影响。

最后，节目传播线性单一与受众反馈需求的脱节。一方面，依托传统媒体对信息的把控，党建电视节目在以单向传播为主的传统媒介时代具有一定的优势，也是"强势构建与弱势解读"传播模式的续存。但是随着媒体融合进程的推进，受众平等对话的需求越来越高，双向互动传播的选择越来越多，由"看或者不看"转变为"选择看什么"，传统的媒介控制优势已不再有效。另一方面，无论是传统电视媒介还是互联网媒介，党建电视节目的传播活动也往往止步于"播出"，传播者对传播效果不够重视甚至无意识，同时缺少对受众的反

馈调研，也影响了节目的有效传播。

二、融媒体背景下的品牌化传播内涵

所谓品牌，"即信息社会使用频度甚广的主体性语言概念，是诸多具有主体背景且承载正向价值的内容及现象的符号化呈现，是信誉主体与信任主体的关系符号"[1]。信誉主体事物能够形成"品牌"，一方面是主体符号所指代的内涵具有普遍的正面价值，将品质、品德和品性实现一体化；另一方面则是其品牌符号得到了广泛的赞赏性建构和正面认同。

在融媒体背景下，品牌传播的首要特点是以主体正向价值建构为本位，追求受众对于主体认可的心理建构。受众对于消费产品消费、认知、体验，并在内心形成对消费产品的主观印象，对于品牌的形成具有至关重要的作用，也正因如此，品牌的形成并非"自封""自诩"便可完成的。其次，以"双向对称"为原则，主张产品和用户平等对话。在新媒体时代，传播者和接受者双方关系发生根本改变，接受者已不仅仅是接收信息，更是信息的制作者和传播者。与接受者平等对话，重视消费者体验，吸收用户反馈，是"双向对称"原则的直接体现。最后，以多元主体传播为手段，充分利用传播媒介的宽泛性。在"国家品牌计划"推行中，品牌传播上升至国家战略层面，是展现国家形象和民族特色的重要手段。

品牌传播理念在融媒体时代下具有重要价值。随着信息传播技术的快速发展以及消费文化的普及，文化传播的性质出现改变，追求感官刺激和快感满足的消费主义大行其道。受众作为消费者，对传媒市场的生产活动也产生了制约性影响。"为了争取受众，实现市场利益最大化，传媒往往把迎合受众的需求作为市场策略。"[2] 在此种环境下，文化传播主体被扭曲甚至"消失"，导致了文化实践过程的混乱。2016年国务院办公厅印发的《关于发挥品牌引领作用推动供需结构升级的意见》开篇便提到"品牌是企业乃至国家竞争力的综合体现"，因此，坚持正向价值的传播，积极引导受众作为主体参与到文化传播建构中，成为融媒体环境下品牌化建构义不容辞的责任。

三、融媒体背景下党建电视节目品牌化传播创新

党建电视节目品牌化传播，不仅意味着党建正向价值获得党员、群众的认可，更对应着党建正向价值导向、本质内涵与外在形象的统一性。因此，品牌意识要深入党建电视节目制作、传播的整个活动中，节目的定位、策划、调研、制作、播出等均要融入品牌化传播意识，提升党建电视节目的质量与生命力。

1.依托马克思主义新闻观，坚持党性与人民性的统一

学者童兵认为："马克思主义新闻观是人类认知、思考和把握传播活动及新闻信息生产规律最重要、最宝贵的思想成果和理论财富，是指导人们精神交往活动和信息流通生产的灵魂，是社会主义制度下新闻舆论及思想宣传工作的定盘星。"[3] 以党性原则为主线，是党建电视节目的根本站位。党建电视节目必须坚持党对新闻舆论工作的领导，坚持正确的政治导向，站稳政治立场，切实发挥好其党员教育、党的思想传播等重要功能。以人民为工作中心，是党建电视节目的行动指针。党建电视节目要正视"人民是历史的创造者"，坚持以人为本，要把"实现好、维护好、发展好最广大人民根本利益作为出发点和落脚点"[4]。坚持党性原则和以人民为中心是相辅相成、和谐统一的，也即坚持党性与人民性的统一。坚持党性与人民性的统一，是党建电视节目的品牌定位。共产党员是作为个体的人存在于社会中，党性寓于人民性之中。党建电视节目不可抛开"人民性"谈"党性"，也不能离开"党性"说"人民性"，否则又陷入了艺术形象扁平化的窠臼中。唯有将"党性"扎根于生活实际、扎根于劳动实践、扎根于人民生活的沃土，方能形成形象生动、丰富多彩、感染力强的党员形象。

2.提炼生活本质，打造"真实"品牌内核

真实性是党建电视节目品牌化内涵的重要品质。一方面，党建电视节目承担着宣传教育功能，其选材必须坚持正确导向，实事求是。另一方面，作为纪实性电视艺术作品，追求真实性是其艺术生命，节目内容须来源于生活且高于生活。因此，应通过真实的品质内涵，打造党建电视节目真实的品牌特性，以情感人、以理服人。

一是党建电视节目内容的微观切入。党的执政方针、执政理念、执政效果等理论性强，抽象度高，但从另一角度看，这些抽象的理论均是由鲜活的个体汇集而成，是社会生活中党员群体劳动实践的真实写照。党建电视节目的真实性，不仅要从宏观上展现事情发展的脉络，更要从微观细节上体现事物的真、善、美。将党建工作植根于一个个具象化、故事化、生活化、通俗化的劳动实践个体，展现鲜活的政党形象，并可有效地遮蔽传统宏大叙事传播中带来的抽象性、说教性等问题[5]。

二是党建电视节目多元化视角的复合呈现。打造品牌内核，不仅要从高屋建瓴的角度去展示党的引领作用，还可切入多元化视角。传播者既可以从政治、经济的角度去展示党的执政方针、执政理念、执政效果，又可从社会民生、文化生活的视角切入党员在党建方面的具体实践。通过多维度建构党建工作，既丰富了党建电视节目叙述的话语权，又提升了党建电视节目的可看性。

三是党建电视节目话语的平实化。对于传播者而言，党建电视节目品牌化传播创新更要依托马克思主义改变说教式、灌输式的姿态，转而将党建以故事、平等对话等叙事形式进行展示，拉近党建与普通观众的距离，提升党建电视节目的亲和力。

3. 尊重新闻传播规律，创新品牌传播手段

2016年2月，习近平总书记在党的新闻舆论工作座谈会上指出，新闻舆论工作要"尊重新闻传播规律，创新方法手段"，还要"适应分众化、差异化传播趋势"，从发展格局上为融媒体背景下党建电视节目传播指明了方向。随着媒体技术的发展与更新，以手机终端为代表的移动互联网媒介，扩展并改变着人们的信息接收途径，媒介形态呈现出多元化、碎片化、交互性强的特征。在此背景下，党建电视节目应突破传统媒介阵地，发挥微博、微信、微视频等各种"微"型媒介的优势，顺势利用各种新媒介形式，丰富党建电视节目品牌化传播渠道。同时，正确对待及认识分众化、差异化传播趋势，亦是有效提升节目品牌化传播的关键要素之一。

分众化、差异化传播对党建电视节目品牌化构建体现在三方面。首先，传播内容细化分类。作为传播者，在前期阶段便应依据时事热点、受众对象、政治要求等对传播内容进行细化分类，如以精准扶贫为时代背景的"第一书记"系列、以党的十九大为热点的十九大代表风采录系列都是此类具体实践。其

次，传播媒介的差异化分类。相比较而言，以单向传播为主的电视媒介更适合于展现系统的、全面的理论意识形态，如党的思想、党的政策、党的工作方法等；以对话和互动为主的计算机网络媒介和移动互联网媒介则适合于展现开放性的碎片化信息，如党员先进事迹、优秀党员形象展示、社会主义核心价值观的具体实践等。最后，传播对象的分众化、差异化分类。在分众传播中，依据受众群体需求的差异确定具体的传播内容。分众化强调一定规模基础上的受众质量，是对庞大党员群体的细分化、目标化，亦是寻求一种媒介中心和个人价值之间的话语平衡，以此适应和融入日益多样化、分散化的大众文化。

4. 开拓互动式叙述方式，讲好党建故事

在品牌化传播活动中，受众认可主体的心理建构尤为重要。与接受者平等对话，重视受众体验，吸收观众反馈，也是党建电视节目完成品牌化传播流程的关键环节。首先，应建立一种效果调研机制，及时获取受众的反馈及需求。随着新媒体环境的发展，受传者主动参与传播过程，其自身性格、兴趣等个人属性以及人际关系、群体归属等社会属性对传播效果具有最直接的影响，传播主体唯有与受众平等对话并力求达成一种共识，获得受众的认可，方可更好构建品牌形象。其次，重视传播技巧，选择能引起受众心理变化及行为活动的策略方法，以求在传播活动中唤起受众注意。在党建电视节目的传播过程中，不仅要在受众认知层面完成党建理论构建，更要在心理和态度层面进一步促进传播效果。在传播学领域，传播效果一方面是指微观层面上传播活动在"受传者身上引起的心理、态度和行为的变化"，另一方面，在宏观层面上，传播活动是"对受传者和社会所产生的一切影响和结果的总体"[6]。具体表现在三个层面：增加人们的认知量或认知结构变化的认知层面，引起受众价值观、情绪波动的心理和态度层面，促使人们推进行动的层面。因此，开拓党建电视节目互动式叙述方式，更是重视传播效果的积极体现。最后，拓展传播媒介，讲好党建故事。尝试利用媒介如 VR 视频、"弹幕"视频、H5 等新形式，增加党建电视节目与受众的反馈互动途径，同时改变传播者单一线性的传播理念，在加强引导受众的同时保证传播的流行性，并反作用于党建电视节目的品牌构建。

四、结语

在媒介融合极速推进的时代背景下，党建电视节目唯有不断创新传播方式，积极顺应时代发展潮流，方可立足于纷繁复杂的媒介变革环境，获得新的电视艺术生命。党建电视节目品牌化传播创新思路，立足马克思主义新闻观，以党建主体正向价值建构为本位，开拓与受众积极互动反馈的路径，建构受众认可党建主体的心理，既为融媒体背景下党建电视节目的创新发展提供了新思路，又积极应对了新时代党建工作的现实挑战。

参考文献：

[1]舒咏平、沈正赋：《论国家品牌传播信息社会语境下价值导向的国家传播》，《学术界》，2016年第9期。

[2]陈龙：《媒介文化通论》，江苏教育出版社2011年版，第2页。

[3]童兵：《马克思主义新闻观中国化的典范——学习〈习近平新闻思想讲义〉心得》，《新闻记者》，2018年第8期。

[4]《习近平谈治国理政》，外文出版社2014年版，第154页。

[5]周忠元、赵光怀：《"中国梦"的话语体系构建和全民传播——兼论宏大叙事与平民叙事的契合与背反》，《江西社会科学》，2014年第3期。

[6]郭庆光：《传播学教程》第2版，中国人民大学出版社2011年版，第172页。

（原载《中国广播电视学刊》2019年第3期）

媒体融合

媒体深度融合的结构选择、制度设计以及供给侧改革的路径

陈接峰　荆　莉*

摘　要：尽管随身设备的大量使用使得新兴媒体趋向于个体化，但通过智能设备，单一个体又被网络连接在一起。因此，建立在智能设备与网络基础设施之上的个体化与集体性，决定了新兴媒体具有社会分裂和社会统一两个不同趋向。传统媒体实现社会统一功能主要依赖排他机制，认为排他机制是产生社会统一和话语权的结构条件。新兴媒体则通过信息简化机制、社会信任机制以及由二者交互而建立起来的新的新闻分配方式和内容组织形式，重新将公众组织到新的利益共同体建构之中。

关键词：媒体深度融合；传播秩序；媒介配置

从2014年出台《关于推动传统媒体和新兴媒体融合发展的指导意见》到2020年出台《关于加快推进媒体深度融合发展的意见》（以下简称《意见》），比较两个文件可以看出，国家层面对媒体深度融合提出了四项措施：一是互联网媒介资源的重新配置，二是用户参与内容生产与传播，三是媒体组织流程再造，四是四级媒体分级融合发展。这四大措施对推进媒体融合从传统的技术融合、人员融合、机构融合、信息采集和分发融合向构建新型主流媒体与全媒体传播体系的新闻分配形式和内容组织方式的深度融合转变提供了方法论。但对于如何实现媒体深度融合的价值追求、导向目标以及如何解决新的传播链条的

---

*作者简介：陈接峰，教授，硕士生导师，主要研究方向：媒体治理、艺术传播、影视批评。荆莉，副教授，主要研究方向：国际文化交流与传播。

公信力、影响力等，留下了需要进一步讨论的诸多问题。

一、个体化与集体性之间的媒体结构选择

新兴媒体的蓬勃发展建立在个体与智能设备的互动关系基础之上，智能终端设备和互联网成为新兴媒体适配个体需求的重要基础设施。智能设备通过互联网被连接在一起，这又使得基于智能设备的媒介使用成为网络节点的重要组成部分，媒体使用的过程就成为网络交换关系中相互联系的共同行为。互联网将时间和空间上相互独立的个体通过可以共享的信息重新组织在一起，这种新的集体性显然摆脱了传统部落和族群依赖空间聚居的特征，形成了以价值观和知识为纽带的新群体。因此，个体化与集体性的两种张力，使得新兴媒介具有社会统一和社会分裂两个不同趋向。当个体主张被放大时，新兴媒介呈现出技术赋权所带来的个体表达自由的一面，突出了每一个体在网络共享时代个体言语的自由表达。正是这种自由表达的欲望，催生了主流文化之外诸多的亚文化圈层，每一亚文化圈层都受到一定的价值取向和认知阈限的影响，形成彼此割裂的不同群体，催生了社会被不同观点和态度撕裂的风险。另外，以互联网为基础设施的新兴媒介，所有的言论表达和信息传递又建立在公共网络相互链接与交换的基础之上，每一个体只是公共网络上的某一个点，其观点和态度要想谋求最大化的认同就必须能够代表或捕捉到某个群体的集体意识，这种集体性的意识更趋向于寻求社会同一性的建构。

很显然，媒体深度融合须同时面对个体化与集体性两个维度的不同张力，并在两者之间谋求兼容和均衡发展的路径，一方面需管控为满足个体自由表达欲望而衍生的社会撕裂的风险，另一方面需规制为谋求最大化共识而趋同的社会统一的诉求。因此，如何借助互联网思维与发挥新的传播链条的特性，放大新的传播手段在谋求共识上的积极作用，最大化实现社会群体在认知和思想观念上的统一，对多元社会的和谐稳定具有巨大的现实意义。

传统媒体时代谋求共识与实现社会统一的功能主要依赖排他机制，认为排他机制是实现社会共识与促进社会统一的一种结构条件。但排他机制只能在人们信息接受与自由表达相分离时才起作用，即当人们不能直接表达自己观点时，就失去了其本应具有的话语权，因此被排斥在媒体主导的意见之外。这种

机制直接导致传统媒体坚持"给人们看什么和不看什么"的选择权力，也成为传统主流媒体党的喉舌功能得以发挥作用的运行原理。但随身终端设备以及移动互联网的技术赋权，激发了群体意见表达的新机制，排他机制再也无法通过控制"谁在何时以何种方式获得什么"来实现话语权垄断。

尽管自由表达消弭了话语垄断的弊端，但难辨真伪的自由话语也带来了巨量的信息垃圾和各种夹杂着偏向的"信息烟雾"，给人们造成新的困惑。因此，媒介形态的分裂其实是社会分化成不同群体和价值诉求的一种体现。新兴媒介也依据兴趣、关系、交易等基本需求开发了各种应用，用以发掘人们聚集在网络中的欲望，从而形成了一个个虚拟社区。社区分化越小，这个社区的深度、一致性就越趋同。建立在高度趋同基础上的个性化媒体将成为社会认知的"信息茧房"，对其他信息的屏蔽，会加深其偏见与误解，这是形成社会分裂的重要诱因。因此，媒体深度融合须解决个体化与集体性间的均衡问题，既能够维护个体实现自由表达的欲望，又能够实现维护社会统一的集体共识。"社会是在包含对人的技术性利用的事物和关系的技术集合体中再生产自身的。"[1]也就是在排他机制之外，构建适应新型传播的简化机制、信任机制以及由二者交互而建立起来的关系机制，实现和维护社会统一的集体性，建立新的新闻分配方式和内容组织形式，推动媒体与公众间建立新型的关系，吸引公众参与到新的利益共同体的建构之中。

二、调适与简化过程中的媒体制度设计

1.建立在调适机制之上的传播秩序

媒体深度融合和新的传播链条的形成，本质上是在新技术压力下提出建立新的传播秩序的要求，这个新要求体现为两个关键方面：其一是需找到媒体深度融合的内在动力特征，其二是新的传播链条如何实现效果最大化。这两方面都围绕着如何建立一个有意义的关系展开，也就是说，媒体深度融合必须能够满足人们"对融入、控制和爱的需要"。当周围的环境变得更加具有安全性和可预见性后，对周围人际关系的掌控无疑成为人们想依靠传播手段来解决的难题之一，这个见解很好地解释了社交媒体得以兴起的深层社会心理因素。社会学强调国家整体秩序依赖于对社会矛盾的外在解决方式，"关键在于社会必须

对冲突进行适当调节，使冲突不以将会毁掉整个社会的暴力方式而进行"[2]。社会学家认为在解决社会矛盾和冲突问题上，虽有多种手段，但通过传播的力量实现社会调适是现代社会通行的规则，"秩序存在于协调的过程之中"[3]。传播能超越冲突与矛盾本身，且不必借助于强力措施。恩格斯曾指出："为了使这些对立面，这些经济利益互相冲突的阶级，不致在无谓的斗争中把自己和社会消灭，就需要有一种表面上凌驾于社会之上的力量，这种力量应当缓和冲突，把'冲突'保持在秩序的范围以内。"[4]而传播体系的建设恰到好处地承担了这个秩序建构的作用。调适是指人与人之间、不同的群体之间或不同文化之间相互配合、相互适应的过程。经过调适，人与人之间产生彼此和谐的关系。人们可以通过调适，部分地改变自己的行为方式或生活习惯，更好地适应环境变化[5]。显然，在现代社会治理体系中，传播体系是作为一种社会调适机制而被日益重视的。随着建立在传统主流媒体基础之上的传统传播体系的分化，其社会调适作用已经明显弱化，建立新型的传播链条也就被提上议程。实现媒体深度融合有三个前置条件需要解决：一是目标的设定，这是媒体深度融合的本质追求决定的，新的传播链条须建立在社会统一的价值诉求之上；二是方法的使用，这是媒体深度融合的实践机制决定的，控制和调节社会发展过程中的各种矛盾与冲突是中国特色社会主义传播价值观的要求；三是结果的导向，这是媒体深度融合的发展方向决定的，如何保障传播主体适应现实环境的需要，与日益多元的社会之间形成合理有序的运行模式，成为当前需要优先回答的问题。《意见》明确地提出"建成一批具有强大影响力和竞争力的新型主流媒体"和"以内容建设为根本、先进技术为支撑、创新管理为保障的全媒体传播体系"[6]，也就是说，媒体深度融合的最直接目标还是要形成以新型主流媒体为主导的全媒体传播体系。

由于未能及时回应经济发展与技术赋权所赋予的个人与社会间关系的变化，传统主流媒体所支撑起来的传统传播秩序逐渐减弱了调适个人与社会间复杂关系的能力。面对报纸大面积关停、电视开机率锐减的局面，社交媒体与自媒体成为"人的延伸"的一部分，暂时获得了调适个人与社会间复杂关系的能力。但社交媒体和自媒体与生俱来的碎片化与去中心化，又在另外一个层面加剧了个人与社会间的裂缝，社会被重新分割成一个个群体，不同群体间的价值观冲突、利益冲突、话语权冲突，成为隐藏在信息高度充沛背后社会撕裂的新风险。社会秩序整体论学者珀森斯指出："社会中存在着一种规范秩序，它是社会成员对社会的一致性理解，通过内化（主要是社会成员的社会化）过程，使成员得以共享这种规范秩序。"[7] 他所主张的内化过程实则是传播体系所强调的调适过程，揭示出社会治理其实可通过传播的调适作用对个人与社会产生规训作用，从而产生事实秩序，达到调适和平衡社会冲突的目的。

媒体深度融合的关键目标是成为一种新的事实秩序的建立者和维护者，须在社会治理的层面上建立新的传播链条，这个新的传播链条既能够包含社交媒体与自媒体所建立起来的调适个人与社会关系的能力，还能在社会治理层面具备缝合社会撕裂风险的能力。也即媒体深度融合首先必须成为新的社会关系的一部分，而不是独立于社会关系之外。作为一种新的社会关系的建构者或维护者，媒体深度融合须建立一个适宜的规则系统，这个规则系统须具有开放性，能够兼容社会的方方面面，而不是形成新的对立关系。

因此，调适机制作为媒体深度融合的运行机制必须在互动框架中完成。互动既受个人的心理活动影响，也受当下社会关系的影响，也就是新型主流媒体与全媒体传播体系须在开放性的基础上允许各种可能性的多向改造。做到这一点很不容易，传统传播体系建立在宣传口径从上到下一体化的模式之上，强调对个人心理活动的改造，强调社会关系的高度一致性，这种传播体系在传播资源稀缺、传播渠道不足的时代，的确获得了良好的调适个人与社会关系的作用。但在信息高度过剩、渠道极端丰富的时代，这种单向的传播机制已失去了原有的调适作用。媒体深度融合过程中须认识到个体的心理活动会受知识积累、社会经验、日常生活的影响而趋于主观化、情绪化，这是社会发展的必然过程。随着人们教育程度的普遍提高、经济能力的普遍增强，个体化也会呈现出加速个人主义的倾向，社会也会面临加速撕裂的风险，正是在这个维度上，调适机制的建立与健全对构建新型主流媒体和建立全媒体传播体系显得尤为重要。新的体系必须能够在调节个体心理与情绪的基础上，发挥社会关系的整合作用。社会关系是社会个体的总和，社会关系的整合会消弭个体间、群体间的意见分歧和心理局限，使得社会趋向于形成自下而上的共识[8]。

2. 信息供给的简化机制

马克思与韦伯都认为"排他机制（exclusion）是产生权力的一种结构条件"[9]，新型主流媒体与全媒体传播体系的建设可被视为一种新的社会结构，这种新的社会结构需通过影响内容生产关系来改变传播资源与权力的重新配置。但越来越严重的社会分化无疑加剧了社会复杂性的进程，社会分化和社会复杂性反过来又深刻影响并改变着传播实践活动的日趋多样化。传统社会关系的瓦解和社会分化的加剧，给生活在其中的个人施加了更多焦虑，而信息技术加速迭代带来的信息过载的噪音和社会认知的不确定性，进一步增添了个体的心理担忧与恐惧。出于对内心焦虑和恐惧解脱的需求，所有个体都期待实现以自己为中心的个人主义的制度化，每个人都期待自己的权力最大化，自己的声音能被听到，甚至自己能够成为规则的制定者。事实上，这种日益扩张的个人主义反过来又加深了社会的复杂程度和不确定性风险。以传统媒体为主导的传统传播体系，对维护社会共有制度曾作出过巨大贡献，也被证明在维护传统社会秩序上是有效的。新兴的社交媒体和自媒体虽在调适个人与社会关系上发挥着积极作用，但这种对个人权力与动机的过度张扬，已侵蚀了社会共有制度的正常秩序，使得多个舆论场并行存在。

从重建内容生产关系的角度来说，无论什么样的体系，其所能实现的可能性总是不能穷尽社会活动本身所包含的复杂性。当复杂性超越一定的认知阈值，人们对它的认知就会失去精确性而处于模糊性中，也即新型主流媒体与全媒体传播体系，建立在对当下技术可行性的调适响应和对价值可能性的预估基础之上，这也决定了新型主流媒体与全媒体传播体系须面对传统传播体系失效所存在的缺陷以及对更多可能性的遗漏。承认这一点就意味着媒体深度融合不可能是一个封闭系统，须成为一个开放性的、超载的、不断接受新的可能性的系统，也就是须把新型主流媒体与全媒体传播体系的建设，提高到在新的内容生产力基础上重构新的内容生产关系的高度来对待。虽然技术赋权所带来的新的生产方式强调的是权力的平等，但维护秩序所需的传播关系有权力位阶的要求。新型主流媒体与全媒体传播体系的主导地位须建立在具有某种排他性的强制基础之上，而简化机制就成为有效阻止内容生产者获得任意分享信息资源的工具。

传播体系在理论上是作为社会复杂性简化的制度载体而发挥作用的。人们对传播的需求源于传播过程中对社会复杂性的简化需求，这一点正与新兴社交媒体、自媒体形成互逆。虽然新兴社交媒体、自媒体增加了信息传播的渠道和手段，也使得信息传递速度空前提升，由于新兴社交媒体和自媒体缺乏简化机制，没有选择性和没有甄别的信息充斥各种渠道，让社会变得更加复杂化。因此，新型主流媒体与全媒体传播体系作为一种社会复杂性简化的制度载体被提上议程，这也意味着新型主流媒体与全媒体传播体系建设不仅面临技术上的挑战，还面临传播复杂性增加的风险。传播复杂性具体表现为媒体现实处境的多样性与媒体技术发展的不确定性。

正是从这个角度出发，笔者认为新型主流媒体与全媒体传播体系是社会复杂性的过滤系统——复杂简化体系。新型主流媒体与全媒体传播体系的主要功能须建立在简化社会复杂性的范式之上，这决定了传播体系建设存在一个选择效率的问题。现代认知心理学认为，随着社会不确定性的增加，人们"更倾向于选择显著的、生动的、具体的信息"[10]。人们在面对社会复杂性、不确定性不断增加的风险时，需通过一定的制度安排来降低这种风险，选择性地简化就成为媒体深度融合的功能要求。

信息选择与供给的简化机制提供给社会个体在法律体系和权力体系之外一种新的参与方式。珀森斯的社会系统论认为："倘若存在期待的互补性，那么规则的存在就是必要的。"[11]建立在复杂简化机制之上的新型主流媒体与全媒体传播体系就成为人们期待的社会治理的一种互补性。这种互补性归结起来有两大类别。一是"三观"的价值互补性。世界观、人生观、价值观是人类对复杂社会简化处理的一种归类机制。中国古人有"物以类聚，人以群分"之说，"类聚"与"群分"都建立在"三观"的基础之上，"三观"成为一种可通过后天习得的社会简化方式。"三观"既构成个体看待世界的方式和参与世界的态度，也决定了个体以何种方式对社会进行归类和简化。"三观"赋予个体理解世界复杂性和社会不确定性的一个尺度，有了这个尺度，世界就变得可以理解。二是从众心理的互补性。从众机制指的是在意见领袖或群体的带动下，人们一般认同意见领袖或多数群体成员支持的意见。这与个体作为群体的社会身份认同有一定的关系，人们需在社群内成为大多数才具有安全感。中国有俗语"法不责众"，说的就是一般人认为群体能够分散和承担个体所无法单独承担的风险，以及风险在面对大多数群体时会被共同分担，因此个体更愿意跟随多数人的意见，这是其通常采取的处事原则。这两套简化机制，前者是积极应对社会复杂性的价值判断机制，后者是消极适应社会复杂性的心理避险机制。两种机制都是建构新型主流媒体与全媒体传播体系必须兼顾的运行机制，从根本上满足了人们对新型主流媒体所赋予的期待。

社会群体共同持有的世界观和价值观，也即人们常说的主流价值观，不仅仅成为人们看待世界的简化机制，更成为传播体系建构意义与世界的关键支点。世界观是简化复杂性最有效的方法，但社会群体间世界观的不同，会驱使社会群体采取不同的行动方式，这种不同的反应机制成为促进或阻碍社会发展的动因。因此，采取什么样的世界观，就成为传播体系建设的关键所在。辩证唯物主义和历史唯物主义的世界观是建设新型主流媒体与全媒体传播体系必须遵循的世界观。"在不断提高的社会复杂性的条件下，人们能够而且也必须发展出比较有效的简化复杂性的方式。"[12]复杂性的简化一直是人类理解世界的方式。传统的传播体系无法应对日益复杂的社会变化，这意味着传统的传播体系已无法帮助人们理解复杂的社会，或者说传统的传播体系已无法满足社会物质生产与个人文化需求之间的期望。因此，新型主流媒体与全媒体传播体系须建立强有力的简化机制，必须能够帮助个体缓解应对复杂社会的焦虑和不安。新型主流媒体与全媒体传播体系须建立起与社会复杂性相调适的简化机制，才能构成系统回应社会需求的有效形式。

无论是调适机制还是简化机制，都决定了媒体深度融合必须是一种过程性的体系，其运行不仅有其自发的内在动力，还有赖于每一个传播环节调适与简化所发挥的功效。调适和简化机制在解决当下传播所面临的具体矛盾时，"特别是在应对个人与社会环境的相互作用时，更具灵活性、实效性和创造性"[13]。无论是新型主流媒体还是全媒体传播体系的运行，都包含着内容生产者、传播者、运营者、消费者等各种参与主体，在其共同参与下通过传播链条的各环节，即内容的生成—内容的提供—内容的传播—内容的运营—内容的消费与体验—内容的反馈与延伸等，形成对社会复杂性的简化与社会冲突的调适过程，这便成为新型主流媒体和全媒体传播体系建设必须坚持的制度设计。

三、谋求共识与建立信任的信息利用机制

1.谋求社会共识的内容供给机制

《意见》强调"完善中央媒体、省级媒体、市级媒体和县级融媒体中心四级融合发展布局"[14]，再次明确了四级办媒体的传播体系结构与布局，明确进一

步"推进内容生产供给侧结构性改革，更加注重网络内容建设"[15]。针对当下的传播环境，尤其是信息的利用能力远落后于信息的供给，需重新思考如何面对信息超载与过度传播的局面，新型的主流媒体又该如何摆脱成为信息代理商的角色，而不至于沦为提供搜索引擎和信息聚合的平台，还要抵抗信息过滤产生的新风险。

共识理论认为事件和状态的同一性是达成社会共识的基础。这里的事件指的是社会认知，状态指人的心理感受，社会认知只有在与人们的心理状态取得一致性的时候，社会才能达成共识。技术快速迭代所带来的不确定性与技术赋权所带来的媒体形态多样性，共同构成当下信息传播生态的复杂性，这直接导致了话语权实现的渠道复杂性，也意味着达成社会共识将越来越难。因此，重建社会信任成为媒体深度融合的内在需要。从政治学的角度来理解，社会大众的团结和凝聚力是政治信任的基础。信任机制就是要将社会大众团结起来形成凝聚力，从而使得社会秩序得以避免受到偶然性和不确定性事件的影响。

社会的和谐和平稳发展受社会各个子系统健康有序发展的影响，各子系统平稳运行的关键在于彼此间构建相互信任的机制，信任是社会认知与大众心理保持同一性的缝合机制，也是社会共识达成的底层逻辑。新型主流媒体的建设为的是让社会群体以相互信任的方式适应未来的各种可能性，也即在关键性的价值选择上，能够与社会群体的利益形成高度一致性。关键性的价值选择是否满足社会的心理预期，将成为衡量社会体系能否取得大众信任的关键指标，媒体深度融合过程中须将建立社会信任作为追求目标。管理好社会心理预期是社会治理的重要手段，社会整体的信任机制建立在社会预期管理之上，社会预期有助于排除社会发展过程中出现的各种不确定性，这在当今复杂多变的世界格局中显得尤为重要。新型主流媒体与全媒体传播体系只有建立在社会信任的基础之上，才能保证传播活动获得有效性、合理性和公信力。

在越来越组织化的社会结构中，新型主流媒体与全媒体传播体系作为其中的子结构，其核心任务就是要达成社会的共识与和解。信任是通向社会共识与和解的前提，共识与和解来自传播过程中构建起来的信任机制所发挥的功能，而不是直接来自社会大众群体间的默契或相互保证。因此，建立内在的信任制度必须优先于外在正确性的选择。忽视了内在的信任机制建设，脱离了老百姓的生产生活需求，不接地气、高高在上、自说自话会最终失去老百姓的信任。

由此看来，达成社会共识是建立国家与个人信息互动关系的基石，无法达成共识也就失去了合法性的基础。

2.重建社会信任的传播基础设施

如何实现主流价值观的意义生产与有效传播，一直是困扰媒体深度融合与新型主流媒体建设的关键问题。这个问题有两个不同层面的要素，一是社会个体的表达，二是内容信息的流动。媒体形态的多元化已提供了个体表达与信息流动的机会与渠道，相对于新型主流媒体来说，需解决的难题在于如何从内容的充分流动中实现主流价值观的有效传达。在传统媒体时代，渠道资源是稀缺资源，只要掌控了渠道就掌握了话语权和信息的分配方式。但在智能媒体时代，渠道不再是稀缺资源，信息终端无处不在，不可能通过断网和屏蔽来阻隔技术所衍生的表达权利，那还有什么可以保障新型主流媒体实现有效传播呢？重建社会信任被很多研究者认为是媒体深度融合及新型主流媒体再造的精神内核。

媒体深度融合与新型主流媒体建设在社会治理能力现代化的过程中发挥着举足轻重的作用。重建社会信任的前提条件是承认每一个体都是这个社会相互依存的"关系性存在"[16]，谁也不能脱离社会关系而遗世独立。社会整体关系的每个参与者都将与其他成员通过一定的规则和纽带相互联系，彼此形成一个互惠互利的整体。关系性存在是媒体深度融合的内在价值所在，传播关系已成为社会个体参与社会的一种链接形式，现代社会中的个体已无法离开传播所形成的关系来应对社会生活的方方面面。因此，新型主流媒体与全媒体传播体系的建构，需将社会关系的整体性纳入其中，并将建立社会群体间的相互信任作为传播体系最终追求的目标。传统社会群体间的信任建立在权威的制度基础之上，意味着拥有权威就拥有了话语权，这种"官本位"思想曾长时间左右传统媒体时代的传播机制。随着技术的迭代与信息的开放，建立在权威制度基础之上的话语权优势也随之瓦解，知识、信息、技术转变成为社会信任新的基础设施，说什么与不说什么、看什么与不看什么的选择权不再掌握在媒体手中。尤其在突发公共卫生事件的过程中，人们对专家、学者的信任远远超出对传统媒体的信任，表面看是由渠道多元化所造成的，背后的逻辑其实是社会信任机制的基础设施改变所导致的，对专家、学者的信任是新的社会信任机制在发挥作用。建构社会信任的基础设施，才是媒体深度融合与新型主流媒体建设的内在本质要求。

提出重建社会信任的基础设施与媒体深度融合所强调的资源配置、内容生产与传播渠道以及人员、技术、流程、手段的融合不同，深度融合是将主流媒体置于各种社会力量之间寻求平等赋权，将主流媒体视为内容生产与信息流动的中间协调者，强调的只是提供内容流动的平台。新型主流媒体建设的过程中要从注重权力宣传向注重建设社会信任机制转变。"权力发号施令，并在必要时援之以强制"[17]，也就是说，社会信任机制更容易被个体当作一种行动与理解的准则，可约束人们的行动，把社会个体从矛盾与冲突中解救出来。信任是构建人类社会生活有序发展必不可少的一部分。新型主流媒体必须从内部建立一套信任的约束机制，使得传播的过程变得可信化、人格化，从而推动信息传播和意义生产具备准人格化的共享能力，最终达到统一社会成员行动的目标。

人格化的信任机制构成了社会行动一致性的前提条件。一方面，人格化强调的是媒介接受的主动性，强调新型主流媒体和全媒体传播体系所建立起来的传播规范，能够被社会个体作为日常资源来使用，而新的信任机制是最终维系新型主流媒体意义生产的关键路径。另一方面，一致性所形成的约束力将对国家政策、社会利益等构成认知的协同效应，这实际上就是使用满足理论在新的媒体环境下的体现。如果个体的需求长期得不到满足，社会信任机制就会被打破，社会就会在很短时间内出现信任危机。因此，新型主流媒体的建设实际上必须在建立社会信任机制上做出制度安排，促进个体需求满足，正因如此，信任机制才成为新型主流媒体在新的媒体环境与新的媒介生态系统中重新获得话语权的基础。

四、新的社会凝聚：信息流动的供给侧改革

1.注重关系需求的响应

从媒介理论来看，人们使用媒体的热情其实是渴望参与公共管理的体现，而非仅仅出于个体化的表达需求。公共领域就像一个舞台，每一个个体都渴望位于舞台中央。人们对媒体的需求本质上是对被认同的需求，寻求被认同也就成为个体参与公共领域实现存在感的一种形式。媒体的参与构成了人们相互联系的广度与深度，人们借助媒体所涉及的话题多少显示自己的认知宽度，也更

愿意借助对信息了解的深度体现自己的认知能力，这两个维度基本构成了互联网时代的认知坐标。这也在另一层面揭示出一个重要机理，那就是关系需求成为推动传播流动的内在动力，构建不同关系的需求催生了信息流动的不同方式。

目前比较成功的关系需求的应用体现在微信群的建立上，微信群在当下成为一种高效的社交关系维护工具。微信群传播具备紧密型关系建构的基本特征，一是身份建设的关系性，即选择与用户彼此需求相关的人进入，大家的兴趣、知识积累、阶层等具有关联性；二是信息流动的有效性，即经过筛选的信息与用户工作生活有比较高的关联性，具备更高的阅读率。关系媒体的这两大特征，关系到媒体更适合用户圈层紧密型扩张及深度精准服务，更容易实现圈层化封闭性社交场景，因此，关系响应型媒体一般都具有封闭性、社交性。

2.注重传播内容的适应性

有效的信息流动可帮助人们与社会中不同群体建立联系，这种联系促进了个体的社会化，从而改变个体固有的行为与价值观，这是新型主流媒体发挥社会凝聚功能的作用机制所在。当然，社会治理都会倾向于使传播形式集中化，因为这符合社会凝聚的目标诉求。现代化的社会治理通过一种有组织的共识过程来实现，其合法性也体现在社会关系的共识基础之上，从而使得决策能够得到社会的认可。尽管决策自身包含了必须遵守的合法性，也习惯于借助国家权力系统来实施，但如果没有建立在由下而上的共识基础之上，决策将无法实现预期的社会治理效果。因此，新型主流媒体的建设必须注重传播内容的适应性，应在内容的深度与内容的适应性上做到精准传播。

内容供给的这一特点突出体现在垂直类媒体和付费型媒体上。大多数服务类的内容都趋向于成为垂直媒体，如作业帮教育服务平台、车享家汽车服务、女人帮母婴服务等都是通过垂直领域的整合形成线上平台，实现内容的精准适配，为用户带来急需的相关知识和疑难解答，提供比较周到的生活便利，提供高效省钱的机会以及其他增值服务，从而实现线下商业的联动开发。而一些付费的社群媒体会在优先提供有价值的专业信息方面做到最大化，如财新传媒就能够为订阅用户定向配送专业财经信息，独家提供需要付费的全球财经数据等，这种模式已成为全球媒体融合转型的主要路径。由于定向提供精准的内容产品，付费订阅也成为媒体专业化的重要支撑。

3.提供深度融合的解决方法

（1）融合的集成。新兴媒体最重要的一个结构特征在于它是电信传播、数据传播与大众传播、人际传播的集成，正是这种集成导致了融合的进程。技术融合和日常媒介使用的过程，并不会自动导致传播的融合。技术融合使得各种应用程序能够满足用户在不同场景的需求，社会治理需要统一的媒介环境，但社会和文化却日益分化，媒介的应用场景也随之变得多样化。不能指望有一个媒体能够满足人们所有的需求，媒体深度融合以及新型主流媒体的打造须考虑到不同社会阶层、年龄层次、文化背景的群体需求的不同。

（2）多任务的传播能力。不同媒介的传播能力是不同的，书籍、报刊适宜于知识的深度学习，广播适宜于作为背景媒介，电视适宜于娱乐和大型事件的直播，电影适宜于代入式体验，电话适宜于聊天，随身设备适宜于碎片化阅读，互联网适宜于共享信息。随着媒体深度融合的加快，不同媒体在功能上趋于综合。但基于这个理念的综合性门户网站近年来遭遇了新的危机，这也从另一个侧面提示人们，只有符合一定关系需要的媒介才能在社会关系中获得一定的注意力。因此很少有一个媒介形态可满足所有需要，超链接就成为重要的媒介组织形式，媒介使用趋于多任务并行。

（3）互动性与一致性。互动性要求是传播参与各方共存于传播活动之中，实现传播内容和相互理解上的沟通。传播体系与权力体系在社会治理过程中发挥作用的机制与方法是不同的。作为一种社会调适手段和信任机制，传播体系通过调和相互冲突的各种利益，对社会中普遍接受的基本价值和信仰进行维护。换言之，传播体系并不寻求针对某些紧迫的公共政策议题的一致意见。

（4）从广播到窄播。在越来越复杂的媒介环境中，内容生产与传播的风险在递增：一是人们越来越依赖于机器智慧，这种依赖使得使用者逐渐失去识别能力；二是持续地使用智能信息设备，导致人们脱离与现实环境的联系。媒介内容的定制化和用户选择的个性化成为供给侧改革的重要形式，传统的大众传播模式向个人化的小众传播转型。

五、结语

传统主流媒体习惯被当作政治与行政组织的宣导工具，这种根深蒂固的工具思维，使得传统的传播体系正逐渐失去了社会调和与达成社会共识的能力。因此，讨论新型主流媒体与全媒体传播体系的建构，须汲取既往的经验和教训，在紧迫的公共政策议题与长期传播机制之间做出平衡。新型主流媒体与全媒体传播体系建设不能忽视传统传播体系存在的制度性弊端，须注重社会关系的建设和认知情境化的生成，以便在日趋复杂的社会群体的博弈中寻求新的社会平衡的可能性。新型主流媒体的建设要考虑与社会治理的权力机制的区别，考虑要为社会个体在应对政策的不确定性、复杂性、冲突性过程中提供一个可选择性的路径，从而推动新的传播体系成为相互承认、反复沟通与权衡取舍的社会信任的一种生成机制。

新型主流媒体的建设，既是国家治理体系和治理能力现代化的内在要求，也是实现媒体深度融合的目标。从传播体系的外部来看，新型主流媒体须适应技术赋权所带来的个人对世界的成功调适，这种调适使得每一个社会个体都充分享受自由表达的话语权红利，尽管其中有过度表达的问题存在。如何规训个体的表达权而不破坏其成功调适的作用，也是媒体深度融合过程中需解决的问题之一。

参考文献：

［1］赫伯特·马尔库塞：《单向度的人：发达工业社会意识形态研究》，刘继译，上海译文出版社2020年版，第116页。

［2］周光辉：《政治文明的主题：人类对合理的公共秩序的追求》，《社会科学战线》，2003年第4期。

［3］肯尼思·J.格根：《关系性存在：超越自我与共同体》，杨莉萍译，上海教育出版社2017年版，第55页。

［4］马克思、恩格斯：《马克思恩格斯选集》第4卷，人民出版社2012年版，第187页。

［5］袁方：《社会学百科辞典》，中国广播电视出版社1990年版，第12—13页。

［6］新华社：《中共中央办公厅　国务院办公厅印发〈关于加快推进媒体深度融合发展的意见〉》，新华网，http://www.xinhuanet.com/2020-09/26/c_1126542716.htm，2020年9月26日。

［7］转引自杨善华:《当代西方社会学理论》,北京大学出版社1994年版,第52页。

［8］参见陈接峰、马骁:《流媒体视域下电影业余化生产的实践意义和共识体系》,《电影艺术》,2020年第4期。

［9］转引自戴维·维勒:《网络交换论》,刘军译,重庆大学出版社2014年版,第12页。

［10］卿志琼:《有限理性、心智成本及其简化机制》,《广西经济管理干部学院学报》,2005年第2期。

［11］T·E.Parsons,E·A.Shils: Toward a general theory of action, Cambridge, Boston, MA: Havard University press, 1951.

［12］尼克拉斯·卢曼:《信任:一个社会复杂性的简化机制》,瞿铁鹏、李强译,上海人民出版社2005年版,第10页。

［13］大卫·阿什德:《传播生态学:控制的文化范式》,邵志择译,华夏出版社2003年版,第3—4页。

［14］新华社:《中共中央办公厅　国务院办公厅印发〈关于加快推进媒体深度融合发展的意见〉》,新华网,http://www.xinhuanet.com/2020-09/26/c_1126542716.htm,2020年9月26日。

［15］新华社:《中共中央办公厅　国务院办公厅印发〈关于加快推进媒体深度融合发展的意见〉》,新华网,http://www.xinhuanet.com/2020-09/26/c_1126542716.htm,2020年9月26日。

［16］肯尼思·J.格根:《关系性存在:超越自我与共同体》,杨莉萍译,上海教育出版社2017年版,第109页。

［17］肯尼思·J.格根:《关系性存在:超越自我与共同体》,杨莉萍译,上海教育出版社2017年版,第109页。

（原载《编辑之友》2021年第10期）

我国媒体融合创新中的资本运作研究

秦宗财　郭金玲[*]

摘　要：传统媒体与新兴媒体的融合创新离不开资本运作。近两年我国媒体融合资本逐年增长，融资手段呈现多元化趋势。通过上市、跨界合作、兼并重组、深耕互联网生态圈、设立文化产业投资基金等方式筹集资本，金融资本在推动新旧媒体融合创新中发挥了重要作用。在融媒创新驱动下，我国传媒资本还存在着上市瓶颈难破、金融风险大、深度融合壁垒等诸多难题，而光线传媒作为我国最大的民营传媒娱乐集团，通过推动媒介经营体制改革、创新交易方式、优化产业链布局等，逐渐探索出了一条较为成功的融媒资本运作之路。

关键词：媒体融合；资本运作；光线传媒

2009年以来，我国不断深化传媒行业改革，促进传媒领域日趋发展演变，表现在：我国加大力度深化文化体制改革，促进传媒事业单位转企改制，以市场为资源配置，激发传媒企业活力；传媒企业寻求社会融资，积极上市；传媒市场出现并日趋增多的并购交易，促进市场结构调整和资源重新配置。尤其是2014年国务院办公厅发布《关于印发文化体制改革中经营性文化事业单位转制为企业和进一步支持文化企业发展两个规定的通知》（国办发〔2014〕15号）和文化部、中国人民银行、财政部联合发布《关于深入推进文化金融合作的意见》（文产发〔2014〕14号），积极推动了文化产业与金融业的对接，传媒行业受益匪浅。2014年8月18日中央全面深化改革领导小组第四次会议审议通过的

*作者简介：秦宗财，教授，博士生导师，主要研究方向：徽商文化、文化传承与产业创新。郭金玲，南京师范大学研究生，主要研究方向：文化政策法规研究。

《关于推动传统媒体和新兴媒体融合发展的指导意见》，更是我国媒体融合进程中的标志性事件，成为我国媒体融合的行动指南。而在传统媒体与新兴媒体融合创新实践中，资本运作是其有效融合的方式之一。媒体融合过程中需要大量的资金，而媒介自有资金的积累又需要漫长的时间。因而借力资本市场，通过传媒业与资本市场的对接，以及兼并、收购、重组等方式来积累资本，能够改变传媒业单一的投资渠道和募集资金方式。这将使传统媒体和新兴媒体利用各自的资源，实现优势互补，从而合理配置和使用资源，推动传统媒体和新兴媒体融合创新[1]。

一、近年来我国媒体融合中资本运作概况

21世纪以来我国不断深化文化体制改革，促进传媒事业单位转企改制，发挥市场配置资源的基础性作用，激发传媒企业活力。传媒企业寻求社会融资，积极上市。传媒市场出现并日趋增多的并购交易，促进市场结构调整和资源重新配置。近两年，在资本市场和"互联网+"推动下，我国媒体融合资本逐年增长。

截至2015年年底，上市文化企业数量达到189家，文化企业的融资规模达到128.07亿元。从上市文化企业公司的总数来看，排在前两位的分别是北京和广东，前者拥有62家，后者拥有31家。从投融资规模来看，北京和广东在全国都遥遥领先，但是两者之间差距也较大，2015年广东上市文化企业融资规模仅为北京上市文化企业融资规模的三分之一。从行业分布来看，文化创意和设计服务、文化信息传输服务是两个最主要的行业领域。以北京为例，在这两个领域的上市文化企业数量分别为31家和11家，融资规模分别为266.67亿元和95.93亿元。从具体的融资手段来看，主要是开辟子公司、外部股权投资、设立并购与投资基金等。2016年，新三板文化企业呈现持续发展的趋势。根据中国文化产业投融资数据，2016年4月，87家文化企业挂牌新三板，环比增长2.35%，2016年和2015年文化企业在行业分布方面呈现相同趋势，主要集中于文化信息传输服务和文化创意与设计服务。其中，2016年4月，文化信息传输服务有31家企业挂牌上市，在整个上市企业中占比35.63%，文化创意和设计服务有22家企业挂牌上市，在整个上市企业中占比25.29%，融资手段和渠道较

2015年更加多元化。据中国文化产业投融资服务平台的数据显示，2016年4月挂牌上市的文化企业进行融资事件达42件，融资规模达到36.22亿元，较去年显著增长，融资手段亦呈现多元化趋势，定向发行股票是主要的融资渠道。

上市文化企业主要集中于文化信息传输服务，这主要得益于"互联网+"的热潮，使得文化信息传输服务行业的并购、融资规模呈现蓬勃发展的趋势。文化创意设计类公司大举上市与近年来文化产业得到国家和政府重视密不可分。广播电影电视服务行业上市企业的发展离不开人民群众经济水平的提高，以及由此带来影视市场的繁荣（表1）。

表1　2016年中国影视娱乐业上市公司营收情况[①]

股票代码	企业简称	营业收入(亿元)
002739.SZ	万达院线	112.09
600977.SH	中国电影	78.41
002624.SZ	完美世界	61.59
300133.SZ	华策影视	44.45
300027.SZ	华谊兄弟	25.03
300291.SZ	华录百纳	25.75
002143.SZ	印纪传媒	25.28
600715.SH	文投控股	22.52
002343.SZ	慈文传媒	18.26
300251.SZ	光线传媒	17.31
300528.SZ	幸福蓝海	15.38
00207LSZ	长城影视	13.56
002445.SZ	中南文化	13.40
300336.SZ	新文化	11.13
601595.SZ	上海电影	10.46
000802.SZ	北京文化	9.27
002502.SZ	骅威文化	8.12
300426.SZ	唐德影视	7.88

① 中商产业研究院：《2016—2021年中国电影行业研究年度报告》。

股票代码	企业简称	营业收入(亿元)
000681.SZ	视觉中国	7.35
002175.SZ	东方网络	5.75
600136.SH	当代明诚	5.69

近年来江西日报传媒集团探索传媒与资本融合之路较为典型。2015年2月28日，江西日报传媒集团成立文化创业投资有限公司，积极引入社会资本，发展混合所有制经济，推动文化与资本的融合。在经历一系列业务整顿以及与其他相关网站资源整合之后，江西日报传媒集团形成了传统媒体、新兴媒体、文化地产、文化金融、文化创意五大经营板块，拥有包括报纸、杂志、网站、微博、微信、手机报、移动客户端等媒介形态，组建了江西日报社全媒体中心，打造了集采编、发布、经营、管理为一体的集团全媒体数字化转型技术支撑平台。2015年7月28日，江西大江传媒网络股份有限公司（隶属于江西日报传媒集团）登陆新三板挂牌上市，在资本推动下，该公司快速发展。据2016年年报，该公司业绩较2015年大幅增加，报告期内总收入达9068.68万元，其中营业收入较上一年度增长31.44%，继续保持高增长态势。截至2016年年末，公司总资产为10121.31万元，净资产为4952.48万元；通过高送转，公司总股本也由1500万股扩大为3000万股，基本每股收益为0.34元。报告期内，该公司在舆情大数据、旅游、金融、房产、医疗、汽车交通等重点行业以及各分公司、各子公司的各种收入继续保持快速增长[2]。因而，传统媒体拥抱资本市场进行转型升级已是大势所趋。资本与传媒对接，以资本为纽带，实现新、旧媒体的融合创新。在媒体融合创新中，资本运作是手段而不是目的，以资本为手段打造兼具渠道和内容的平台，整合产业链，从而达到媒体融合发展的目标。

二、我国媒体融合创新中资本运作模式及难题

媒体融合的出现，为传媒行业打开了新的大门，同时也倒逼传统媒体企业转型升级。根据媒体融合的自身特点，有效结合报纸、期刊、网站、广播电台、电视台等的采编作业，集中处理各类信息，促进资源共享，丰富信息产品

类型，并借助多元化的载体渠道传递给受众。这种新型整合作业模式已逐渐成为国际传媒业的新潮流。而资本逐利性、流动性的特点将资本引入产业中，就成为一种势不可挡的趋势。在我国现有的传媒行业中，国有传媒企业受限较大，难以在媒体融合中实现真正意义上的资本运作。传媒民营企业顺势而为，在资本运作及媒体融合方面做出了示范作用。当前在融媒体发展趋势下，我国传媒资本呈现了多元化的运作模式。

一是直接上市。传统媒体在经历集团化和市场化改造之后，为了募集资金，开始纷纷采取上市的方式，通过定向增发股份，帮助企业更快融资以及拓宽企业融资渠道。对于企业自身而言，企业上市有利于长期发展，完善企业自身的组织结构与管理方式，同时对于企业品牌的建立以及知名度的提高均有重要的作用。2015年6月16日，"辽宁北国传媒网络科技股份有限公司"（隶属于辽宁报业传媒集团）挂牌上市，凭借资本市场持续融资之优势，进行全方位的布局与创新。

近几年在政策的引导下，新三板挂牌的企业增长迅速，2015年挂牌新三板的有358家，2016年第一季度新三板文化企业挂牌数量已达到255家。由此可见，"上市"的政策利好对媒体资本融合有着积极的推动作用。

二是跨界合作。传媒行业的高利润属性，持续吸引着各类资本的投入，这些资本投入不仅仅局限于现有的文化、传播、出版等领域，跨界合作成为媒体资本运作的主流。这些跨界合作的行业具有不同的主营业务及运营内容。如2015年，阿里巴巴公司相继投资了光线传媒、北京社区报、第一财经、博雅天下、优酷土豆、南华早报，同时与财讯集团、新疆网信办创办"无界新闻"，与四川日报集团成立"封面媒体"。2016年，一些传媒企业，如大地传媒、读者传媒、出版传媒、浙报传媒、掌趣科技、华闻传媒、中文在线、新华传媒等，积极入股银行、保险、证券、担保、投资基金等各类金融企业，传媒资本与金融资本深度融合，实现跨界多元发展。

三是兼并重组。经验表明，收购一个企业通常比重新建立一个新企业更有优势。现有的传媒行业已经具备成熟的市场化运作内容及渠道，能够在充裕的资金支持下开拓新的市场业务。在这种趋势的引领下，媒体业内的投资或并购形成强强联合的发展态势[3]，如上海百事通与东方明珠股份有限公司、上海解放与文汇报两大媒体集团、浙报集团与盛大网络旗下游戏公司等兼并重组案例。以上海文广集团（即上海SMG）与东方明珠股份有限公司兼并重组实现媒体融合为例，SMG以旗下的上市公司"百事通"（BesTV）合并上市公司"上海东方明珠（集团）股份有限公司"，整合两家资源，搭建新型互联网平台，实现优势互补，从内容到渠道，都达到了"1+1>2"的效果，最直观的结果就是合并后企业经营收入、净利润同比显著增长[4]。这种以资本运作为主要特征的媒体融合方式为同类的其他传媒企业提供了新视角和新思路。

四是深耕互联网资本生态圈。媒体融合就是传统媒体与互联网"+"的一种连接，因而媒体资本运作深耕互联网生态圈就成为其主营内容之一。在传统媒体的O2O的资本运作中，各大新媒体资本纷纷推出其基于互联网思维的及时性、体验性的消费者互动项目，同时利用粉丝经济、网红经济、网络直播等多种形式开展起资本运营。如2015年东方卫视电视剧《何以笙箫默》应用T2O模式，开启"边看边买"模式。用户可以通过手机天猫客户端扫描东方卫视台，进入天猫购物的互动页面，在观看过程中，可购买电视剧中的同款服饰。同时，阿里影业也积极开展与多家电视集团的电子商务合作，打造电视定制剧模式，发展相关电视节目衍生业务。

五是设立文化产业投资基金。近年来，我国文化产业投资基金发展较快，突出表现在：投资数量大幅度增长，投资规模不断扩大，逐渐趋向国际化。产业基金由于规模和数量都比较庞大，能够满足传统媒体转型过程中以及拓展新业务过程中对于资金的需求。如2015年11月中南出版传媒集团股份有限公司与湖南潇湘资本投资股份有限公司共同设立泊富基金管理有限公司和泊富文化产业投资基金，投资与中南传媒有协同效应的关联产业，以此推动中南传媒产融结合的发展战略。文化产业投资基金开始走向国际化，代表性的如SMG与华人文化产业投资基金、华纳兄弟娱乐公司、RatPac娱乐、WPP（Wire&Plastic Products Group）集团等投资公司共同设立"跨国文化创意投资基金"（CMC Creative Fund），主要用来吸收境外投资基金，从事境内外影视剧、音乐、现场娱乐等文化创意、娱乐产品的投融资，具有较为广泛的国际影响力。

当前我国融媒资本运作模式多元化的背后，依然存在着诸多难题：

一是传媒上市之路瓶颈难破。根据2012年证监会发布的《上市公司行业分类指引》（证监会公告〔2012〕31号），在上市公司18个基本产业门类中，传媒类行业没有统归一类，而是分散于相关门类之中（如C门类之印刷和记录媒介复制业，I门类信息传输、软件和信息技术服务业，R门类之新闻和出版业、广播、电视、电影和影视录音制作业）。与其他上市公司相比较，传媒类行业的上市经营较少涉及传媒企业的主体行业，这主要是由于传媒企业自身的特性决定的。一方面，目前我国传媒市场份额以国有企业为主，民营企业偏少。国有传媒企业大多被赋予"政府喉舌"的称号，即兼具国家主体事务的宣传与引导，这部分企业由于难以进行现代化的企业制度改革而退出上市计划。另一方面，在资本运作中，必然会涉及媒体企业的财务会计的披露、企业经营内容的透明化、媒体行业制度的曝光等，而传媒行业本身就是内容生产行业，一旦暴露过多的企业内容信息，将损害传媒企业切身利益，因此传媒企业不可能允许其全部业务内容暴露。由此就造成其上市计划与自身经营实际之间的矛盾。因此，由于自身实力有限和严格的上市条件，导致大部分媒体短期内并不能实现主板上市，只能依靠并购、参股等方式实现资本的运作。

二是媒体资本运作的金融风险较大。目前来说，我国金融市场的对外开放程度低，进入壁垒依然强大，而随着传媒市场化程度的加深，我国传媒行业对各类金融工具、金融产品等多资本运作的使用日益频繁，特别是在出版传媒行业。如在2006年，"东方明珠""中视股份""电光传媒""博瑞传播"等通过资产拆分进行上市。而这一过程中对自身资本的拆分或企业改制，也将大量的资本运营风险带入了媒体行业。在媒体行业运营中，存在诸多风险，如不良资本进入风险、国际金融市场风险、管理制度风险。正是这些风险的存在，使得媒体资本运营过程危险重重。

三是传媒资本的深度融合尚有诸多壁垒。近些年来我国传统媒体行业的封闭、资本运作理念的缺失，成为其发展过程中面临的主要问题。在与新媒体竞争中，技术、资本与人才等方面缺乏竞争力是传统媒体处于劣势地位的主要原因，其中资本又是最核心的因素。这种情况就需要传媒业能够合理地配置资源与资本，进行跨行业与地区的兼并重组，打破行业和地区壁垒，实现真正的媒体融合创新。尽管近些年来我国出台了一系列推动传媒行业与其他行业融合的政策，但由于媒体行业自身的特性，使得媒体管理经营者不敢轻易涉足其他行业；与此同时，目前我国传媒行业存在的体制机制问题，使得媒体运营与资本运营难以彻底深度融合，如在已上市的传媒企业中还存在上市公司与主营业务关联度不高的现象，"采编经营两分离"的思想依然根深蒂固，从而导致传媒上市企业价值链的人为割裂，影响企业核心竞争力的构筑。

三、融媒驱动下的我国传媒资本运作趋势与破题

集成经济是最近几年来对传媒业发展趋势的形象概括和总结，喻国明和樊拥军（2014）等研究者认为传媒经济运作历程是不断整合关联价值的过程，大致可概括为三个阶段：一是追求规模经济效应，二是追求范围经济效益，三是传媒集成经济模式[5]。集成经济可以被认为是超越传统的单一系统以整合为主的发展路径，可有效突破规模经济所带来的规模不经济和范围经济带来的范围不经济的天花板效应。也就是将不同产业进行融合创新，并非局限于传统与新兴的传媒领域，通过与相关性产业或支持性产业的集成融合以形成全新的媒介形态。我国现阶段的媒介融合基本上还处于内容融合或平台融合的状态，尚属于一种中低层次、被动的融合形态，这种融合形态已无法满足传媒市场快速发展的需要。传媒与资本的融合共生将成为传媒产业转型发展的趋势。

光线传媒经过多年的发展，已成为中国最大的民营传媒娱乐集团。主营业务包括电视节目制作与发行，电影投资、制作、宣发，电视剧投资、发行，艺人经纪，新媒体互联网、游戏等。面对当前传媒资本运作系列难题，光线传媒探索出了一条较为成功的融媒资本运作之路。

据光线传媒2016年财报显示，2016年公司营收同比增长74.27%，营业利润增长275.12%，归属于母公司所有者的净利润增长291.13%，业绩表现较好（表2）。具体来看，电影项目实现收入60862.43万元，较上年同期增加102.60%，《美人鱼》贡献较大。实现其他收入10033.04万元，较上年同期增加100%，主要原因是报告期内公司合并浙江齐聚科技有限公司收入，使得其他收入较上年同期增加；实现动漫游戏收入1273.62万元，较上年同期减少41.38%，主要原因是报告期内游戏收入下降较多所致。

表2　光线传媒完成对外投资情况[7]

投资领域	公司名称	股份占比
影视领域	北京铁血科技股份公司	5%
	霍尔果斯战火影业有限公司	40%

续 表

投资领域	公司名称	股份占比
	上海喜天影视文化有限公司	10%
	北京锋芒文化传播有限公司	39%
音乐领域	北京多米在线科技股份有限公司	13.63%
	启维开曼公司	20%
	天津猫眼文化传媒有限公司	19%
	杭州当虹科技有限公司	14.5%
	浙江齐聚科技有限公司	63.21%
互联网新媒体领域	北京爱秀爱拍科技有限公司	30%
	北京热度文化传媒有限公司	5%
	北京七维视觉科技有限公司	51%
	上海嘉皓信息科技有限公司	40%
	北京漫言星空文化发展有限公司	30%
动漫领域	吉林省凝羽动画有限公司	30%
	京中传合道文化发展有限公司	30%
	上海青空绘彩动漫文化传播有限公司	25%
文学版权领域	霍尔果斯大象映画文化传播有限公司	49%

1.推动媒介经营体制改革，突破传媒企业上市瓶颈

多年来，光线传媒不断创新自身的经营体制，凭借独特的营销模式，以及工业化的节目生产方式，实现快速发展壮大，已成为中国具有标本价值的民营影视企业，并于2011年8月3日在深交所创业板成功上市。综合而言，光线传媒能够成功突破传媒企业上市的瓶颈，主要得益于以下几点：

第一，不断开拓的融资方式。通过多年的发展，光线传媒坚持以电视节目联供网内容运营为核心，以规模化娱乐内容生产为主体，以广告整合营销为手段，发展成为我国著名的民营娱乐内容制作商和运营商。其资本除了自有资本、广告收入、银行贷款外，还通过发行短期融资券、银行版权质押（信贷）融资、创业板IPO融资、分红融资等方式，不断开拓融资渠道。

第二，富有竞争力的核心优势。在工业化、品牌化、规模化经营理念的引导下，光线传媒由单纯的节目制作机构，逐渐转变为节目管理和出品机构。光线传媒拥有娱乐活动、新媒体、电视节目群等诸多平台，多平台的优势大大促进了其内容价值的实现和提升。除此之外，光线传媒还拥有中国最大的电视节目发行网络以及最有价值的观众群体，这些都有利于其快速发展。

第三，强大的品牌营销。"音乐风云榜颁奖盛典""娱乐现场"、突显的"e"标以及"娱乐全中国"的口号，这些都是光线传媒品牌营销成功的体现。此外，光线传媒营销团队独创的矩阵式发行营销模式在企业的品牌塑造、产品推广等方面也发挥着巨大功效。

第四，不断强化的人才队伍。为保证影视产品的持续创新性和制作的先进性，光线传媒特别注重对专业人才尤其是节目制作、产品营销等人才的培养，除了多渠道引进外部优秀人才外，内部管理上施行竞争上岗机制，最大程度激活人才动力和潜力。

2.创新交易方式，规避融资风险

光线传媒于2011年正式启动IPO程序，根据光线传媒的报告显示，公司通过光线控股与光线传媒两家公司合计获得猫眼电影57.4%的股权，取代"新美大"成最大股东；付出的代价是6%的光线传媒股份和23.83亿元现金。光线传媒的上市公司主体以现金对价仅收购猫眼的19%，上市公司主体部分只参股不控股，避免了触发"重大交易重组"条款，再通过其控股股东光线控股持有的老股转让形式避免了上市公司的定向增发，使一次颇具规模的收购迅速完结，成为行业整合并购中的经典案例。其具体的资本重组如图1所示。

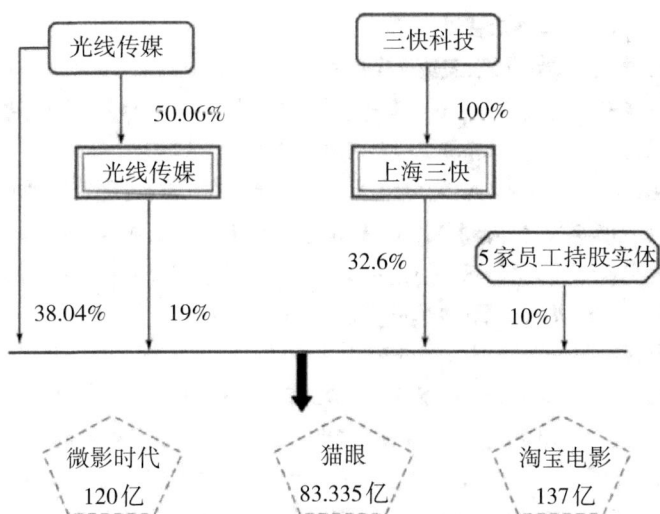

图1　光线传媒资本重组图

与光线传媒合作融资的这三家企业均是民营传媒企业中的佼佼者，其中猫眼电影是目前国内最大的在线电影购票平台。而微影时代科技有限公司是基于移动社交的一家集演出、体育、电影等于一体的文化娱乐营销与发行公司，由万达、鲁信、腾讯、刚泰文化、文资华夏、中国文化产业投资基金等联合投资开发建设与运营管理，主要业务范围涵盖演出、体育、电影三大板块，旗下移动票务平台"娱票儿"已成为国内目前合作影院数量、观影人群覆盖率第一的在线选座平台。

为最大限度地规避融资风险，光线传媒不断优化公司制度化治理，成立了由股东大会、董事会、监事会、总裁层等组成的决策机构，并设立了审计、战略决策、薪酬、考核等专门委员会。这种相互制衡的公司治理结构，对公司的融资风险规避起到了一定的作用。如加强政策分析与评估，以应对国家产业政策变动带来的风险；实施集体决策制度，对公司新设栏目和影视作品立项予以科学评估，以应对作品内容审查风险和消费市场的风险；制定一整套的作品制作预算体制，并由专人负责监管费用支出，以应对预付账款金额较大的风险；结合国家知识产权保护体系，并设立专门的版权保护机构，以应对盗版风险；加强公司内部审计监督职能，遵循《创业板上市公司规范运作指引》及《创业板上市公司规则》的要求，定期或不定期对公司财务状况、成本管控、信息披露等进行审计，加强对公司管理制度的执行情况检查并进行效果评估，以此促进管理制度的不断完善，强化执行力，最终提升公司管理的绩效。

3.优化产业链布局，突破行业壁垒

近些年来，面临行业、地区、体制等诸多壁垒的限制，光线传媒不断优化自身产业链布局，创新发展方式，拓展企业新空间。借助于互联网无边界发展优势，突破行业与地区壁垒。光线传媒借鉴迪士尼公司创新发展之路，通过收购网络文学类公司、互联网视频平台和技术类公司、网游类公司、设计类公司、动画制作类公司、主题公园类公司等多个领域，加快"去电影化"的步伐，以知识产权（IP）为核心，形成涵盖影视、实景娱乐、互联网服务（网游、新媒体）等业务的多元化服务的"泛娱乐平台"，从而实现一个全产业链式的布局[6]。

事实上，进入2014年以来，受监管收紧以及经济形势低迷等综合因素影响，光线传媒的主营业务已出现内生增长放缓的趋势。除此之外，在企业外部，光线传媒面临的竞争形势同样也非常严峻。当下，越来越多的竞争主体开始涉足传统影视产业，甚至连互联网巨头阿里巴巴也不例外，阿里巴巴通过投资影视产业打起泛娱乐牌，想在影视产业分得一杯羹。"娱乐宝"的出现不仅是阿里巴巴接触传统影视产业的一次重要试水，也是传统影视产业的一个重大创新，给传统电影公司带来了巨大压力。网民借助"娱乐宝"这款互联网金融产品，出资100元即可投资热门影视剧作品。在这样的内外压力下，如果光线传媒想继续在市场中获取利润，仅仅依靠传统的影视制作业务是远远不够的，向产业链相关环节扩张就成了必须要走的路。

参考文献：

［1］秦宗财：《媒介转型与产业融合：2010—2015我国传媒产业研究综述》，《福建论坛（人文社科版）》，2016年第6期。

［2］李子木：《大江传媒：登陆新三板，瞄准大融合》，《中国新闻出版广电报》，2015年7月29日，第1版。

［3］满杉：《2015年文化传媒并购活跃 上市企业迎新高》，投资中国网，https://www.chinaventure.com.cn/cmsmodel/report/detail/1067.html，2016年1月4日。

［4］郭全中：《媒体融合转型中的资本运作——从SMG的"百事通"吸收合并"东方明珠"的案例谈起》，《新闻与写作》，2015年第4期。

［5］喻国明、樊拥军：《集成经济：未来传媒产业的主流经济形态——试论传媒产业关联整合的价值构建》，《编辑之友》，2014年第4期。

［6］禾冉：《光线传媒王长田：再造一个"迪士尼"？》，《中国义化报》，2014年10月25日，第1版。

（原载《文化产业研究》2017年第3期）

新型主流媒体的基本特征、构建路径与价值实现

肖叶飞[*]

摘　要：新型主流媒体是凭借内容优势、资源优势与品牌优势，通过流程优化、平台再造，新旧媒体一体化发展，各种媒介资源、生产要素有效整合，信息内容、技术应用、平台终端、管理手段共融互通，形成具有强大传播力、影响力、引导力、公信力的全媒体。新型主流媒体在媒体形态、传播内容、平台终端等方面具有显著特点，形成了一次生产、多渠道传播、多元增值的融合新闻生产机制，需要在组织架构、商业模式、资本运营等方面不断创新。

关键词：新型主流媒体；融合新闻生产；中央厨房；构建路径

2019年1月，中共中央政治局调研《人民日报》媒介融合发展情况，要求党办的报纸期刊、广播电视、新闻网站等主流媒体必须运用新技术、新机制与新模式，实现最优的宣传效果，建立新型主流媒体。具体来说，构建具有强大影响力、竞争力的新型主流媒体需要通过流程优化、平台再造，实现媒介资源、生产要素的有效整合，在技术应用、信息内容、平台终端、管理手段等方面共融互通，促进融合质变、一体发展。新型主流媒体基本要求包括如下几个方面：提供互动式、服务式、体验式等各类新闻信息服务；全方位覆盖、全天候延伸、多领域拓展，具有强大传播力、引导力、影响力、公信力；使党的声音进入各类平台与终端，形成网上网下新闻宣传的同心圆，让主旋律更高昂。在媒介融合的背景下，我国传统主流媒体都在积极改革，无论是党报、党刊，还是广播电视，抑或国家级通讯社新华社，都从新闻采集、采编流程、平台开

*作者简介:肖叶飞,教授,硕士生导师,主要研究方向:传媒经营与管理、广播电视学。

发、组织架构、盈利模式、用户管理、广告经营等方面进行创新，探索转型升级的路径，通过多平台满足受众的多元需求，构建新型主流媒体。

一、新型主流媒体的基本特征

与传统主流媒体相比，新型主流媒体在媒体形态、内容形式、平台渠道、终端效果等方面都显著不同，通过媒体融合、渠道融合、平台融合、终端融合，借助"四力"，占领舆论的制高点，传播正能量，弘扬主旋律。

1.从媒体形态来看，新型主流媒体除传统媒体形态外，还具有融合新媒体矩阵等全媒体形态

主流媒体是指党报、党刊、党台、党网等传统媒体形态，新型主流媒体借助互联网、移动互联网等传播渠道与平台生产多种形态的信息产品，通过不同渠道、不同平台与不同终端传播给受众，形成全媒体生产与传播的业态。主流媒体依托自身的内容与品牌优势，涉足自媒体业务，开办微博、微视频、微信公众号，创建客户端，积极介入网络、手机、移动电视、IPTV等多媒体领域。

人民日报社副总编辑许正中在2019中国网络诚信大会上说，人民日报社从"一张报纸"到覆盖用户超过9亿的"人民媒体方阵"，形成"融为一体、合二为一"的融合格局。人民日报社成为拥有报纸、杂志、网站、手机报、"两微一端"、电子屏、网络广播、网络电视等10多种载体、400多个终端平台的新型主流媒体集团。人民日报社拥有29种社属报刊、44家网站、118个微博机构账号、142个微信公众号及31个手机客户端[1]。

2.从传播内容来看，新型主流媒体需要提供融媒体内容服务

传统主流媒体通过单一介质传播，如报纸以文本与纸质为介质，以文字、图片等符号进行传播，广播电视以电波为介质，通过声音、视频等符号进行传播。数字技术改变了传播介质的单一性，促进了内容融合，从物理形态上看，文字、声音、图片、图像等内容可以一次生产、多次加工、多渠道传播。

融媒体服务首先是内容的多样性。2016年，《人民日报》开始创建融媒体工作室，成立学习大国、新地平线、半亩方塘、麻辣财经、一秒世界、冷观察、一本政经、2050、国策说等40个工作室，涉及时政、国际、文化、教育、社会等多个内容。2018年，我国启动了县级融媒体中心建设，致力于打造县级主流媒体平台、综合服务平台、社区信息枢纽、智慧城镇平台等多重内容服务。

融媒体服务其次是形态的多元化。新华社依托新华网、新华社客户端、社交媒体平台，拓展新兴媒体传播渠道。一是率先推出以现场新闻为标志的新华社客户端新版本，融媒体、直播态、全方位呈现新闻现场。二是以"让新闻离你更近"理念对新华网进行全新改版，推出动新闻、数据新闻等新产品，组建新闻网站首家无人机队，开通 VR/AR 频道。三是凭借全球采集新闻的资源优势，24 小时滚动发布文字、图片、音视频等各类原创新闻，为用户提供全球最新资讯。

3. 从传播终端来看，新型主流媒体具有多终端立体传播的能力

终端融合在形态上表现为电视、电脑、手机三种终端的功能一体化，融媒体终端可以呈现文本、图片、音频、视频、动画等多媒体信息，成为一体化的融合信息终端。媒介融合时代，新闻内容在不同的平台与终端相互嵌入，以新闻内容的多媒体化，实现全天候传播，满足受众多样化、个性化的信息需求。以广播电视新型主流媒体为例，其不仅致力于传统广播电视领域的运营，而且拓展到泛娱乐互联网领域，从大屏到小屏，从线下到线上，实现跨屏传播。其特点是：从单向传播到互动化传播、针对性推荐；从看电视直播到视频点播；分发平台从电视机扩展到微信、微博、IPTV、DVB、OTT、各类 App 以及网络视频。新型广播电视的产品与服务实现融合互通与多屏互动，统一调配内容资源与生产要素，充分挖掘与分析内容资源与用户数据，达到内容、网络与用户的高度匹配。

中央电视台倾力打造央视新闻移动网，专门搭建了矩阵号系统，截至 2019 年年初，吸引全国近 400 多家省市广电机构矩阵号入驻，形成一个基于移动端的融媒体内容聚合平台。中央人民广播电台构建多终端传播体系，除广播频率之外，重点打造中国广播、央广网、央广新闻等新媒体渠道，同时布局微博、微信等社交媒体，建立立体化的传播渠道。湖南广电采取"台网融合+一体两翼"的发展策略，在产品、技术、运营等方面全面升级，打造以电视、手机、电脑与 PAD 为主的全平台产业链，链接大屏与小屏，多渠道联合生产，提升核心竞争力。

4.从影响力来看，新型主流媒体在重要事件的新闻报道中具有强大传播力、引导力、影响力和公信力

随着媒介融合的发展，主流媒体的传播环境发生了根本的变化，出现了新的渠道、平台和产品，利用传统媒体在内容、品牌、公信力、影响力、权威性、原创力等方面的优势向新媒体延伸，锻造一批有影响力与竞争力的新媒体品牌，形成传统媒体与新媒体的优势互补，整合传播。

新型主流媒体需要考虑互联网时代受众个性化、碎片化、娱乐化的需求，利用自建平台与社交平台等多渠道发挥内容优势，提升传播力、引导力、影响力和公信力。2017年以来，《人民日报》推出了《人民领袖》《摆脱贫困》等多款微视频，形成了刷屏效应。上海报业集团推出上海观察、澎湃新闻、界面等新媒体项目，将报纸和客户端两个平台的采编队伍整合，其中澎湃新闻客户端主打时政新闻与思想分析，致力于新闻追问功能与深度报道功能的实践，以优质内容吸引用户，彰显新型主流媒体的强大传播力。新华社围绕建设"国际一流的新型世界性通讯社"目标，实现个性化生产、可视化呈现、互动化传播，推动内容、技术、平台、终端、人才的共享融通，新闻报道的覆盖面不断扩大，影响力持续提升。新华全媒头条，使用动漫、图片、3D和微视频等多形态，网络、电视、移动端、大屏幕多平台传播。如新华社推出《心中的牵挂》等50多个浏览量过亿的融媒体产品，营造了热爱祖国的主流舆论场。新华社还利用New China账户在脸谱、推特、优兔、Instagram、连我、VK六大平台发稿，使用19种语言，粉丝数超过1亿[2]。

二、新型主流媒体融合新闻生产的特点

新型主流媒体的融合新闻生产是以融合编辑室为枢纽的集约化、数字化的新闻生产模式，报道主体多元参与，采编流程跨界整合，信息传播定制推送，服务功能多重满足。

1.建立以中央厨房为枢纽的融合新闻生产机制

新型主流媒体需要构建一套成熟完善的内容生产、协作、分发的融合新闻生产的机制，包括融媒体调度中心和采编联动平台。融媒体调度中心是中央厨房融合新闻生产的神经中枢，在统筹新闻报道策划、调度采访力量、整合新闻

资源、协调技术支持方面发挥核心作用。实行采编联动机制，采写编评与技术部门随时沟通互动，记者和编辑共同承担融合新闻报道的角色与责任，实现了传统媒体与新媒体、母媒与子媒、网上与网下、专业记者与受众的联动。如《人民日报》以中央厨房为枢纽的融合新闻报道，将传统媒体与新媒体在技术、内容、渠道、互动方面进行融合发展，积极推进媒介融合，建立了"一次策划、一次采集、多种生成、多元传播、全天滚动、全球覆盖"的传播机制，成为融合型的新型主流媒体的代表。中央厨房是广播电视融合新闻生产的中枢，通过中央厨房串联各终端各平台，打通线上线下服务。央视新闻移动网是央视全新开发的新闻云生产平台，运用大数据、云计算、人工智能、移动直播等新兴技术，实现一体化生产、多平台分发。山东广电中央厨房融媒体资讯中心串联起多个终端，提升了采编能力和采编效率，使广播电视以及各类新媒体节目与内容资讯实现资源共享，实现新闻资讯传播效果的最大化。浙江广电中国蓝融媒体中心，打通线上线下、大屏小屏，引入音视频、新媒体等内容，联合浙江之声、新蓝网等打造全媒体记者矩阵，构建全媒体产品的采集、制作与发布的生产机制。

2.再造新闻采编流程，推动跨媒介、跨部门、跨平台的资源整合、信息聚合和媒体融合

新型主流媒体需要建立内容采编与传输分发机制，构建智能化的编辑部，围绕重点选题，技术、文字、图片、视频、网络等多个工种联合作业，通过多平台多终端分发内容，生产全媒体新闻产品。新华社围绕中央厨房这个核心工程，将全媒报道平台从单纯的产品制作中心升级为融合报道策划中心、协调中心和指挥中心，选派全社九个部门骨干人员组成融合报道团队，推进全媒报道平台提质、扩容、升级。新华社紧紧围绕主体业务，通过编辑部加融媒体工作室、课题组、项目组等形式，打造"编辑部+"新型采编管理架构。同时，着力打造"三微三端一平台"，形成立体化融媒体传播矩阵。"三微"是微博、微信公众号和微视频产品，"三端"是新华网、新华社客户端和现场云，"一平台"即海外社交媒体平台，使用19种语言发稿，粉丝数稳居世界主流媒体第一方阵。

中央厨房是融合新闻生产的总枢纽，微信、微博、网站和App是信息分发的载体与渠道，中央厨房与传播渠道之间需要有效沟通，利用智能分发平台传

播多样化的内容与产品服务。例如，山东广播电视新媒体平台覆盖人数超过1000万，包含互联网电视、视频App、手机、电视、IPTV等多终端，广播电视新老媒体互动，一次采集，多次发布，多媒联动，掌握传播的主导权[3]。

3.利用大数据、云计算等技术实现智能推荐，满足用户个性化、多样性的需求

新型主流媒体需要以用户为中心，提供全方位服务。以用户为中心必须打通内容产品与用户需要的通道，统筹内容、网络、渠道和用户四者的关系，确保用户可以随时随地通过各类平台终端获取所需信息。同时，掌握用户的个性特征和心理期望，了解受众的需求，不断改进和完善用户体验，运用大数据、智能推荐技术，深化对不同产品的专业化、垂直化推荐路径。

广播电视新型主流媒体完善内容智能分发机制，满足用户的多元需求，服务千人千面的融媒体屏，而不是千人一面的电视屏。"一云多屏"内容分发机制需要建立在大数据分析的基础之上，对内容进行智能分发，适应不同屏幕、不同网络、不同用户的需求。山东广播电视新型主流媒体旗下有广播频率、电视频道、齐鲁网、闪电新闻客户端等多个平台，从战略、平台、数据、品牌和资本五个层面构建新型主流媒体，覆盖IPTV、互联网电视、山东手机台、地面数字电视、新媒体研究院五大产业板块，通过融媒体、多渠道满足用户需求。

广播电视新型主流媒体提供更加丰富多样的视听节目形态，从单纯地提供视听节目到提供以家庭娱乐为中心的智能化服务。例如，湖南广电构建"内容+平台+应用+终端"以及"一云多屏"的全媒体战略。湖南广电具有核心资源，包括五个广播频率、十个电视频道、一个视频网络、一个App和一个电影子公司等多媒体资源，通过传统媒体资源拓展新媒体市场，通过云端实现与互联网的对接，针对不同的内容资源进行分发与推荐[4]。

4.构建"新闻+政务+服务"的内容与产品服务体系

新型主流媒体充分利用其强大的内容优势与人才优势，建立融媒体编辑部，构建"新闻+政务+服务"的内容与产品服务体系，在内容、平台、渠道、经营、管理等方面持续创新，探索一批新产品、新项目、新服务、新模式。

北京电视台实现了从卖内容到卖服务的转变，专注产品化服务、全媒体产品创新，提出构建以社区为中心的文化休闲平台、智慧社区平台以及智慧健康平台，致力于智慧健康和社区养老领域的产品创新。陕西广电"丝路云"融媒

体平台整合了省、市、县三级媒体资讯与政府信息，不仅成为全省资源共享与政务沟通的平台，而且也是民生服务与政民互动的窗口。

《浙江日报》大力推广立体传播、复合营销，除了传统的新闻报道、舆论引导之外，在数字娱乐领域，推出了为边锋用户量身定制的新闻产品；在旅游领域，浙报传媒深耕细作。成立旅游全媒体中心，创建区域性旅游微店电商平台，探索与创新旅游营销模式；在智慧服务领域，凭借传媒优势资源，在电商、老年产业、生活服务等领域进行布局。

三、新型主流媒体的构建路径

新型主流媒体凭借内容优势、渠道优势、品牌优势，在组织架构、商业模式、资本运营方面进行重构，实现传播力、引导力、影响力、公信力的二次提升。

1.组织架构方面，组建融合新闻生产的部门

新型主流媒体需要建立融合型的组织机构，将传统媒体、网络媒体、手机媒体的新闻生产部门集中办公，加强互动。新华社搭建有效汇聚、分发优质媒体产品的第一个国家级开放平台"全媒平台"，建设"网上消息总汇"，推出服务全国媒体的"现场云"新闻在线生产系统，截至2019年年底，全国4000多家媒体与党政机构已入驻平台，在内容采集、加工、传播等方面加强协作，有效汇聚、分发其他媒体机构优质产品，探索新闻生产发布的新平台与新模式。

2016年10月，《人民日报》建立了融媒体工作室机制，形成了45个品牌工作室，创建全国移动新媒体聚合平台"人民号"，截至2019年6月，吸纳全国2000多家主流媒体、12000多家优质自媒体以及6000多家党政机关、企事业单位入驻平台。同时策划推出"习近平总书记的人民情怀"和"新思想从实践中产生"系列报道，H5"快看呐！这是我的军装照"主题活动，引爆了朋友圈。

广州日报报业集团积极推动全媒体采编流程模式，成立全媒体编辑部，实现滚动采集、滚动发布，建立纸媒端口与各数字端口统一的经营团队。全媒体编辑部是报业集团推进媒体融合发展的核心平台，由全媒体新闻中心、音视频部、大洋网等组成，使《广州日报》与大洋网一体化运作。《广州日报》把全媒体新闻中心与大洋网的采编人员集中在一起办公，统一指挥新媒体信息的

发布。

2.商业模式方面，从传统广告向有偿服务、定制服务、电子商务、衍生产品等领域拓展

融媒体时代，主流媒体需要吸引粉丝、圈住流量，通过广告、有偿服务、智能电商、定制服务、衍生产品、产品营销、增值服务等手段获得利润，将流量与粉丝变现为利润与收入，深入挖掘垂直领域的细分市场。例如，广电媒体建立"广电＋新媒体＋N"的产业链模式，产业链向电商、直播、教育、旅游、金融、健康、物联网等领域延伸，打造"优质原创内容＋平台增值服务"产业链，增加用户黏性，将互联网平台作为实现内容价值增值的重要平台。

浙江广播电视台通过提供优质内容打造媒体价值，提供多重服务，拓展盈利渠道，既发挥传统媒体的公共价值，又实现其商业价值。广西广播电视台在IPTV平台媒体化中进行了探索，发挥"原创内容＋增值服务"的叠加效应，通过打造直播、轮播、点播专区，将包括演艺、体育、活动、政府发布等直播服务引入专区，同时增加包括音乐、教育、娱乐、动漫、少儿、互动广告等在内的收费增值业务。

3.资本运营方面，通过并购重组，构建跨媒体集团

新型主流媒体要借助资本市场造船出海或借船出海，推动媒体与其他产业深度融合，增强各产业之间的战略协同，建立互相补充、互相融合的产业链、价值链和生态链。例如，山西广播电视台与《山西日报》联合组建山西媒体智慧云平台，开启融合发展之路，横向涵盖报纸、广播、电视、网媒等不同媒体，纵向覆盖省市县三级媒体。此平台支撑全省新闻单位全媒体采集、全作品生成、全终端传播，平台指挥调度内容聚合分发，实现用户共享资源。云南广播电视台与云南电信公司强强联手，共同运营IPTV，形成利益共享、资源互补的跨界合作格局。河南广电大象文化传媒有限公司利用河南卫视的品牌优势整合资源，已与海润影视、克顿传媒、大唐辉煌在影视投资方面展开合作，开展影视节目制作、广告代理等多项业务。四川广播电视台与腾讯公司在广电节目、纪录片等节目版权方面展开合作，凭借各自在内容和渠道方面的优势，实现传统媒体与新兴媒体的互动双赢。江西广电与江西联通联手，在IPTV、手机视频App等领域开展合作，共同开发数字化、网络化的公众信息服务平台。

四、新型主流媒体的价值实现

新型主流媒体在及时传递、解读权威信息之外，更多地表现出对社会信息的聚合、加工、分发能力，通过算法提升精准推送能力，具有强大的新闻生产能力与舆论引导力。新型主流媒体以服务用户为核心，以开放平台为功能转型，以产品迭代为支撑，在坚守主流思想舆论新阵地方面发挥重要作用[5]。

从定位来看，无论是传统媒体阵地，还是新兴媒体阵地，新型主流媒体都是党和人民的喉舌，具有其他类型媒体无法比拟的权威性、影响力、号召力、公信力。新型主流媒体从信息整合到价值引导都发挥着主导作用，传播主流意识形态，践行社会主义核心价值观。中央广播电视总台坚持社交化、移动化、视频化的发展方向，打造融媒体的"联合舰队"，2018年发布了24万条短视频，7000场移动直播，使主流媒体在舆论场上，具有更强大的引领能力。大型政论专题片《必由之路》在多个新媒体平台展开话题讨论，触达率连创纪录。2014年，《解放日报》全媒体采编平台上线，从技术上构建报纸和新媒体融合新闻生产流程，促进纸媒、网站、客户端三大平台一体化发展，通过短视频、交互式H5、数据新闻等新媒体形态传播正能量，弘扬主旋律。

从价值来看，新型主流媒体从舆论引导、突发事件报道到议程设置等，成为国家治理体系重要组成部分，成为社会主义核心价值观的新型传播平台。例如，《浙江日报》打造新型主流媒体传媒集团，以新闻资讯、数字娱乐和智慧服务为三大主线，探索"新闻+政务+服务"的商业模式，形成核心圈、紧密圈、协同圈三大新型主流媒体传播平台。核心圈包括浙江新闻客户端、浙江在线、浙江手机报等权威新媒体平台；紧密圈包括钱报网、大浙网新闻专区、边锋网新闻专区、边锋互联网电视盒子、云端悦读PAD客户端等传播平台；协同圈包括微博、微信等第三方网络应用和专业App为主的传播平台。

从内容来看，新型主流媒体通过各类平台着力于报道政治、经济、社会等各领域的重要新闻，成为历史发展的重要记录者，成为主流舆论、主流价值的传播者，坚持并引导社会发展的主流和前进方向，而不是片面追求流量、点击率、经济效益。新华报业传媒集团精心打造四款新闻客户端，即交汇点新闻客户端、扬子头条客户端、"爱南京"客户端以及新华财经传媒客户端，移动媒体新矩阵为用户带来全新的体验和感受。《南方日报》实现了主力军向融媒体主阵地转型，"南方+"下载量达到4700万，提升了精品内容生产能力，党媒宣传、立体传播、数据服务相辅相成，相得益彰[6]。

新型主流媒体的价值实现需要坚持移动优先战略。截至2020年3月，我国有9.04亿网民，其中手机网民达8.97亿，占比99.3%。在移动互联时代，新型主流媒体需要把新闻报道的重心转向移动互联网，让主流媒体借助移动网络，传播新闻信息，加强舆论引导，占领舆论阵地制高点。由于各级各类主流媒体的资源禀赋不同，向移动终端融合的路径、模式不同，可选择最合适的融合路径。其一是依靠自身品牌移动化转型扩张的路径。中央级媒体凭借资源优势与内容优势，创建云技术平台，供全国各类媒体、政府机构乃至企事业单位进驻，提供精准化服务。例如，中央电视台打造央视新闻移动网媒资共享平台，新华社建立服务全国的现场云新闻在线生产平台。其二是构建立体化的传播集群的融合路径。传播集群一般包括党报客户端、民生新闻客户端、财经新闻客户端等，发挥新闻资讯、政务信息、公共服务等多方面的功能，如上海报业集团的澎湃新闻、上海观察、界面等客户端矩阵。其三是通过云技术平台融合发展的路径。云平台成为省市县三级主流媒体聚合新闻报道、政务发布以及公共服务的智能服务平台，便于采编发联动，充分利用资源，聚集用户力量，节约运营成本。例如，湖北的长江云平台、江西的赣鄱云平台、天津的津云平台、湖南的新湖南云平台等。其四是主流媒体通过并购重组实现所有权集中的融合路径。并购重组可以避免同质化竞争，提高资源利用效率。例如，银川市、大连市、芜湖市等将广电媒体、报纸媒体与新兴媒体融为一体，实现资源重组。

总之，新型主流媒体的构建是一个结构性再造的过程。内容方面，需要形成一次生产、多平台发布、多重增值的融合新闻生产机制；平台方面，利用"三微一端"等新媒体平台与社交自媒体平台，实现跨屏跨界服务；组织机构方面，需要形成多终端多平台联动的组织架构；产业链方面，需要延伸产业链，多渠道传播；商业模式方面，要打造传统广告、有偿服务、电子商务等多种盈利模式。

参考文献:

[1]贺林平:《让主流声音深入6亿网民内心——媒体"融合元年"交出靓丽答卷》,《人民日报》,2015年8月20日,第9版。

[2]黄小希、史竞男、王琦:《守正创新 有"融"乃强——党的十八大以来媒体融合发展成就综述》,新华网,http://politics.people.com.cn/n1/2019/0126/c1001-30591625.html,2019年1月26日。

[3]肖叶飞、周美霞:《广播电视全媒体产业生态的特征与构建》,《声屏世界》,2018年第9期。

[4]蔡骐:《媒介融合时代电视媒体转型之路——以湖南广电的新媒体转型为例》,《现代传播》,2015年第11期。

[5]石长顺、梁媛媛:《互联网思维下的新型主流媒体建构》,《编辑之友》,2015年第1期。

[6]谭天、林籽舟:《新型主流媒体的界定、构成与实现》,《新闻爱好者》,2015年第7期。

(原载《编辑之友》2020年第7期)

"生产即消费"：5G时代电视产业场景转化与风险应对

王霞霞　　王笑梅*

摘　要： 5G时代的到来开启了电视产业发展新篇章，国内外电视产业相继加大5G技术新基建与超高清场景应用。低延时、大数据促使生产者与消费者互融，逐步产生"生产即消费"场景转化，将电视生产内容分化为超高清"巨屏"模式和互联网"小屏"模式。"云"端内容生产场景转化持续催生新业态，受众消费场景升级转变新思维。在技术逐渐占据主流的时代，"生产即消费"可能导致电视作品艺术性与版权性受挫、受众消费电视产品单一性与同质化并存的风险。因此，加强版权保护、激发创作动力、扩大实时数据推送范围、加大电视内容生产多元化、加强电视受众参与传播，成为合理有效的应对方式。

关键词： 5G电视；产业场景转化；生产消费

《文化和旅游部关于推动数字文化产业高质量发展的意见》指出："支持5G、大数据、云计算、人工智能、物联网、区块链等在文化产业领域的集成应用和创新，建设一批文化产业数字化应用场景。"2020年11月，国家广播电视总局印发《关于加快推进广播电视媒体深度融合发展的意见》，提出"全面加强内容建设与供给""强化先进技术创新引领""加快大数据创新应用""培育更高技术格式、更新应用场景、更美视听体验的高新视听新业态……加强5G、4K/8K……在全流程各环节的综合应用，抢占全媒体时代战略高地"。

国际电信联盟为5G定义了增强移动宽带（eMBB）、海量机器类通信

---

*作者简介：王霞霞，副教授，主要研究方向：文化产业、文化数字化。王笑梅，2022届广播电视硕士研究生，主要研究方向：广播电视。

（mMTC）、超高可靠低时延通信（uRLLC）三大应用场景。电视产业作为 5G 应用超高清视频领域，要想形成市场核心竞争力、吸引广泛受众群，需要借助技术手段不断催生内容创新场景化，从产业链上游内容生产到下游受众体验，以技术场景作为设计主流，助推电视产业在 5G 时代全面发展。同时，要敢于面对技术变革对电视内容的垄断风险，优化资源配置，平衡电视产业内容生产供需关系，促使内容生产与技术创新协调发展。

一、时代脉动：5G 技术下国内外电视产业发展现状

5G 技术已经成为全球技术共同体的发展目标，受移动通信技术发展目标和全球分工形成的各国组织及企业深度融合两个维度影响，5G 时代全球化统一标准的制定成为必然选择。

当前无论国内还是国外，电视产业的 5G 技术应用还都处于起步阶段。增强移动宽带作为 5G 三大应用场景中第一个正式商用的场景，应用于电视产业较为突出的场景体验是超高清视频。国际电信联盟发布的"超高清 UHDUltraHD"标准建议，将屏幕的物理分辨率达到 3840×2160 及以上的显示称为超高清。高分辨率技术为影像提供了更丰富的画面层次和更精致的画面细节，使其呈现出场景的立体感和空间感。从全高清到 4K 超高清、8K 超高清，画面每帧分辨率从约 207 万像素提升到约 3300 万像素。高帧率技术能够进一步提升影像的细腻度和流畅感，为观众带来更加舒适的观看体验[1]。

（一）国外 5G 技术下的电视产业发展现状

国外 5G 发展较为迅速的国家主要是韩国，韩国是第一个由政府倡导制定国家级 5G 技术标准的国家，且于 2019 年 4 月 3 日提前美国一小时成为全球第一个 5G 商用的国家。美国在 2019 年 2 月发布的《科学技术要点》中，5G 超越人工智能成为第一大要点。日本是世界上最早进行 5G 测试的国家。欧洲的移动通信技术研发实力较强，但由于市场规模太小，国家分割太多，不适宜 5G 大规模商用。英国、芬兰都在部署 5G 网络，摩纳哥虽然成为世界上第一个全国覆盖 5G 的国家，但欧洲整体进展缓慢。韩国、日本已开始实现 5G+4k/8k 超高清视频传播在电视领域的应用。2018 年 2 月，韩国平昌冬奥会对大部分比赛场景进行了

4K超高清直录回传。部分比赛场馆部署了边缘计算服务器，进行了4K超高清VR沉浸式体验和任意回看。日本NHK电视台完成了现场的8K摄制，第一次实现了大型赛事的5G超高清全方位直播。2019年5月，英国广播公司（BBC）使用华为设备，通过5G网络首次使用5G信号电视节目直播。

总体来看，5G作为一种新生业态，在国外各个国家尚处于生产试验阶段，受各种因素影响，5G技术下电视产业实现大规模生产应用仍需一段时间。

（二）国内5G技术下电视产业发展现状

从2010年开始，国家广播电视总局就开始提出对电视高清、超高清发展的政策和技术支持，到2018年首次上线4K超高清频道，中央广播电视总台与中国三大电信运营商（中国移动、中国联通、中国电信）及华为公司签署战略合作协议建设国家级5G新媒体平台，旨在开展5G环境下的视频应用和产品创新。2019年，工业和信息化部、国家广播电视总局、中央广播电视总台三部门共同发布《超高清视频产业发展行动计划（2019—2022）》，计划要求按照"4K先行、兼顾8K"的技术路线，大力推进超高清视频产业的发展。

2019年6月6日，中国发放了4张5G牌照，分发给中国电信、中国移动、中国联通和中国广播电视网络有限公司。中国广播电视网络有限公司得到了700MHz的优良频段。中国5G频段分配与全球同步，扩大市场规模的同时享受全球频段红利。中国广电运营5G虽然存在诸多挑战，但5G场景应用在体制上整合视频内容产业具有天然的基因优势，5G牌照为中国广电提供了整合运营的筹码[2]。

2019年8月，全球首台"5G+8K"超高清视频全业务转播车在北京进行了篮球世界杯"5G+8K"超高清转播。5G提供的大带宽可以解决通信问题，但大数据的实时存储转发需要边缘计算来辅助解决。多路超高清视频信号可以实现同时无线回传，这为进行全场沉浸360度直播、全景VR、用户互动等多种业务的开展带来了更好的现场感。在录制现场部署移动边缘计算服务器，通过本地分流、本地运营完成现场内容平台的整合，以更高的速率和更低的时延进行内容分发[3]。

二、内容分化：5G技术与电视产业"生产即消费"场景转化

一个完整的电视产业价值链包括电视产品上游创意生产制作、中游发行播映以及下游服务与消费等流程。电视产业的媒介市场主要包括媒介资本运营、内容运营、频道网络、广告和受众等几个环节。5G技术的应用场景促使电视产业链由"正向链条"向"逆向链条"进行转化，生产制作不再拘泥于主观情境，根据对消费者喜好、消费诉求、消费意愿等大数据分析，以及与其他智能产品在使用过程中数据搜索与智能电视相匹配，进行更为科学化、精准化、市场化的内容生产，进一步削弱上下游生产与消费之间清晰的产业界限。

（一）"生产即消费"下的电视内容生产呈现分化趋势

5G技术与大数据、边缘计算、人工智能等技术的紧密结合，将推动电视产业走向以超高清技术为代表的"巨屏经济"和以移动互联网技术为代表的"小屏经济"两种模式。内容传播与生产模式将在技术门槛、消费能力、内容深度、信息需求、内容溢价、思维模式和信息载量等维度上产生两极化变革[4]。在8K超高清技术赋能下的电视媒体"议程设置"能力逐步提升，从电视媒体端到网络新媒体端的信息流动势能逐步加强，节目内容从电视媒体的一级传播到网络新媒体二级传播的两极传播态势得到强化[5]。

1.超高清"巨屏"模式下的内容分发

超高清视频产业链可以分为设备厂家、服务商以及行业应用三部分。5G技术下产品即服务，超高清智能电视的销售本身只是内容的流转，电视厂商变成内容整合者以及智能电视应用平台运营者。在电视产品硬件的收入之外增加内容收入。厂商的核心竞争优势来自它的市场，即有多少存量的电视机用户组成的消费者网络。5G应用下消费倒逼生产的技术创新成为电视媒体转型的重要契机。

对于追求极致体验的精英化消费人群来说，作为高分辨率的8K电视，将成为5G技术下电视产业的主要应用。超高清"巨屏"内容体现的高门槛、深内容、超体验，将在8K超高清赛事直播、超精品化影视享受、高逼真内容体验等方面产生持续影响力，同时对8K电视内容生产制作与终端载体提出高要求。技

术赋能后超高清电视带给观众的膜拜感与仪式感，能够造就观众观看电视时的静观享受和大众狂欢两种审美体验。

电视的"屏幕化"催生内容产业的细分领域，包括游戏市场、视频分发市场、偶像市场和付费电视平台服务。细分化平台可以准确定位用户需求，建立符合群体喜好的平台组织。新闻、综艺、电视剧、体育等频道内容可以根据受众消费停留时间与个人喜好进行精准化服务生产。5G技术的发展推动了电视产业从传播层到服务层的业务演进，电视频道栏目可以依据细分受众消费群体建立服务化机制，重塑需求端内容生产。

超高清品质要求将导致电视媒体内容分发质量两极化态势加剧，头部星级卫视在技术及资金支持下持续提高内容生产质量，满足受众高品质、强体验观赏需求。地方卫视受资金、技术、内容空间等多重因素影响，内容分发质量及生产能力将继续下滑。

2. 互联网"小屏"模式下的内容传输

随着多频道网络（MCN）热潮的兴起，专业生产内容（PGC）和用户生产内容（UGC）正在走向合流，主流媒体越来越走向"账号化生存"，合流对内容生态的转机即"内容传受双方同步获益"。对于习惯"互联网+5G"的"小屏"内容用户来说，信息制作与传播的开放性和扁平化特点，将持续下放媒介话语权，以低门槛、前内容、强时效、大众化为主要特点，在眼球经济与粉丝经济模式下产生全民参与、全民共产、全民共享、全民话语的传播生态。

互联网"小屏"区别于"巨屏"具有便捷性、时效性、可移动性等特点，内容生产可直接根据受众消费喜好及数据分析科学研判，且内容生产制作传播与受众互动性更强。电视剧、电影和综艺是网络视频用户最受关注的综合视频节目类型。受内容产品质量不高、画面无超高清、专业化程度不高等因素影响，我国付费电视发展道路较为坎坷。互联网电视成为付费电视的主要服务平台[6]，尤其是年轻受众群体对"小屏"的独特青睐，激活了数字付费电视市场。竖屏剧、互动剧开始进入市场，影视剧、纪录片等行业市场增量显著，会员付费超前点播成为常态。5G技术赋能"小屏"经济模式下生产消费走向一体化，视听新技术将与"云"模式进行深度融合，增强"小屏"视听体验感，优化电视消费流程，缩短内容生产时间，扩大"小屏"电视类型受众规模。

（二）电视产业内容生产与受众消费场景转化

加拿大著名科学家厄休拉·M.富兰克林在《技术的真相》中谈论到电视、录像等图像创造出了包含密集的情感成分的新现实，新现实催生了一种"在场"感，即在一定程度的感知上，人们成了参与者而非观察者。爱德华·默罗的那句名言"你就在那儿"，促使听众相信他们以某种方式"亲临"国际新闻事件现场。旁观者在自身实际上并未在场且永不会在场的地点和场合中，产生了一种强有力的在场幻象[7]，5G技术的场景应用将进一步强化"在场"感体验。

丹尼尔的场景含义强调了对特定活动的共同兴趣、特定地点的特质和某个地点的美学意义[8]。把场景理论分为真实性、戏剧性和合法性3个要素及15个子维度进行科学解读。场景是能够表达氛围、情感、情绪，以及认同气氛的区域。对场景分析来说，一个主要的方法论就是找到方法将我们的主要间接指标，即舒适物（消费）转化成场景的衡量尺度。5G技术的嵌入促使电视产业场景转化成为可能。美学直觉、个人偏好和消费冲动，加速了受众体验不同场景及场景转化的过程。

1."云"端电视内容生产场景转化催生新业态

5G技术催生了电视"云综艺""云录制""云直播"等新兴业态。"云录制"综艺节目利用网络视频连线、Vlog短片和直播等新媒体[9]，借助5G、人工智能等数据存储、传输、共享、处理、编辑手段进行录制[10]。"云综艺"用跨屏互动的形式实现了节目嘉宾与受众的"云端聚会"[11]。云端电视综艺节目的创新，注重用户的家庭式观看体验，打破跨界融合的云平台中心，形成扁平化共享资源生产格局。通过加强智能分发流程及分众化营销手段促进节目内容的多极化传播业态。云综艺中主持人、明星、嘉宾等分处不同场景，即便时间有差异，只要通过Vlog、视频连线等方式组合起来，就可以实现场景蒙太奇的虚拟聚会[12]。

5G技术促使新闻采集更加精准、新闻生产更具时效、新闻分发更加高效。人工智能可以辅助记者完成对互联网海量数据的抓取、处理、分析工作，记者甚至可以通过数据洞悉事物的发展规律和趋势。新闻工作者们可以根据预先设定的数据模型，利用算法程序自动抓取新闻关键信息，自动生成新闻报道。随着传感器等设备的升级，终端设备对用户反馈的捕捉可以深化至生理层面，如视觉停留时间等生理数据。基于这样的数据库，根据用户习惯来进行新闻分发的方式将使投放更加精准，算法分发的应用场景将更加多元。新闻媒介可以尝试"编辑把关"与"算法推荐"相结合的新闻分发方式，将目前的"平面呈现"方式改为"信息流"呈现方式[13]。受众可以更加全面清晰地感知新闻场景内容。

在信息交互的互联网情境中，传统的移情式审美进化为沉浸式、体验式、通感式的审美体验，场景之间的情绪共振和情感共鸣是场景传播的核心机制[14]。5G 技术能够替代以往复杂的线路系统进行直播，其良好的便捷性、高效性和互动性让超高清直播成为常态，大量的新闻现场、大型活动的前方进展、体育赛事的特殊视角都可以进行"云直播"，且低时延与高可靠性通过超高清电视同步窗口与世界产生强联结。"云综艺"的场景空间与互动对象可以扩展至社会中的每个群体，场景转化更加灵活自如，受众的互动参与体验感更强。"云录制"能够拉近电视媒体与受众之间的距离，且受众既是内容的消费者，同时也可以成为内容的生产者，实现身份场景多元转化。

2. "视听"屏幕受众消费场景升级体验新思维

5G 技术下视频的呈现方式将从单向输出变为双向互动。视频点播系统将会与 AI、大数据、人脸和语音识别技术相结合，可以获取每个用户的视频浏览特征，仅推送用户可能喜欢的内容，创造"轻页面、轻操作"的视频点播新模式。5G 技术下的"视听+"改善了受众消费场景，沉浸式体验、专业化内容可以激发受众消费冲动，满足个人对舒适购物的需求。

场景将人与物、人与技术、人与人等多重关系卷入新的传播空间，催生了新的消费方式和交往方式。视听媒介下场景化营销、场景化体验形成新的传播、消费、社交、活动等生活方式。5G 数字技术下场景可以分为应用场景和消费场景，媒介传播只有在应用场景中寻找媒介与受众的连接点，搭建社群传播路径，才能抢占场景传播的市场份额制高点[15]。电视内容制作要符合受众视觉与听觉的创新与刺激感受，受众有愿意沉浸其中的兴趣冲动，通过数据推送深入用户内心偏好，从而达成场景升级与消费意愿。

5G 时代需要一种创新思维——水平思维模式。水平思维是一种"以非正统的方式或者显然的、非逻辑的方式来寻找解决问题的办法"，水平思维的方式主要为"多向水平定义问题，在问题解决前有其他更改方式或途径"。电视产业不仅要考虑受众新鲜感与好奇心，更要注重内容的持续生产及产品的日益创新。以"消费即生产"的逆向思维进行内容创作，在8K超高清视频中提升场景质量与氛围，加强大小屏场景互动，便捷用户消费习惯，创新用户消费设置，体验5G技术下新视听场景理念与用户消费思维。

三、技术垄断：5G 时代下电视产业"生产即消费"潜在风险

尼尔·波斯曼强调人文精神、人文关怀，批判技术崇拜，拒绝向技术投降。他在《技术垄断：文化向技术投降》里宣告："人类进步的故事是一个乐观主义的故事，并非没有苦难，但占主导地位的是令人震惊的一次又一次的胜利。"[16] 从工具使用文化阶段到技术统治文化阶段，技术开始向文化发起攻击，再到技术垄断阶段，技术的突飞猛进，使信息的膨胀失去控制。5G时代的电视艺术"赋能"效果初现，智能主持人惟妙惟肖，智能记者、智能编辑无所不能，智能舞美炫目逼真[17]。技术犹如一把双刃剑，既能带来视听盛宴与娱乐便捷，又要注意防范"生产即消费"产业模式下可能存在的风险。

（一）电视内容生产的艺术性与版权性受挫

在传统的生产方式下，生产者决定产品，消费者只需结合自身需求产生消费行为。这种方式即先生产后消费，这种生产方式导致生产与需求相分离，生产与消费之间不对等。经济社会的发展促使消费决定生产，可视化消费需求成为推动生产的重要指标。

5G技术的发展和数据分析能力的提升，迫使电视媒体以消费者为主导，追求受众的数量和质量。作为电视主体的创作行为会受到市场审美需求的影响，着眼于自我和他者的审美需求进行"议程设置"。在技术匹配的条件下，"消费即生产"以实现最佳市场效果。然而，在"需求—认同"的逻辑思维下，技术主导容易产生虚假需求，使创作者迷恋于形式而忽视电视内容的创作。5G技术带来的实时市场反馈迫使内容生产者迅速纠正错误，但缺乏时间沉淀和审美引导，导致电视内容生产的艺术性逐渐下降。

5G技术与人工智能、大数据等技术相结合，机器根据生产者输入的要素或

模式，在庞大的资料库中总结提取与之相匹配的特征，根据这些特征提取各种资料元素进行新的组合或新的延展。资料库的版权属性未能进行合理区分，导致提取资料过程中不可避免会涉及侵权等问题。版权主体的不确定性导致电视内容产品版权产生争议。

5G技术的发展不仅推动了电视内容生产的日益丰富，同时由于对时效性和传播广泛性的追求，导致电视作品在艺术与技术之间寻求平衡。技术的增强虽然能够扩大艺术表现空间，但过度关注技术可能会削弱作品的艺术表达。此外，在5G新技术环境下，版权属性和监管制度仍需进一步完善。

（二）电视受众消费的单一性与同质性并存

5G采用的是全新的网络架构解决方案——网络切片，并引入了SDN、NFV等技术来支持不同应用场景下的差异化需求。这些技术一方面使网络更加灵活，另一方面，也使网络边界变得更加模糊，进而带来新的安全风险。在电视产业运营过程中，以消费为核心的数据生产会涉及大量用户隐私数据，安全性进一步受到挑战。

5G技术提升了电视受众的参与性与互动性，电视受众审美接受是出于某种需求对电视艺术节目进行有选择的符号认知，并由此进入情感同化、价值内化和行为外化的动态过程。受众在层次、喜好、认知等方面的差异导致数据推送的内容变得轻质化，受众被动接受的"小屏"媒体推送内容呈现出同质化的趋势。长此以往，这种趋势就会演变成为流量表征。在电视内容过度追求流量的市场体系下，会导致受众审美导向的趋同，不利于电视多元文化艺术的繁荣发展[18]。

电视受众消费选择分为主动与被动两种形态，在海量信息时代，主动选择基于流量与口碑效应，被动选择则依赖于数据化的流量推广。两种形态会导致受众消费选择的单一性。法兰克福学派认为大众文化扼杀了个性与创造性，同质性的文化限制了人的思维想象能力。大众化电视节目日渐形成程式化发展态势，小众化电视节目逐渐被市场所淘汰。在电视广告等收入逐步下滑的态势下，市场流量成为必然选择。创新的代价与成本逐步增大，从而导致创新越发困难。

四、未来可期：5G技术下电视产业"生产即消费"应对措施

5G技术对生产者与消费者来说都是一次全新体验，技术逐步占据垄断地位的时代浪潮下，技术的便捷性增加了产品与用户的风险。技术性安排会减少乃至消除互惠。麦克卢汉认为现代媒介能够提升控制空间的能力，缩减信息发送与接收之间的时间差[19]。5G技术在面对风险时要掌握时间与空间的应对措施。

（一）激发版权保护创新动力，加强电视内容生产多元化

电视产业作为文化产业的重要部分，要正确处理好社会效益与经济效益的关系，坚持把社会效益放在首位。数字经济时代，海量电视产品与低廉的盗版成本，迫使版权保护的任务更加艰巨。无论是超高清巨屏模式还是互联网小屏模式，生产内容都需要版权保护。电视产品的直播性与实时性受人为因素影响较大，要加强5G技术下电视产品数字版权保护力度与传播监管。尤其要注意对涉及侵权行为人在电视媒体中的责罚力度与价值引导，避免流量至上论和粉丝决定论的错误传播导向。

电视作为一种"全息化"信息传播媒介，既包含电视新闻等媒介传播形态，又涵盖电视综艺节目、电视剧、电视纪录片等艺术表现形态。5G催生的4K超高清直播技术能够促进电视新闻实时直播的客观表达，减少创作者的主观情绪。智能综艺节目、超高清电视纪录片的技术表现对艺术的真实性提出更高挑战。电视文化内容生产要经得住时间与空间的双重检验，既要尊重媒介受众的喜好与选择，又要注重电视艺术的创新与多元，借助5G技术创造出关注现实的多重电视艺术作品。

（二）注重电视作品艺术表达，平衡艺术作品应用技术化

电视艺术与技术发展相互交融，电视艺术作品的实现必然受到技术载体及水平的影响。电视艺术作为一种以电视为传播媒介的机械视听艺术，大众传播媒介属性是其重要特点。现代大众审美水平的日益增高及审美趣味的逐步增强对电视作品的艺术内涵提出更高挑战，电视不仅是一个承载信息的渠道和工具，它还承载着一定的价值和社会功能。要坚守电视艺术审美主体性的核心理

念，注重艺术本体的内涵表达。

5G技术的发展为电视艺术的表达带来了更多的技术自由。电视的文化身份和文化品格，不仅为大众提供了丰富的文化读本，还能够产生深远的文化效应，这些都塑造了电视艺术的文化生存图景。在技术的进步下更要注重电视文化的含金量，平衡电视艺术与技术之间的关系。既要看到电视艺术作品在5G技术应用领域带来的先进性与传播的便捷性，也要坚守电视艺术的本体性和文化性，强化电视艺术的文化价值和艺术魅力，避免形成盲目的技术崇拜和"形式等于内容"的自娱自乐。

（三）扩大实时数据推送范围，加大电视受众参与传播性

5G时代的电视产业是超高清、智能化、实时性的全新内容大生产体系，这种新型生产体系下生产与消费互融，受众同时成为传播者。大数据时代可以通过数据流量监测实时了解受众动态，根据受众喜好的电视节目类型进行相同节目的程式化创作，并实时推送给受众，直至受众过度消费产生审美疲劳。因此，5G技术下可以拓宽实时动态推送范围，丰富受众审美视野，培育受众多元电视艺术消费层级。

电视文化作为具有广泛受众群体的大众文化，观众口碑成为节目质量优劣的重要评判标准。智能网络终端加快了电视节目传播速度，超高清画面提高了电视作品质量要求。电视创作者可以利用"云平台"加强受众互动参与，借助受众实时传播力扩大电视产品消费空间。5G低延时下电视媒体要发挥更大的传播优势，永葆电视文化创作活力。"消费即生产"，让受众成为电视文化生产与传播的重要参与力量。

五、结语

5G时代为电视产业发展提供了多种生产可能性，为受众带来了超高清的视觉盛宴。"生产即消费"让受众对产品的需求不再延时。电视艺术生产者要把握住5G技术发展脉络，巧妙地将其应用于电视作品的场景转化中，同时要警惕作品版权与技术版权之间的界限。电视作品的消费者要形成个人主张与思考，拒绝被数据化的审美趋势所引导，客观公正地传播优秀的电视文化，强化电视

艺术的本体属性，坚守其作为大众传播媒介的基本属性。正确处理电视艺术与5G技术的关系，合理有效配置资源，避免资源浪费，注重先进文化资源的创新与创造性艺术表达，为电视产业的高质量发展树立正确的标杆。

参考文献：

[1]刘耕、苏郁：《5G赋能行业应用与创新》，人民邮电出版社2020年版，第174页。

[2]陈志刚：《5G革命》，湖南文艺出版社2020年版，第5—6页。

[3]孙松林：《5G时代经济增长新引擎》，中信出版集团2019年版，第219—234页。

[4]陈响园、刘鑫：《8K电视可能的困局与机遇》，《编辑之友》，2020年第8期。

[5]胡智锋、雷盛廷：《技术驱动下的审美、媒介、接受——对8K超高清电视的观察与思考》，《编辑之友》，2020年第4期。

[6]日本野村综合研究所：《5G重塑数字化未来》，闵海兰、陶培译，浙江大学出版社2020年版，第155—183页。

[7]厄休拉·M.富兰克林：《技术的真相》，田奥译，南京大学出版社2019年版，第54—55页。

[8]丹尼尔·亚伦·西尔、特里·尼科尔斯·克拉克：《场景：空间品质如何塑造社会生活》，祁述裕、吴军等译，社会科学文献出版社2019年版，第1—3页。

[9]邵婉霞：《"云综艺"制播模式创新策略》，《编辑之友》，2020年第8期。

[10]田园：《电视节目"云录制"的传播学审视——基于对中央广播电视总台"云录制"实践的观察与思考》，《电视研究》，2020年第7期。

[11]王艳玲、刘琪：《融媒体时代"云综艺"的瓶颈及创新路径》，《中国电视》，2020年第11期。

[12]孔令顺、范晶菁：《云综艺与微综艺：无奈之举还是潮流之趋》，《中国电视》，2020年第7期。

[13]翟尤、谢呼：《5G社会：从"见字如面"到"万物互联"》，电子工业出版社2019年版，第172—184页。

[14]刘国强：《场景体验和临场叙事："云综艺"的传播仪式观》，《当代电视》，

2020年第6期。

　　[15]刘桂茹:《场景的"再场景化":新媒介时代文创街区的媒介形象建构与传播》,《福建论坛(人文社会科学版)》,2020年第2期。

　　[16]尼尔·波斯曼:《技术垄断:文化向技术投降》,何道宽译,中信出版集团2019年版,第21—53页。

　　[17]曾静平:《中国电视艺术:从2G到5G》,《中国电视》,2020年第1期。

　　[18]李景平:《人工智能深度介入文化产业的问题及风险防范》,《深圳大学学报(人文社会科学版)》,2019年第5期。

　　[19]詹姆斯·凯瑞:《作为文化的传播》,丁未译,中国人民大学出版社2019年版,第105页。

（原载《北京文化创意》2021年第2期）

安徽县级融媒体中心发展策略

杨 帆 彭志全[*]

摘 要: 安徽省县级融媒体中心建设应立足本土文化和"人""财"。课题组对皖南、皖北、皖东、皖西、皖中等地的7个县进行实地调研发现,要实现媒体与人的融合,贯通新闻业务,打造新媒体矩阵,必须从顶层设计入手,推进媒介共栖与媒资共享,加大改革力度配套"人""财"政策。

关键词: 安徽县级融媒体;本土文化特色;公益性平台

2018年11月14日,中央全面深化改革委员会第五次会议通过《关于加强县级融媒体中心建设的意见》,提出组建县级融媒体中心,有利于整合县级媒体资源、巩固壮大主流思想舆论[1]。

2018年12月起,安徽省"县级融媒体中心"相继挂牌。融媒体中心成立后的首要任务便是加快媒体与人的融合,实现新闻业务贯通,打造新媒体矩阵。此后,安徽省融媒体中心建设基本上实现了媒体平台间的融合,信息内容传播也在向"一次采集、多元发布"的新"采编发"流程推进。

2019年6月至11月,调研团队先后赴皖南、皖北、皖东、皖西、皖中等地的7个县级融媒体中心,通过对融媒体中心主任、部门负责人访谈,实地调研中心基础设施建设情况以及参与到全媒体记者的采访、报道、直播整个环节中的方式,对省内县级融媒体中心建设的资金投入、平台搭建、业务创新、人才培养与引进、机制构建以及网络安全和网络运营维护等方面进行了详细考察。

---
*作者简介:杨帆,讲师,硕士生导师,主要研究方向:县级融媒体、乡村传播。彭志全,2020届新闻传播学硕士研究生,主要研究方向:马克思主义新闻观、新闻实务。

县级融媒体中心如何发展，学界与业界进行了多维讨论[2]。要搞活县级融媒体中心建设，首先要从机制体制改革上下功夫，狠抓业务能力和创新能力。

一、县级融媒体中心发展的主要问题

科技创新与互联网带来深度的媒介融合，传统媒体与新媒体边界日益模糊，社交媒体的兴起、大数据与可视化新闻以及算法推荐等都对传统媒体的新闻生产与传播产生了颠覆性影响。县级媒体作为国家传播格局"最后一公里"，其重要性不言而喻，但资金投入、人才培养、技术革新等方面仍存在诸多不足。

（一）定位不清

1.内容同质化

县级融媒体中心建设目前存在一个较为突出的问题，即容易陷入"大而全"的认知陷阱，不同业态的媒体功能建设重复性较高，定位模糊，同质化现象严重，未形成基于本地的特色化传播。

缺乏优质的原创内容是目前县级融媒体中心普遍存在的问题[3]。而定位不准确、功能杂而多在手机台的建设上尤其明显。县级融媒体中心在建设之初纷纷建立手机客户端，力图将政务服务与社会服务同时纳入其中。以订酒店为例，手机平台的订酒店功能，必须通过引进第三方软件如携程等来实现，但这种做法从用户习惯以及用户体验角度来看，都很难形成稳定长效的社会服务机制。

因此，内容繁多的社会服务不仅难以充实平台内容，还会让平台建设略显臃肿。同时，接入口增多，也会使得平台一定程度上忽略特色化建设，偏离服务精准化方向。第三方软件内置于手机台的方式，从目前的多数县级融媒体中心的流量以及使用次数上看，并不能培育使用手机台的用户。而带有当地特色的服务如社区、交友、维权曝光等与本地生活密切相关，则能够带来更多吸引力。

2.信息形式单一

从调研的情况看，各区县融媒体中心都在朝着"一次采集，多元发布"的目标推进工作。皖北A县的"融心"工程、F县的全员采编等都是县级媒体推进信息传播集约化的创新尝试。除极少数外，全省的县级融媒体中心都实现了集中办公，信息互动也更加畅达。多数县级融媒体中心基本上能够实现全媒体记者一次完成信息采集任务。对于一线记者采访到的信息，编辑部经过处理，制作出传统纸媒、电视台、广播台以及新媒体平台需要的信息。

全媒体时代技术革命使得信息传播不再局限于传统的传播方式。智能语音、短视频等新媒介传播方式作为新型传播手段不断冲击着传统媒体。在对省内多个县级融媒体中心进行访谈时，相关人员表示，由于人员等原因，目前还未在其他自媒体平台上进行内容生产。信息传播形态还没有达到真正意义上的融合，或者说目前仅适应了传统内容生产的需要。

多元化发布要求做到根据不同平台的特色，将记者采集的新闻信息或者社会消息生成不同形式的内容进行发布。但现阶段县级融媒体中心的内容生产，仍有大部分拘泥于传统的生产模式，将同类信息分发到不同平台，在内容加工上更多的是浅加工而非深加工。同一条新闻尤其是政务新闻，稍加改换或不加改换发布在不同的媒体上，对新技术如H5等应用较少。公众在不同平台获取信息时就会有似曾相识的感觉，这对平台建设并非利好。

（二）平台入驻

安徽省县级融媒体中心于2018年12月陆续挂牌。多个县级融媒体中心的实地调研结果显示，各地发展不均衡，推进程度差异较大。建设之初，县级融媒体中心形成了三个利益主体，即省级主流媒体、IT技术企业、县级宣传部门[4]。调研发现，省级媒体平台是建设的主动推动者和倡导者。安徽省的海豚云（安徽广播电视台）、广电云、媒体云（安徽新媒体集团）、芜湖传媒云（芜湖市媒体集团）等纷纷主动与县级宣传部门对接，频繁召开产品展示会、融合研讨会、平台推进会。

县级融媒体中心的建设过程，也是省级、市级、县级平台三方竞争合作博弈的过程。自2017年相继建立手机台起，多家县级融媒体中心就开始通过举办线上线下活动等方式吸引用户。2019年开始，上级部门要求必须用省里面的数据平台，但配套政策没有到位，已有手机台的县级融媒体中心积极性不高。因为一旦更换平台，数据资源这一块就要从头再来。在上级政府部门没有明确指示以前，县级融媒体中心建设工作曾一度陷入了短暂停滞状态。

（三）本土文化

原创内容是县域媒体的核心产品。县级融媒体中心本质上是一个内容平台，需要结合县域文化特色对群众进行有效引导，形成多元主体参与内容生产的传播生态。目前，县级融媒体中心内容发布原创度开始提升，但用户生产内容（UGC）活跃度却呈现出较低的态势。在内容生产上，县级融媒体中心仍以政务新闻为主，与受众的互动性较弱。调研发现，部分县级融媒体中心过于关注政府新闻，忽略了对当地文化特色的挖掘。这对于融媒体中心吸引用户，增强传播力度与效果，建设具有地域特色的媒体平台十分不利。

利用当地文化特色进行信息传播不仅会带来用户流量的增长，也会带来当地产业经济的增长。部分县级融媒体中心正在加快挖掘当地文化特色，作为内容生产与服务的重要抓手。在传播方式上，仍以自身平台上的信息发布为主，尚未实现借船出海，即借助今日头条、抖音、快手、百家号等内容平台进行内容生产。这些平台聚合内容并精准分发，是强大的信息发布终端。但目前安徽省县级融媒体中心对这些拥有巨大流量平台的利用还不够，从文化推广的角度看，难以将具有地域特色的本土文化扩散出去。

（四）人、财问题

资金不足与人才匮乏是县级融媒体中心发展的现实困境。

1.资金不足

"随着全媒体时代的到来，各级广电媒体都面临着人力成本增加、设备升级换代等硬性资金投入"[5]的难题。受制于当地经济状况及上级重视程度，各县拨款差异大。截至调研结束，最高的 D 县已拨付 700 万元，W 县仅到账 56 万元，其余各县则在 140 万元至 430 万元不等。

B 县融媒体中心就是政府全额拨款型，调研小组在皖南 B 县融媒体中心了解到，近几年来广告收入大幅下滑，每年只有十几万元。融媒体中心的建设需要大量资金投入，从演播厅到技术硬件设施，动辄都是百万起步。广告带动不奏效，政府扶持也不是长远之计，从实践来看，县级融媒体中心建设应该双管齐下，增加财政资金投入的同时，增强自身"造血"功能。

2. 人才匮乏

调研结果显示，年轻人技术能力强，工作任务重，但分配制度却未明显向他们倾斜，甚至出现工作量与工资倒挂的情况，造成一线人员动力不足，人才流失严重。有3家县级融媒体中心表示其新媒体人才已被挖走2—3人，使得新媒体业务的开展更加捉襟见肘。以F县为例，县融媒体中心共有在职人员62人，其中，新闻系列副高职称1人，中级职称19人。从现有人员专业背景看，新闻与文学类科班出身的人才稀少。一线记者更多地是由老记者在实践采访中带出来的，专业素养缺乏全面历练。在一线记者队伍中，92%以上曾经从事传统媒体宣传报道工作，仅有不到8%的记者曾经接触过新媒体，全媒体专业型人才严重缺乏（表1）。

表1　2018—2019年各县计划引进与实际引进人数

	A县	B县	C县	D县	E县	F县	G县
计划引进人数	4	13	6	12	10	10	10
实际引进人数	0	0	0	0	0	0	2

人才难引难留，问题在于：一是上升渠道狭窄。县级融媒体中心是地方县级媒体单位，体量较小，上升空间不大，并且人员晋升要求较为严格。二是奖励机制缺失。县级融媒体中心对于记者的稿费、绩效奖金等激励较少，部分融媒体的绩效奖金等停发。三是薪资待遇偏低，缺乏绩效和奖金。县级融媒体工作人员的底薪工资难以满足日常生活需要。目前看，配套的考核及薪酬激励机制尚待完善。媒体融合之后一线记者、审核编辑等也需要提升相应的工作技能，以应对新业务。

皖中C县融媒体中心负责人表示，目前融媒体中心关于"人的融合"实际情况并不理想，没有形成真正具有融媒意识的团队，存在进人难、评职难、工资低等问题。C县融媒体中心主任认为："媒体融合需要过程，首先是思想上的准备，要从面貌到作风，再到成效，一步步转变。"

二、媒介共栖与在地经验相结合

就调研情况看，7家县级融媒体中心有2家起步较早，1家行政包袱轻发展快，其共同特点是领导班子接受新事物能力较强，融合程度较为深入；其余4家尚未真正起步，只是合署办公"各干各"，还处在观望阶段。

（一）确保资金到位

大多数县级媒体采用的都是全额拨款或差额拨款[6]。县级融媒体中心的功能和定位决定其工作重心是以舆论引导为主，如果完全推向市场，必然会弱化其职责使命和公益性质，也不符合媒体的功能定位。专家建议，应加大县级融媒体中心前期建设的资金扶持力度，减少不必要硬件的投入，确保有效硬件的改造。重点考察融媒体中心主任人选的创新能力、改革魄力以及新媒体业务能力，优先从年轻干部中推选。

安徽省县级融媒体中心大多由几个不同单位合并而来，实力弱且分散；单位性质既有定为公益一类的又有公益二类的，甚至还有自收自支的公益三类。从业人员既有事业单位身份，又有企业身份，且人员冗杂，融媒体中心普遍负担较重。而县级政府尤其是落后地区的财政财力不足，难以提供充足的财政资金支持。

深化机构、人事、财政和薪酬方面的改革，需要树立管办分离机构改革理念，进行宣传部、网信办、融媒体中心三个机构职责交叉部分确权；以机构合并为抓手快速推进人事改革，通过多种有效方式使人员精干高效，同时妥善解决好富余管理人员转型；确保资金保障，对公益性职能全额拨款，同时允许服务性职能进行市场化运作、企业化经营；完善薪酬激励机制，推行积分制绩效标准。

（二）入驻平台不必"一刀切"

建设县级融媒体中心，关键是实现"融"。"融"的第一步是实现平台的融合，接下来就是不同媒体之间的相互融通。技术与平台是县级融媒体中心建设的核心问题。目前主要平台入驻模式主要有三种：一是县级融媒体中心自行寻找外部平台进行合作；二是与当地省市专门搭建的平台合作；三是利用自身的技术资源搭建平台，开展自我运营。

一般来讲，自建平台更适合经济实力雄厚的地区，安徽省目前匹配度并不高。调研发现，部分县级融媒体中心对入驻平台问题颇为迟疑。在这一点上，应尊重过往，入驻平台不必"一刀切"。调研小组认为，平台合作并非朝夕之事，每个县应根据已有条件选择入驻平台，避免媒体资源重复建设和浪费。已有合作如果进展顺利，应当鼓励继续合作。若强行变更入驻平台，势必影响该媒体流量及用户忠诚度，进而损伤相关县区融媒体中心建设的积极性。

（三）信息服务要深掘"在地经验"

从构建现代传播体系的视角看，县级媒体具有得天独厚的本地传播资源，是与基层民众直接互动的通道。由于基层传播格局的变迁，县域用户成为互联网最大的增量群体，以土味文化为代表的泛娱乐社交已经对城市形成包围之势。但不同县域社会环境孕育的传播需求和传播空间不同，县域社会发展的目标和路径也不尽相同。

利用当地文化特色来进行信息传播不仅会带来用户流量的增长，也会带来当地产业经济的增长。毕竟原创内容才是县级媒体的核心产品。融媒体中心本质上是一个内容平台，需要结合县域文化特色进行有效引导，形成多元主体参与内容生产的传播生态体系[7]。但在现实情况中，县级融媒体中心 UGC 活跃度一直不高，其主要原因在于，内容生产上，县级融媒体中心多以政务新闻为主，而这方面的信息，若非重大新闻，一般很少会引起群众注意。调研小组也发现，有部分县级融媒体中心过于关注政务新闻内容建设，忽略了挖掘与当地文化特色相关的传播内容，弱化了县级融媒体中心在吸引受众、增强传播效果、建立本土化媒体平台方面的价值。

三、媒资共享与多向联动相结合

各区县融媒体中心的成立需要整合现有的新闻策划、采编力量，实现"1加1大于2"的效果。各个部门要做到业务内容共享融合，打破原来的电视、广播、报纸等各个媒体记者编辑畛域区分，成立全媒体新闻采访部、全媒体新闻编辑部，实现"策划、采访、编辑、发布"一体化管理。

（一）由内容共享到多维发布

在融媒体背景下，多种传播模式的融合是助力县级融媒体中心发展的首选。

新媒体平台的直播作为其中一种融合手段，直接推动传统媒体广电技术向融合媒体技术转变。皖北F县积极尝试多媒介融合、多渠道传播，顺应当下从"看电视（报纸）"到"玩手机"的趋势，在多向联动的功能融合中，致力于媒体引领、人文关怀、社会公益和便民服务，通过数字智能的兼容并蓄释放综合效应。

助力县级融媒体中心发展除了直播还有其他形式，如A县策划拍摄的"我爱你中国"大型快闪活动。视频推出后，新华网、人民网、凤凰网、新浪网、网易网等众多门户网站及微博纷纷转发，掀起网络轰动。视频发出当天，省委宣传部即主动联系，要求上传"学习强国"平台。B县手机台首推新媒体助力"文明城市创建"、电视媒体持续跟进的融合做法，通过随手拍曝光不文明现象和行为，把一些不能解决的问题反馈给相关单位和社区，起到了很好的舆论监督作用。

加强"公共库"建设。记者采访后写出的新闻稿件、拍摄的图片、音视频材料，第一时间上传至融媒体平台公共库，各媒体平台根据各自平台的发稿需求与特点，从公共库中选取所需内容，进行二次加工和特色发布。每一种用稿媒体和每一名工作人员在传稿、修改、采用、再修改、再编辑、最终使用等各个环节全程留下"痕迹"，便于出现问题"依迹寻踪"和改进工作。如遇重要事件、重大活动，各媒体按照管理员统一指令集中发声。进入平台的各媒体在运行上是独立的，在信息上是连通的。各媒体既可以将自己采集发布的重要信息，包括文字、图片、视频等内容，放入平台公共库，让其他媒体分享，拓宽信息传播渠道提升传播效果，也可将公共库内已审核通过的其他媒体信息，在自己的媒体平台上公开发布。这样可以在提高自身信息发布量的同时，解决传播内容单—的问题，打通报纸、电视、电台的传播界限，形成文字、图片、视频、音频等相融合的融媒体产品。

（二）从平台共享到有序合作

县级融媒体中心应该落实国家治理体系与治理能力现代化这个改革总目标，站在更高的县域治理高度并在更大的智慧治理范围内考虑这个问题[8]。县级融媒体中心不仅仅是一个媒体中心，更是坚持正确舆论导向、引领新闻舆论、传播新时代中国特色社会主义先进文化的信息平台，引领社会新风的育人平台，开展全方位政务服务的网上办事平台，提供多领域民生服务的便民利民平台，创新传播手段的新技术应用平台，服务经济发展的招商引资平台。

目前，安徽省县级融媒体中心全部挂牌成立。部分区县开始筹备传媒集团，将传播与经营相结合。如A县融媒体中心实行党组领导下的企业经营及按劳分配模式。融媒体中心负责传播工作，归口县委宣传部；传媒集团负责经营活动，实行企业化管理，资产权归县政府，由国资委监管。融媒体中心和传媒集团同属于一个党组领导，传媒集团的内容导向由融媒体中心负责把关。

县级融媒体中心建设的前期，报纸、广播、电视、微博、微信等媒体机构各自为营，报纸管报纸的、电视台管电视台的。县融媒体中心挂牌成立之后，首先要做的就是组织机构的有机融合，将电视台、广播台、报纸等媒体机构进行人员、机构、资金的融合重分。统筹县区媒体资源，将广播、电视、微博、微信、报纸等不同媒体信息资源融为一体，打造传播形态多样、传播手段先进、竞争优势明显的新兴媒体机构。

皖南E县在县级融媒体中心建设之初，合并广播电视中心、报刊等媒体于一体，优化后的组织框架内设机构14个，分属融媒体行政服务中心、融媒体新闻资讯中心、融媒体技术保障中心、融媒体营销策划中心四部分。融媒体行政服务中心下设综合办，主要负责财务和人力资源方面的问题，协调各个部门之间的运行。融媒体新闻资讯中心下设融媒体新闻指挥中心、总编室、全媒体采访部、广播编辑部、电视编辑部、报纸编辑部、新媒体编辑部、社教部、播音部，是融媒体中心的核心部门，主要负责内容的生产和发布。融媒体技术保障中心下设技术服务设备管理部、播控发射部，主要负责融媒体中心的技术保障。融媒体营销策划中心下设广告经营部和活动策划执行部，主要负责策划活动并与其他部门进行配合做好各项业务。A县融媒体中心的各个部门将原有部门打散重组，保证各个媒体充分发挥作用，更有效率地完成自己的工作，真正实现组织框架的优化。

四、结语

媒介融合对媒体产业的生态结构影响深远，从内容生产到信息编辑再到传播方式，概莫能外。这对县级媒体而言既是机遇也是挑战。县级融媒体中心位于传播神经系统的末梢，在资金、技术、人才等方面都处于弱势，但同时也最贴近新闻现场，与用户距离最近。县级融媒体中心建设既是媒体建设工程，也是媒体改革工程，既要在舆论方面发挥引领作用，又要"沟通、协调不同民族、不同种族、不同地区、不同职业以及不同群体之间的关系，缓解社会冲突，消除矛盾，在社会规范的原则基础上齐心协力"[9]。县级融媒体中心应积极发挥自身优势，挖掘在地经验，构建媒介共栖的生态环境，实现媒资共享的传播格局，打破僵化思维，打通传播的"最后一公里"。作为基层融媒体发展的核心要素，县级融媒体中心的工作者要努力提升自身素养，提高内容生产与运营管理能力，将传播与经营相结合，讲好本地故事、传播中国声音，积极探索县级融媒体中心发展新路径。

参考文献：

[1]谢新洲：《县级融媒体中心建设的四梁八柱——融合、创新、引导、服务》，《新闻战线》，2019年第2期。

[2]沙垚：《资本、政治、主体：多元视角下的县级媒体融合实践——以A县融媒体中心建设为样本的案例研究》，《新闻大学》，2019年第8期。

[3]谢新洲：《扎实抓好县级融媒体中心建设》，《民主与科学》，2019年第2期。

[4]韩鸿、丁继楠：《县级融媒体中心建设面临的问题与破局方向》，《电视研究》，2019年第5期。

[5]宋敏：《探索县级融媒体发展路径——创新推动融合之变》，《传媒论坛》，2019年第14期。

[6]蒋小云：《县级融媒体中心建设理念辨析》，《中国报业》，2019年第11期。

[7]李彪：《县级融媒体中心建设：发展模式、关键环节与路径选择》，《编辑之友》，2019年第3期。

[8]胡正荣：《融媒体中心建设与智慧全媒体生态》，《北方传媒研究》，2019年第2期。

[9]李良荣：《新闻学概论》，复旦大学出版社2009年版，第130页。

（原载《安庆师范大学学报（社会科学版）》2020年第6期）

新闻教育

全媒体实训平台建设的理论与实践探索
——以安徽师范大学新闻与传播学院为例

冯霞 马梅*

摘 要：为顺应全媒体时代的人才需求，安徽师范大学新闻与传播学院提出集"创、采、写、摄、编、播、评、管"八位一体的实践育人理念，并建立了全媒体实训平台即传媒电视台、安徽新苑、微信公众号 AHNU 新苑，文章从课程设置、资源整合和人才建设三个方面提出了平台建设的实施措施，并提出了建设意见。

关键词：全媒体；实践平台；新闻教育

当今社会进入一个媒介融合的阶段，现代新闻业正朝着媒介融合的方向不断进化。媒介融合的大趋势促使人们快速进入全媒体时代，罗翔宇教授指出全媒体是指信息采用文字、声音、影像等多种符号系统，借助广电网络、电信网络和互联网络的三网融合平台，利用电子媒介、印刷媒介、网络媒介、新媒介等不同媒介形态的业务融合，实现用户以电视、PC、手机或平板电脑等多元化的终端设备完成信息的融合接收，满足人们跨越时空限制，实现信息传播诉求的媒体形式[1]。

---

*作者简介：冯霞，高级实验师，硕士生导师，主要研究方向：新媒体传播、文化传播。马梅，教授，博士生导师，主要研究方向：马克思主义新闻学、文化传播、视听(纪实)节目。

一、全媒体实训平台建设的现实依据

1.新闻业界全媒体中心的建设现状

随着我国互联网应用的逐步深入，全媒体联动新闻中心在世界范围的应用和扩散，中国亟须建立全媒介联动的新闻中心，2007年开始，新闻出版总署启动了"全媒体数字采编发布系统工程"的建设，并确定了南方报业传媒集团、中国安全生产报、烟台日报传媒集团等进行数字复合出版的研发和试点[2]。2009年两会期间，南方报业传媒集团旗下的《南方日报》《南方都市报》《南方周末》和奥一网等十多家媒体，以融合新闻的形式报道了两会；2013年10月，上海解放报业集团和文新报业集团合并，随后推出了澎湃、界面等全媒体联动的新闻产品。

全媒介联动的新闻中心对新闻人才提出了新的要求。媒介在人才选择中打破了传统的编辑、采访等细化的要求，更加注重个人的综合能力。在对传统采编流程较为熟悉的情况下，人才还要具备新媒体的使用和编辑能力，同时更加重视个人的跨界知识背景。

2.新闻学界兄弟院校的改革情况

中国传媒大学校长苏志武先生曾提出："随着媒介融合时代的趋近，高校必须培养出集采、写、摄、录、编、网络技能运用及现代设备操作等多种能力于一身的复合型新闻人才，以适应不断发展的传媒业对人才的新要求。"[3]中国人民大学新闻学院的"融合性平台"，其融合性体现在两方面：其一是教学、实验、实习的融合，其二是多种媒体技术平台的融合。每一门课程的教学或实践成为大系统中的一个单元，每个单元都可以充分调用各个实验室的资源，各个单元之间也可以实现资源的共享、流程的衔接[4]。清华大学新闻与传播学院建立了"清新传媒"全媒体实践教学平台，逐步形成了一种以学生自主实践为导引的教学模式。目前清新传媒已经拥有平面媒体实践平台"清新时报"、以纪录片为主的影像创作实践平台"清新工作室"、视频节目制作平台"清新视界"、网络实践平台"清新网"等，是一个全媒体的实践教学平台[5]。在新闻传播业界和学界纷纷建立全媒体平台或全媒体实验室的背景下，安徽师范大学新闻传播学院确定了"建设一流新闻学院、培养卓越新闻人才"的办学目标。

提出了新闻传播人才集"创、采、写、摄、编、播、评、管"八位一体的实践育人理念[6]。并以新闻专业为主体，打造出以传媒电视台为主，微信公众号AHNU新苑、纸媒《新苑》杂志为辅的知名品牌，为全媒体语境下新闻人才的成长搭建了综合实践平台。

二、全媒体实训平台建设

媒介融合对新闻教育提出了新要求，在新闻实验室建设中通常以建设全媒体实训中心为融合基础。安徽师范大学新闻与传播学院在建设卓越新闻人才的过程中，重新设置了新闻人才的培养目标和就业方向，不再将就业方向局限在传统媒体。在经过第一阶段的发展后，初步搭建起涵盖传统印刷媒体、电视媒体和网络媒体的整体架构，能够提供各种媒体传播所需的软硬件设备。

1.传媒电视台

传媒电视台的成立本着融合发展的理念，以项目化管理方式打破专业、学科界限，打通各个专业之间的严格界限，将文化（新闻、广告、播音、文化产业管理、摄影、动画等）传播学的建设作为学院学科发展的总目标，来自不同专业的学生不仅需要了解各自专业或媒体的采编流程，而且要实现全方位的技术运用，从各种媒介介质中整合新闻资源，对专业操作做到精通，对非专业做到了解，建立了集"创、采、写、摄、编、播、评、管"为一体的人才培养目标。

在实验室资源配置的过程中，对现有实验室进行重新划分：摄影实验室、录音室、演播厅等归新闻采集部统一调配；平面设计实验室、非线性编辑实验室、动画创作实验室归编辑部随机使用；在创意、采集、编辑的基础上，将设计制作好的素材在全媒体实训工作室进行后期合成，同时反馈到演播厅观看效果，进行评价和二次修改。传媒电视台自2013年起连续四年在安徽师范大学秋季运动会期间创作出《校运直通车》等优秀作品。

2.杂志：《新苑》

为将课堂学习内容运用到实践中，新闻学专业的学生在大学二年级期间参与到《新苑》杂志的编辑出版工作中。在前期所学新闻采访、新闻写作、新闻编辑和微机编报与图像处理的基础上，探索基于课程的实践教学体系，学生可以"足不出户"参与到杂志的编写过程中。杂志系安徽省高等学校省级特色专

业研究项目《新闻学》的成果。杂志中所包含的文字内容、图片、版面的设计
与编排均由学生完成，记者、编辑等角色分别由学生承担，记者主要负责报道
和写作新闻；编辑则负责分析与选择稿件，配置版面的内容，充当把关人角
色。学生通过参与到杂志的编发过程中，将新闻采访、新闻写作及新闻编辑的
理论知识运用到杂志的编辑过程中，将微机编报与图像处理课程所学的内容运
用到排版中，并进一步了解了杂志制作的流程和步骤，为进一步开展媒体实习
奠定了良好的基础。

3.微信公众号：AHNU 新苑

除此之外，安徽师范大学新闻与传播学院新闻系所运营的微信公众号
AHNU 新苑，是一个集新闻创、采、写、摄、编、播、评、管业务教学与实践
的平台，公众号第一时间发布学生的新闻作品，对话良师益友，品评重要新闻
作品和其他典型媒介作品，成为供新闻与传播学院师生交流的重要平台。AHNU
新苑公众号设置了i新闻、i微言、i悦读三个板块。该微信公众号在新闻系师生
的共同努力下，已运营一年有余。截至2016年12月1日，发布微信文章140条，
在惠及广大师生的同时，新闻系学生通过自主管理内容、运营和推广公众号，
极大地提高了新媒体采编能力，为他们以后的实习和工作打下了良好的基础。

三、全媒体平台建设思路

1.统筹安排课程方案、专业实习以及社会实践

在课堂建设中，以培养学生掌握新闻传播理论的基本知识、新闻实践的技
术操作和跨学科思维的创新精神为目标，理论基础课程与专业实验实践课程贯
穿整个大学期间。开设的与新闻实践相关的理论课程有新闻采访、新闻写作、
新闻编辑、新闻评论等，其中开设的专业实验课程有新闻摄影、微机编报与图
像处理、电视摄像与剪辑、音频编辑、网页与App设计、全媒体采编联合作业
等，这些课程均贯穿于新闻学专业的一年级和二年级期间，在理论基础课程和
实验实践课程之间实现了较好的衔接，且相关实践课程以全媒体采编联合作业
的方式呈现，体现了实验实践课程的融合性原则。

学生的实习主要包含校内课余时间的实习和毕业大实习，校内课余时间的
实习主要安排在院系媒体机构、校级媒体部门等，学生在节目制作过程中观摩

制作过程、熟悉流程，进行工种配合；毕业实习在实习中占据重要的地位，是检验学生课堂学习成果的关键环节。通过在实习单位的实践活动，学生能够发现自身的不足，并更好地进行调整，从而在未来的职场竞争中增加资本。毕业大实习主要安排在与本学院建立实习基地的各大媒体，如芜湖日报社、芜湖电视台等新闻单位，实行顶岗实习。

新闻专业学生的社会实践主要通过以下几种方式来实现，一是院团委组织的假期社会实践，这是新闻实践课程的课外延伸。学生根据自己的兴趣爱好、专业特色，制定相应的社会实践方案。二是采用校园与媒体联动的方式。目前安徽师范大学新闻传播学院已与芜湖广播电视台合作成立鸠兹影像工作室，与芜湖日报报业集团合作成立金周刊编辑部，启动了"名记名编名主持进校园"系列活动，组织新闻策划会、阅评会进校园，吸纳师生参与节目、版面的策划和编辑，开辟新闻人才培养的实践课堂。

课堂实验教学、在媒体单位的具体实习与社会实践紧密结合，具有明确的目标性，并在实践中遵循逐步递进的规律。这一实践教学体系培养了学生的基本素质，提升了学生的综合能力，为复合型新闻人才的建设奠定了基础。

2.整合资源，建立共享的硬件设施库

安徽师范大学新闻与传播学院目前有新闻学、广告学、新媒体、播音与主持、摄影、动画、文化产业管理七个专业，在校本科生加研究生规模超过2000人。作为人文社科应用型专业，学院需要与业界和市场高度接轨，这促使对实验场所、实验器材的需求大幅增加。

自2012年争取到传媒与艺术综合实验中心二期建设后，实验中心配套设施完善，教学环境优良。争取到省"两个计划"经费1100万元，部校共建省财政专项经费1100万元，建设了28个专业实验室，其中有专业机房、非线性编辑室、大数据实验室、演播厅、录音室、摄影棚、动画创造工作室等，占地面积达2916平方米。同时大量添置了高品质实验教学器材，设备总值2000多万元，仪器设备精良，数量充足，较好地满足了实验教学和应用型人才培养的需要。采购了大洋非线性编辑系统、Nuke高端特效软件、V-RAY景观引擎系统等正版专业软件，尽最大可能为学生提供接触行业前沿的机会。实验室不仅为学生的课堂实验教学所用，也为学生的创新性实验和课外实践活动免费开放。

3.以人为本，高度重视全媒体实训中心的人才建设

在全媒体实践平台的建设中，重视对教师的专业技能培训。鉴于实验中心规模较大，专任实验教师及技术人员较少的现状，实验中心的教学及管理采取专业课教师+实验教师的方式，即专兼相结合的方式。目前实验中心的技术人员共有7人，在学历方面，硕士及以上学历占到了71.4%，其中高级职称1人，中级职称2人。为了提高实验课教师的整体水平，在学院的大力支持下，多次选派教师去攻读学位，去媒体单位参加实践，去相关高校及机构进行培训。截至目前，学院已派出骨干教师11人次到媒体单位挂职。

除此之外，全媒体实验中心的人员还包括相关专业的学生。在学生的技能训练及学习中，学院提供了优质的教师资源，聘请业内精英（包括名记者、名编辑、名主持人）到学校与学生开展互动交流，传授业务知识。同时，安排业界骨干全程指导。

四、反思

1.实训中心缺少以实践为主的能力和素质考核机制

从目前的课程开设情况来看，新闻传播学专业的高校多数都开办了校内实践、实习基地，可是就效果来看，学生通过实践取得的实际收获同预期相比仍有一定差距。实训中心的长期发展离不开学院专业教师和实验教师之间的紧密配合。在相互合作的基础上，调动学生资源，以开展实践探索和创新教学。然而当前学生的考核机制依然是以传统的问卷考评为主，在具体的实践过程中，缺少对于实践能力和素质考核的评价体系，导致学生在全媒体实训中心的项目化实践教学中显得较为被动。建立基于项目化的实践教学评估体系，同学生的课堂教学相结合并进行考核，成为改善实践教学活动目标的重要手段。

2.专业技术人员水平有待提高

高素质的实验技术人员是做好全媒体实训工作的根本保证。作为高校实验教学队伍的重要组成力量，实验技术人员的教育理念与业务素养，直接影响着高校全媒体实训中心实验教学质量。安徽师范大学实训中心建立时间较短，师资方面有待完善。同专业教师相比，实验教学队伍在学历、技术操作水平方面较为落后。实训中心的实验教师在思想上要高度重视实训中心工作的重要性，

明确实验实训对学生的动手操作和解决问题的重要性。除此之外，他们还要有良好的业务素养，积极做好实验实训的准备工作和总结工作，同时重视个人的专业发展，不断提高自身的业务素质。实训中心还要选派青年实验实践团队教师赴媒体单位参与实践，近距离接触业界全媒体中心的运营及转型，增强实践课专业技术人员的专业性。

3.全媒体实训中心的制度建设需要不断完善

安徽师范大学新闻传播学院的实践教学管理多为该实验室分管的技术人员负责，而实验技术人员在学院处于教学的辅助与从属地位，在具体的实践教学管理中力量有限，对全媒体实践教学的监管难度较大。且全媒体实训中心的运营基本是依据教学情况进行随机安排，对于实训中心的建设与管理缺少统筹性。在实训中心管理水平整体较为落后的情况下，要保证优质的节目和内容呈现，存在较大的困难。全媒体实践中心的运营与管理需要校级及院级主管部门的制度支持。在开展项目化的实践教学过程中，应突破传统实践教学的固有模式，为全媒体实践中心的顺利运营提供有力保障。

当前安徽师范大学新闻传播学院的全媒体实训中心处于初步探索的阶段，虽然在传媒电视台、《新苑》杂志及微信公众号 AHNU 新苑运营的基础上已积累了一些经验，取得了一些成绩，并据此探索了一些关于管理、人才、资源配置等方面的思路，但同兄弟院校相比，在总体建设、运营方面仍显不足。这也将成为今后研究的重点。

参考文献：

[1]罗翔宇：《从媒介融合到平台融合——全媒体时代新闻传播实践教学的发展进路》，《湖北民族学院学报（哲学社会科学版）》，2015年第3期。

[2]刘玉清、杜莹：《新闻传播教学全媒体实验平台建设探讨》，《实验技术与管理》，2012年第11期。

[3]胡蔚涛：《媒介融合下高校搭建实验媒体的思考与实践》，《实验室研究与探索》，2014年第4期。

[4]高钢：《媒介融合趋势下新闻教育四大基础元素的构建》，《国际新闻界》，2007年第7期。

[5]张小琴、陈昌凤:《后喻时代的新闻教育——清华大学新闻与传播学院的"清新传媒"实践教学体系》,《国际新闻界》,2014年第4期。

[6]《安徽师大依托部校共建培养卓越新闻传播人才》,《安徽师范大学学报(人文社会科学版)》,2015年第5期。

（原载《新闻知识》2017年第3期）

"新闻言志"：新闻业的传统命题与时代要求

张泉泉*

摘　要： 从"志"的传统意义来看，习近平对广大新闻记者提出的四点希望，包含了对整个新闻业发展的要求。参照文学中的"诗言志"说，提出"新闻言志"的命题，以百年中国新闻业的发展、新闻观念的演进为背景，梳理"新闻言志"的内涵，从新闻与历史的关系、新闻的学科定位等方面重新思考"新闻言志"的现实意义。

关键词： 新闻志向；新闻言志；诗言志

2016年记者节，习近平对广大新闻记者提出四点希望，概而言之，就是希望新闻工作者坚持正确的政治方向、舆论导向、新闻志向和工作取向。这四个方向性的希望，既有区别也有内在联系，是四合一的、立体的、系统的。其中，关于"新闻志向"的提法，一般比较容易引向对新闻工作者期望层面的理解。但从"志"的传统意义来看，还包含对整个新闻业发展的要求。本文从文学中的"诗言志"说得到启示，进行跨学科观照，使思想获得更多"支援意识"，以"新闻言志"的命题探讨新闻业面临的时代发展新要求。

一、"新闻言志"的三种传统

许慎《说文解字》中这样解释"志"："志，意也。从心，之声。"《尚书·尧典》中的名言"诗言志"，是最早的诗歌（文学）观念表述，被朱自清视为

---

*作者简介：张泉泉，副教授，硕士生导师，主要研究方向：新闻与传播理论，文艺、文化与传播研究。

中国诗学的"开山纲领"，是"将文学定位于政治性、道德性的志向、抱负的表达"[1]。《毛诗序》曰："诗者，志之所之也，在心为志，发言为诗。"其中"志"的含义与今天相近，指心之所向。"诗言志"说强调思想志向，与孔子的"兴观群怨"说、"兴于诗，立于礼，成于乐"等，都表达了儒家的诗学态度，主张通过"诗"进行道德教化、人格修身，把握文学的社会功用，处理好文学与现实政治的关系。从"诗言志"这个经典命题出发，可以考察文学概念的形成与演变，更能追溯文学观念的历史沿革。

1897 年，吴恒炜在《知新报缘起》中说："先王知其然也，遒人徇路，木铎有权，太史采风，辕轩远使。《诗》之风雅，审民俗之情；《周官》诵方，察四国之慝。唐宋以降，滥觞于邸抄，嘉庆以来，创始为报馆。"这实际上强调了报刊与诗教的联系[2]。新闻活动、新闻事业和社会现实的互嵌性之高毋庸置疑，回顾近现代中国新闻业的发展历程，与"诗言志"相似的是，"新闻言志"的"志"也与政治有着密切关系。

1."报馆有益于国事"：政治革新与思想启蒙之"志"

虽然"中国是世界上最先有报纸的国家，也是世界上最先有新闻事业的国家"[3]，但直到 19 世纪末，坚船利炮打开了中国闭关锁国的大门，中国的近现代新闻事业才真正起步。维新变法运动的发展，掀起了中国人自办报刊的高潮。当时，政论报刊逐渐兴起，成为近代报业初期的主流，中国新闻业掀开崭新的一页。"根据戈公振《中国报学史》统计，中日甲午战后，海内外知名的政论报刊，共有日报二百六十种，杂志一百二十种。"[4]这一时期的新闻实践带有鲜明的政治启蒙特征，或者说当时的办报主张本质上就是一种政治要求，"新闻言志"体现为"言论救国""新闻报国"[5]，立足开启民智、寻求自强之道，强调报纸服务政治的功能。

从《循环日报》到《时务报》《清议报》《中国日报》等，在"三千年未有之大变局"中，在激荡澎湃的大历史时刻，一批接受旧学新知的知识分子开创了政治家办报的先河，新闻业以政论言志，报业和报人的社会地位大大提升。

王韬认为，办报的目的是"立言"，即主张议论时政，宣传变法自强的思想。因此，其多次论述过报纸"达内事于外""通外情于内"的职能[6]。被誉为"舆论界骄子"的梁启超提出"阅报愈多者，其人愈智；报馆愈多者，其国愈强。曰：惟通之故。"[7]他还强调报纸的功能："西谚云：报馆者，国家之耳目也、喉舌也，人群之镜也，文坛之王也，将来之灯也，现在之粮也。伟哉，报馆之势力！重哉，报馆之责任！"[8]梁启超以"耳目喉舌"的比喻，形象生动地指出了报纸"去塞求通"的作用："去塞求通，厥道非一，而报馆其导端也。无耳目，无喉舌，是曰废疾。……上有所措置不能喻之民，下有所苦患不能告之君，则有喉舌而无喉舌。其有助耳目喉舌之用而起天下之废疾者，则报馆之谓也。"[9]

戊戌变法之后，中国大量知识分子投身新闻事业，参与新兴的办刊活动。"新闻言志"是有志之士突破封建"言禁"，表达政治主张，致力于挽救民族危亡；是有识之士传播新知，沟通中西，鼓吹舆论，唤醒民众。这种言志的热情形成了"文人论政"的传统，在之后的不同历史时期均有体现。孙中山先生有言："此次（辛亥革命）中国推倒晚清，固赖军人之力，而人心一致，则由于各报馆鼓吹之功。""政论报纸的兴起，是清末真正反映民意的象征。那些个人赤手空拳或三五人集资办报的书生，都是近代民主自由的斗士，在中国近代报业的领域中，他们是先进的开荒者。"[10]北洋军阀统治时期，黄远生、邵飘萍、林白水、胡政之、史量才、成舍我等一大批名记者名编辑，"铁肩担道义，辣笔著文章"，以笔当武器，"抵过千万军"，表现出强烈的社会责任感，在中国新闻史上留下了浓墨重彩的一页。七七事变后，抗日救亡的报刊遍布全国，范长江、赵超构、徐铸成等新闻界精英，吹响战斗号角、坚定抗日信心。上海、南京相继失守后，武汉成为新闻出版中心，张季鸾的《大公报》、邹韬奋的《抗战》等战斗在最前线。还有重庆、香港及海外诸多报人报刊，在民族危亡时刻发出时代呐喊，汇成抗日强音，做出了重要贡献。

近现代报刊的崛起为读者埋下了"精神的种子"，实现了"古典心灵的现代转向"。"诗言志""文以载道"等传统学问承担的重任向报刊迁移，"中国的报刊就被赋予了一种西方报刊所没有的、力挽狂澜的沉重感。这一角色决定了晚清报刊的整体面貌，其结果之一便是其内容远远超出时事范畴，还要承担提供时务、论述甚至现代知识体系的任务"[11]。

2. "传播文明之利器"：文学革命与文化传播之"志"

除了对报纸功能的强调，适应报刊的文体变革也是"新闻言志"的一种体现。1897年6月，谭嗣同的《报章文体说》在《时务报》连载，专门阐述传统古文的弊端，推崇报章文体的革新意义。还有一句话常被征引："自报章兴，吾国之文体，为之一变。"[12] 这句话言简意赅地说明了报刊兴起带来的文体变革。黄遵宪也曾明确区分"文集之文"与"报馆之文"[13]。王韬开创的政论文体，冲破了封建僵化的文章格式，既是表达新思想的需要，也是适应报刊新载体的需要。梁启超开创"时务文体"，内容切中时弊，通俗自由，平易畅达，自成一家，使《时务报》畅销一时，"举国趋之，如饮狂泉"。"时务文体"后来在《新民丛报》上发展更加成熟，又被称为"新民体"。"'新文体'在内容和形式上都发生了巨大的转变，成为'文界革命'的最重要成果之一，引领报刊文体持续发展。梁启超的'新民体'这一称谓本身也体现了传统文体学中所说的'辨体意识'。"[14] 报章文体的出现影响了一代文风，成为文言文到白话文的过渡文体，为后来的五四新文化运动与新文学革命奠定了基础。

1915年，《青年杂志》在上海创刊，第二卷起这本杂志更名，成为大名鼎鼎的《新青年》。这被普遍认为是新文化运动的发端。1917年1月1日，《新青年》第2卷第5号上发表胡适的《文学改良刍议》，拉开了文学革命的帷幕。新文化运动直接促成了文学革命的发生，文学革命又成为新文化运动最重要、最有实绩的组成部分。《新青年》作为此时期"新闻言志"的标志性载体，在文学史、思想史、新闻史、政治史中都是绕不开的存在。

除了《新青年》《每周评论》《湘江评论》等新型报刊，五四时期的报纸副刊也发挥了重大作用。其中，最有影响力的《学灯》《晨报副镌》《觉悟》和《京报副刊》，被称为"四大副刊"。沈从文曾经对副刊的表现和意义有过一段详细描述："在中国报业史上，副刊原有它的光荣时代，即从五四到北伐。北京的'晨副'和'京副'，上海的'觉悟'和'学灯'，当时用一个综合性方式和读者对面，实支配了全国知识分子兴味和信仰，国际第一流学者罗素、杜威、太戈尔、爱因斯坦的学术讲演或思想介绍，国内第一流学者梁启超、陈独秀、胡适之、丁文江等等重要论著或争辩，是由副刊来刊载和读者对面的。南北知名作家如鲁迅、冰心、徐志摩、叶绍钧、沈雁冰、闻一多、朱自清、俞平伯、玄庐、大白等人的创作，因从副刊登载、转载，而引起读者普遍的注意，并刺激了后来者。新作家的出头露面，自由竞争，更必需由副刊找机会。"[15] 从这段描述不难看出，副刊在新知识新思想的译介、新文学的推进、新作家的培养等多方面发挥了重要作用。

有学者将"1895—1925年初前后大约30年的时间"定义为"转型时代"，

认为"这是中国思想文化由传统过渡到现代、承前启后的关键时代。在这个时代，无论是思想知识的传播媒介还是思想的内容，均有突破性巨变。就前者而言，主要变化有二：一为报纸杂志、新式学校及学会等制度性传播媒介的大量涌现；一为新的社群媒体——知识阶层的出现"[16]。在新文化运动的影响下，大批报刊如雨后春笋，应时而出。"据胡适的估计，仅是1919年，全国新创办的报刊大约就有400种。""新型报纸杂志的主持人多出身士绅阶层，言论受到社会的尊重，影响容易扩散。因此，这种新型报刊可称为精英报刊。"[17]比如，《新青年》的轮值主编有陈独秀、钱玄同、刘半农、胡适、李大钊、沈尹默等，主要编撰人有鲁迅、周作人、高一涵、陶孟和等。许多后世看来异常耀眼的名字，活跃在当时大大小小的刊物上。他们与媒介关系密切，造成了以少数人影响多数人的强大媒介效果。"其影响之大与他们极少的人数很不成比例。"[18]

"新闻言志"是"重新估定一切价值"，也是"拿来主义""兼容并包"；是"输入学理"，也是"整理国故"；推动了白话文的推广和新式标点符号的使用，也推动了外国文艺思潮的涌入和新文学社团的蜂起。

3."为党分忧、为民请命"：党性原则与群众路线之"志"

中共一大通过的第一个决议中明确规定："不论中央或地方出版的一切出版物，出版工作均应受党员的领导"，内容不可与党的方针、政策和决定等相违背。在之后党的文件中，这样的要求被不断重申和反复强调。党报由党来掌管，传达党的声音，贯彻党性原则，把党的报刊作为党的事业的一个重要组成部分，在党中央和各级党委领导下开展新闻宣传工作，这是从中共早期办党报党刊就延续下来的"言志"传统。

毛泽东是中共第一代中央领导集体的核心，是中国社会主义建设事业的伟大开创者和奠基者。1916年，他为《新青年》投稿；1919年，他创办并主编《湘江评论》。因此，毛泽东既是报刊活动家，也是新闻理论家。1942年，在毛泽东的亲自指导下，中共中央机关报《解放日报》改版。这是中共党报历史上第一次新闻改革，确立了中国共产党党报的办报传统和基本工作原则。童兵认为，毛泽东对马克思主义新闻学的发展主要表现在：毛泽东明确指出报纸是一定社会经济基础的反映，从而深刻揭示了新闻事业同社会经济与政治的关系；在马克思、恩格斯、列宁依靠群众办报的传统上，明确提出全党办报群众办报的方针，把群众路线创造性地运用于新闻工作实践；强调政治家办报原则，对无产阶级新闻工作者的素质和修养提出明确规范和严格要求等，从而使毛泽东思想充满着鲜明的中国特色[19]。

但是，在"左"倾错误思想的影响下，"报纸是阶级斗争工具""事实为政治服务"等错误观点成为当时的主流新闻思想，新闻事业沦为阴谋家的政治传声筒和驯化工具，留下了十分惨痛的历史教训。

新时期，邓小平等党和国家领导人对党性原则做出了新解释和新阐释。邓小平指出："要使我们党的报刊成为全国安定团结的思想上的中心"，"党性也包括联系群众、艰苦朴素、实事求是等等"。胡锦涛在 2008 年考察人民日报社时强调："必须坚持党性原则，牢牢把握正确舆论导向。"2013 年 8 月 19 日，习近平在全国宣传思想工作会议上的讲话中指出："党性和人民性从来都是一致的、统一的。"

对于党的新闻宣传工作而言，"新闻言志"就是贯彻党性原则。党性原则是社会主义新闻工作的灵魂，新闻工作者要"为党分忧、为民请命"，坚持党性原则是社会主义新闻事业的一贯要求和传统优势。

上文以百年中国新闻业的发展、新闻观念的演进为背景，对"新闻言志"的内涵进行了梳理。从表现形态来看，上文所论述的"新闻"是以报刊等印刷媒介为主的。限于篇幅，这里没有展开动因分析，也忽略了历史回声中"执拗的低音"，只是大致勾勒出中国新闻业的三种"言志"传统。触摸历史、回到现场是美好的愿望，但是描摹历史的本来面目困难重重。三种传统的产生是特定历史时期的产物，是互相交织、重叠交叉的。"新闻言志"的内涵与新闻实践密不可分、一体两面，不断获得丰富和发展。

二、"光荣与梦想"："新闻言志"的学科定位与历史使命

谈论"新闻言志"的意义不在历史，而在当下。虚拟现实、人工智能、万物皆媒，新闻传播技术的革新是颠覆性的。面对不断变化的媒介环境，新闻业尤其是传统媒体面临的冲击也是前所未有的。接下来，让我们回归到对新闻本源的分析，重新理解新闻与历史的关系，体会"新闻言志"的现实意义。

新闻起源于人类劳动生产和社会交往、信息交流的需要。新闻的本源是事实，事实是第一性的，新闻是第二性的。先有事实，后有新闻；没有事实，就

没有新闻。被国内学界普遍认可的新闻定义是："新闻是新近发生的事实的报道。"新闻是对社会现象的反映，新闻报道是把人们对社会状况、现实世界、真实生活的感受积累为知识的过程。帕克将新闻视作"知晓"型知识，其价值必须以真实为基础，这是新闻本源对新闻内在规定性的要求。基于新闻与事实的逻辑关系，新闻与历史的建构关系常常是这样被表述的："今天的新闻就是明天的历史。"

梁启超曰："西哲有言'报馆者现代之史记也'。故治此业者不可不有史家之精神。"[20] 蔡元培有言："新闻者，史之流裔耳。古之人君，左史记言，右史记事，非犹今新闻中记某某之谈话若行动乎？"[21] 一位日本学者发现了李大钊的一篇重要佚文《报与史》。此文中，李大钊指出，史的要义有三点：察其变、搜其实、会其通，"此三义者，于史为要，于报亦何独不然？""报的性质，与记录的历史，尤其接近，由或种意味言之，亦可以说，'报是现在的史，史是过去的报'"[22]。甘惜分曾撰文提出："历史是已经过去了的新闻，新闻是正在发展着的历史。"[23] 以上所引，都是在"取法乎上"的意义上对新闻学与新闻业人文使命的思考，在信息泛滥、新闻被大量生产消费又被快速遗忘的今天，新闻与历史的关系似乎一并被遗忘了。

所谓"新闻言志"，从某种意义上来看，是对新闻与历史同构关系的提醒。从"志"的本义而言，心之所向是积极向上的指向，是志向、理想、抱负。因此，我们倡导从书写历史草稿的层面上理解新闻。回顾"新闻言志"的三种传统，再反观当下，新闻传播的责任缺失、品质下降、伦理背离、乱象频发，不恰恰是业界普遍缺失这样的志向而导致的吗？

新闻学学科的合法化地位已经确立。1997年，国务院学位办正式确认新闻学与传播学为国家一级学科。2004年，新闻学又被确定为国家重点发展的九大哲学社会科学之一。可"新闻无学"的尴尬总是在某些时刻出现，需要新闻学界打起精神来面对。"新闻无学"不像是学术讨论的真话题，更像一种裹挟着各种情绪的集合体，其中包括学界本身的底气不足、业界的深刻偏见、其他学科尤其是传统学科的轻视等。对此，我们的讨论应转向"新闻有学，学在何处"的"寻根与扎根"问题。

十余年前，詹姆士·W.凯利的一篇文章影响甚大。这篇名为《新闻教育错在哪里》的论文中有这样一段话："新闻学的学术来源应该根植于人文科学和人文类的社会科学中。新闻应该与政治联系，这样才能理解民主生活和民主机构；和文学联系，这样才能提高语言和表达能力，并深刻理解叙述的方式；和哲学联系，由此确立自己的道德基准；和艺术联系，这样才能捕捉到完整的视觉世界；和历史联系，在此基础上建立自己的意识和直觉。"[24]文章引起了新闻学界的一番热烈讨论，至今看来仍旧很有意义，对于从学科建设的角度理解新闻学的发展、从实践创新的角度理解新闻业的发展都有启发。当时参与讨论的郑保卫，在新编新闻理论教材时特意提到此文，表示赞同"新闻学科是一种带有人文科学性质的社会科学"。

事实上，新闻学的发展史，就是新闻学内涵不断丰富的历史。可以说新闻学是一门自然科学、是一门社会科学，也可以说新闻学是一门人文学科，这些认识显示了特定历史时期赋予新闻学的不同内涵。随着媒介技术的飞速发展，科技与人文的矛盾对立、辩证统一成为新语境下的老话题。马克思曾有预言："自然科学往后将包括关于人的科学，正像关于人的科学包括自然科学一样：这将是一门科学。"[25]"从人的完整统一性高度反观各种人文学科，它们便拥有价值论与方法论的统一原理。人文学科的统一原理构成与自然科学、社会科学不同的第三类现代知识（学术）形态，此即人文科学。"[26]

"新闻言志"离不开对新闻学学科定位的设定。因此，应在此基础上重新理解新闻的意义。"不能把新闻降格为一种没有灵魂、没有思维、没有方向的纯粹信息媒介和简单传播行为，要警惕那些把新闻驯化为一种纯粹的营利工具、公关帮手的做法。""新闻学所关注和研究的'新闻'应当是一种有血有肉、有情有感、有人有物的东西。新闻工作者应当用纯洁的心灵和真实的情感去讲述人间故事，传播人类文明，去引导社会进步。新闻媒体应当是一种有生气、有灵性的活生生的信息提供者、舆论引导者和文明传播者，而绝不仅仅是一种单纯的'信息商品''传播中介''物化媒体'。"[27]从"言志"的使命感回溯新闻学的学科定位，在学科定位的意义上理解"新闻言志"，就是把新闻学看成具有"人文"和"科学"双重性格的学科。应基于这种认识，在实践中延续新闻业的"光荣与梦想"。

三、"以出世的精神做入世的事业"：新闻记者的另一种"志"

从心理学的角度，知（知识）、情（情感）、意（意志）是人的精神结构的三个层面，决定人的态度的形成。意志是指向行为导向的，属于"实践理性"，在调节和支配实践活动中发挥动力作用。在传统媒体遭遇冲击、陷入生存困境的情况下，有些新闻工作者丧失了信心，削弱了事业心，降低了职业操守。因此，必须坚持正确的新闻志向，将其看成是一种鼓励。

《庄子·缮性》篇有这样一段话："古之所谓得志者，非轩冕之谓也，谓其无以益其乐而已矣。今之所谓得志者，轩冕之谓也。轩冕在身，非性命也。物之傥来，寄者也。寄之，其来不可圉，其去不可止。故不为轩冕肆志，不为穷约趋俗，其乐彼与此同，故无忧而已矣。""轩冕"指荣华高位，在庄子看来，所谓"得志"有两种类型，一是以"轩冕在身"为得志，取决于外物；二是"无以益其乐"为得志，取决于内心。庄子所言的"志"，是"适志、自得"的意思，与"诗言志"所体现的儒家经世致用思想不同，追求的是超脱世俗的精神自由与快乐。

两种意义上的"志"，换成行为层面的表达就是入世与出世，可以说这始终是人文知识分子难以抗拒的生存张力。"兼济天下"与"独善其身"，两个坐标体系中的"志"并非完全对立，是可以实现统一的，后世即有儒道互补之说。这些对理解与扩大"新闻言志"的内涵也是一种补充。

"人人都有麦克风"，机器人可以写作新闻，这是现实。如何再定位新闻记者的身份，如何重建专业媒体的权威，都是目前我们亟须面对的难题。坚持正确的新闻志向，要正视专业记者的主体能动性，不要被新技术因素迷蒙了双眼，忽视了新闻生产中"人"的作用。新闻记者是"言志"的主体，更是新闻传播内容建设的主体。应明确新闻记者身份地位的不可替代性，树立信心应对新环境、新变化。

也许一时难以说清新闻记者是否属于知识分子，但起码其属于知识生产者。大众传媒是社会变迁的工具，是知识生产的重要场域。新闻记者既有知识生产的职业与道德规范，也具有知识精英的传统与现实实践[28]。上文对"新闻言志"三种传统的梳理就是例证。从"士志于道"的层面而言，新闻记者是在

"瞭望哨"监测环境的"瞭望者",是公正、正义、理性、自由等基本价值的维护者,是"社会的良心"。从新闻记者可能面对的诱惑及现实的压力而言,其能够保留一些"出世"情怀显得特别珍贵。新闻记者有个特别美好的指称——无冕之王。如果以古代"士"所追求的"内圣外王"的境界进行比照,新闻记者要想成为无冕之王,必当"以出世的精神做入世的事业"。有的理念要迭代更新,有些信念要坚守不变;在轻飘飘的时代有所寄托,以沉甸甸的使命感记录现实;在娱乐至死的当下有所追求,以"言志"的情怀书写历史草稿。这是新闻记者不辱时代使命的选择,也是新闻业应对危机重塑形象的转折。

参考文献：

[1]陶东风:《文学理论基本问题(修订版)》,北京大学出版社2012年版,第33页。

[2]常恒畅:《近代报刊的文体学意义》,《安徽师范大学学报(人文社会科学版)》,2013年第2期。

[3]方汉奇:《中国新闻事业通史》,中国人民大学出版社1992年版,第12页。

[4]曾虚白:《中国新闻史》,台北三民书局1984年版,第192页。

[5]袁新洁:《近现代报刊"文人论政"传统研究》,江西人民出版社2009年版。

[6]方晓红:《中国新闻史》,北京师范大学出版社2013年版。

[7]梁启超:《论报馆有益于国事》,《时务报》第一册,1896年8月9日。

[8]梁启超:《本馆第一百册祝辞并论报馆之责任及本馆之经历》,《清议报》第100册,1901年12月21日。

[9]梁启超:《论报馆有益于国事》,《时务报》第一册,1896年8月9日。

[10]曾虚白:《中国新闻史》,台北三民书局1984年版,第232页。

[11]卞冬磊:《古典心灵的现实转向:读报纸与现代性(1894—1911)》,复旦大学2013年研究生论文。

[12]《中国各报存佚表》,《清议报》第100册,1901年12月21日。

[13]黄遵宪:《致汪康年书》,《汪康年师友书札》,上海古籍出版社1986年版,第2351页。

[14]常恒畅:《近代报刊的文体学意义》,《安徽师范大学学报(人文社会科学

版)》,2013年第2期。

[15]沈从文:《编者言》,《沈从文全集》,北岳文艺出版社2002年版,第447—448页。

[16][17][18]张灏:《幽暗意识与时代探索》,广东人民出版社2016年版,第131页。

[19]童兵:《马克思主义新闻经典教程》,复旦大学出版社2002年版,第221页。

[20]梁启超:《敬告我同业诸君》,《新民丛报》,1907年第24期。

[21]蔡尚思:《蔡元培学术思想传记》,转引自李彬:《唐代文明与新闻传播(修订版)》,中国人民大学出版社2014年版,第19页。

[22]《新发现李大钊四篇重要佚文》,《北京大学学报(哲学社会科学版)》,1997年第3期。

[23]甘惜分:《再论新闻学与历史学》,《新闻界》,1996年第2期。

[24]James W. Carey:《新闻教育错在哪里》,李昕译,《国际新闻界》,2002年第3期。

[25]马克思:《1844年经济学哲学手稿》,人民出版社2000年版,第90页。

[26]尤西林:《人文科学与现代性》,新星出版社2013年版,第14页。

[27]郑保卫:《新闻理论新编(第二版)》,中国人民大学出版社2015年版,第2页。

[28]张泉泉:《重塑知识生产者形象——公民新闻时代专业记者的再定位》,《江淮论坛》,2014年第1期。

(原载《新闻战线》2017年第14期)

扩张与深化：部校共建的现状与趋势

马星宇　周宗龙*

摘　要：自首批先行试点共建新闻学院以来，全国范围内各个层次、类型的共建迅速扩张：范围上，实现了全国各省一级区域的全覆盖；主体上，出现了从部校到媒校的趋势性变化；层次上，贯通了从中央到区县乃至校内的共建；对象上，扩展到了学院、专业和智库。多方围绕新闻学院建设形成了一系列制度化内容，从简单的规模扩张到内涵建设，走出了不同以往的路径。文章对部校共建新闻学院进行了梳理、归纳，分析解读了共建类型、特点、层次、内容等方面，对今后部校共建发展建设的趋势进行了预测。

关键词：部校共建；现状；趋势

部校共建新闻学院是国家为深入实施卓越新闻人才教育培养计划，进一步推动、深化和加强马克思主义新闻观教育，培育具有马克思主义新闻观的高层次人才，提高我国新闻传播人才培育质量，在全国范围内逐步开展并全面铺开的一项重要举措。其早期的探索始于复旦大学，有研究者表示"上海市委宣传部在政策导向、师资力量、基础设施等方面给予了复旦大学新闻学院大力的支持，形成了一系列可行可用、行之有效的做法"[1]。复旦大学的实践探索，为改革新闻教育提供了新的路径和模式，也为全面推进部校共建新闻学院工作提供了借鉴。2013年12月，中宣部、教育部下发《关于地方党委宣传部门与高等学校共建新闻学院的意见》并在上海召开现场会，总结推广复旦模式的经验，

---

*作者简介：马星宇，讲师，主要研究方向：新闻史论、大学生思想政治教育。周宗龙，安徽师范大学新闻与传播学院硕士研究生。

指导了10个省市委宣传部门与高等学校签署协议，开展部校共建。"地方党委宣传部充分发挥政治、组织优势，媒体从业人员发挥敬业、实践优势；高等院校借助悠久的历史、深厚的历史科研积累和学术背景，强强联合、相互借力，共同打造新闻人才的核心竞争力。"[2]

一、共建动力：自上而下与由此及彼模式推广

2013年12月，中宣部、教育部决定在全国范围推广这种部校共建模式，彼时确立了安徽师范大学、海南师范大学、重庆师范大学、中国人民大学、暨南大学、四川大学、武汉大学、吉林大学、山东大学、南京大学等10所高校先行试点，与当地省级党委宣传部开展共建。《关于地方党委宣传部门与高等学校共建新闻学院的意见》要求"各省（区、市）党委宣传部门都应和高校重点建设一个新闻学院，原则上中央主要新闻单位也应与高校共建一个新闻学院"。

此后，部校共建新闻学院项目迅速在各地各级深入实施。省级党委宣传部门、中央级媒体、地市级党委宣传部门和省级、地市级主流媒体等纷纷与有关高校新闻学院开展共建学院、专业、人才培养基地。部校共建新闻学院逐渐形成了中国新闻教育界的新热潮[3]。2015年和2016年，中宣部、教育部分别在南京大学、郑州大学召开了现场会推进部校共建工作；2017年中宣部和教育部办公厅又印发了关于推进部校共建的通知，要求到2017年底基本建成100所左右。截至2018年8月，根据公开可查的资料，全国共有120家各类部校共建单位，覆盖了31个省（区、市）。数量较多的是广西，共建了12所，北京11所、浙江9所、上海6所，贵州、吉林、辽宁、江西、四川各5所，其余各省各有1—4所。由于共建可能带来的如办学经费的额外投入、人才引进、基础设施建设等诸多红利，地方特别是高校对共建也颇具热情。

显然，共建的学院得到了更多的资金、政策、项目的投入，其发展势头是令人可期的。如作为试点先行的安徽师范大学新闻与传播学院自共建以来，凝练出"部校共建、院媒协同、实践育人"的人才培养机制，"省委宣传部每年支持部校共建专项资金300万元，学校制定实施了新闻与传播学院高层次人才引进计划。安徽省社科院、教育厅和芜湖市大力支持和积极参与部校共建工作，整合各类政策资源，支持新闻与传播学院发展"[4]。

部校共建是由党的宣传部门与教育行政主管部门联手，从意识形态领域的前端入手对新闻传播教育改革的积极推进。推广复制复旦模式恰是在2013年"8·19"全国宣传思想工作会议之后，而此次会议的主题就是强调对意识形态领域的治理和推进传统媒体与新兴媒体融合发展。共建既强调马克思主义新闻观教育，又强调实践育人。共建的内在驱动力除了新闻传播教育的本体自觉，政府自上而下的推动是一个重要因素，并激发了省级以下党委宣传部门和高校的共建热情。

二、共建层次：从省级共建到县级、校内共建

全国120所部校共建新闻学院单位中[5]，省级层面共有61家共建单位，如果加上中央级媒体则有74家，其余的则是省级以下的共建单位。省级层面中，广西壮族自治区最多，共有6家，其次是上海5家，甘肃、贵州、湖南、吉林、陕西、天津各共建3家，北京、辽宁、河南、河北、山西、安徽、江苏、福建和新疆生产建设兵团各共建2家；其他各省区市委宣传部门各共建1家。

在副省级层面，15个副省级城市共有9家共建单位，其中杭州共建3家，宁波共建2家，成都、沈阳、青岛、大连各共建1家。

地市乃至县级共建正在扩大，目前共有29家，其中也以广西最多，共6家，江西则有3家，其他地区1—2家。较为特殊的是鄂尔多斯，这是与市委党校共建的一所非学历性的在职培训机构。除西北地区各地外，其他地区均有地市一级宣传部门开展共建。同时，湖北民族学院与鹤峰县委宣传部开展共建，乐山师范学院文学与新闻学院与该校党委宣传部开展共建也是当前共建中较为突出的案例。而首都师范大学科德学院、浙江万里学院的民办属性也值得注意。

共建的层次的不同，其政策也呈现出各方面的差异。省级和中央媒体的共建层次比较高，往往能够获得较优厚的政策支持，学院能够与主流媒体共享资源，师资力量、媒体平台、实践基地、资金方面也能够得到支持。而地市级及其以下的共建，各方面资源支持显得较为单薄，尚未有公开报道获得资金支持的案例，多数以共建紧密型的专业实践、实训基地，共建品牌栏目、内容为主。

三、共建主体：从部校共建到媒校共建

宣传部门主导是所有共建的标配，各级媒体也以不同形式参与甚至主导共建。媒体与高校共建单位共26家，且有15家为媒体与高校单独共建。光明日报社与中国政法大学共建"光明新闻传播学院"是媒校共建的开端，此后新华社与北京大学、人民日报社与清华大学分别开展共建。还有12家新闻学院所在高校与中央主要媒体实行共建，如光明日报社与北京师范大学、中央新影集团与首都师范大学科德学院、经济日报社与首都经济贸易大学、中央人民广播电台与中国传媒大学[6]、中国国际广播电台与北京第二外国语学院、中国外文局与北京外国语大学、中国日报社与上海外国语大学等。中央新影集团和中国外文局参与共建较为特殊，前者参与共建首都师范大学科德学院的传媒学院，后者参与共建北京外国语大学的国际传播学院。

除此之外，地方主流媒体也参与到共建新闻学院的行列中来，较为突出的是广西，该省共有6家省级主流媒体与区委宣传部联合共建省属重点高校的新闻学院，广西日报社、广西电视台、广西人民广播电台、《当代广西》杂志社等参与共建了广西师范大学、广西师范学院、广西民族大学、广西艺术学院、广西财经学院等新闻院系，其中《当代广西》杂志社参与共建两家单位。与此类似的是上海，上海交通大学对接上海报业集团，上海广播电视台对接同济大学、华东师范大学。而江苏的《群众》杂志社参与共建南京晓庄学院，其表述中并未明确部校共建，但从共建内容来看，也可以认为是一种共建的新形式。此外，吉林电视台、江西广播电视台、宁波日报集团、宁波广电集团、中新社漳州分社、温州日报报业集团、海南广播电视总台也分别与当地的新闻院系开展了共建工作。

媒校共建事实上是部校共建的延伸，并越发成为共建的主流。打通学界与业界的通道、贯通理论与实践的联系、整合更多资源是媒校共建的优势。如"光明新闻传播学院"建立以来，校媒双方建设了以法治文化为主要内容、以推动国家科学民主决策与社会治理为目标的高端智库平台"明政智库"。在人才培养方面，推进"共建管理机构""共建精品课程""共建骨干队伍""共建实践基地""共建研究智库"。"共建开展以来一系列成果的取得，对于中国政

法大学光明新闻学院来说，是新形势下新闻教研和传播实践两端的有效对接，是光明日报社与中国政法大学双方资源的优势嫁接，是一项多赢之举。"[7]

四、共建对象：从共建学院到共建专业

共建主要的对象是新闻学院，但各地院校发展水平不均，有的尚未单独建院，因而地方采取的是共建新闻传播专业。这方面最早开始的是北华大学，该校与吉林市委宣传部共建播音与主持艺术专业。类似的还有广西崇左市委宣传部与广西民族师范学院共建的新闻专业。在共建中，双方发挥各自优势，在校内，学院让"记者编辑走进课堂"，综合培养学生的"采、写、编、评、播（摄）"能力；在校外，学院与市直主流新闻单位签署了学生学习实践协议，共建实训基地。此外，新疆生产建设兵团党委宣传部与兵团所属的石河子大学、塔里木大学也是共建的新闻专业，包括前文提到的湖北民族学院以及河套学院、玉林师范学院、萍乡学院、江西财经大学、井冈山大学、湖州师范学院等均采取的是共建新闻传播类专业。此外，山西省委宣传部与山西大学、山西传媒学院采取共建卓越新闻传播人才培养、实践教学基地的方式。

与共建新闻学院相比，共建专业在共建内容方面更加具有专业性、针对性。共建专业更加强调和注重培养新闻人才的专业能力，在形式上大量与校外媒体合作，开拓实习基地，为学生提供锻炼平台。以吉林市委宣传部和北华大学为例，双方自共建播音与主持艺术专业以来，共享资源，积极开展合作。媒体人走进校园授课，教师走进媒体锻炼，学生有了更多的实习机会。学校还举办培训班，对需要培训的新闻宣传在职人员进行专业培训。

通过部校共建，很多高校新闻院系得以快速发展，比如南昌大学、云南大学、山东大学、吉林大学等先后恢复或成立了新闻传播学院，南京大学、安徽大学、山东大学、南京大学、湖南师范大学、海南师范大学、黑龙江大学等均获得了相应的资金投入。部校共建的内容离不开管理机构、课程建设、人才培育、实践基地与智库研究等五个方面，如何以这五个方面为抓手，真正落实好部校共建政策要求，切实提高新闻教育质量，是部校共建双方的重点与难点。正如江苏省委宣传部相关负责人在接受采访时表示"共建学院挂牌容易，共建工作实际运作不容易，要做深做实，难度很大，要求也很高"[8]。

五、共建发展趋势：价值引领与路径探索

部校共建实质上是中国特色社会主义新闻学在新闻教育上的直观反映，其最终目的是在建设一流新闻学院的基础上，强化价值引领，提升师生的马克思主义新闻观水平，更好适应新时代特别是新媒体环境下深刻变革的传媒业务发展实际，培养"为我所有"和"为我所用"的卓越新闻传播人才，从而探索出一条具有中国特色的新闻学院建设道路。

引领树立科学新闻观是部校共建的核心要义。无论是中宣部和教育部印发的共建意见，还是各地各校对新闻观教学、研究的具体举措，我们都看到，不断强化马克思主义新闻观教育，形成具有中国特色的新闻观，是共建工作最为首要的内容。要真正解决新闻舆论工作"为了谁、依靠谁、我是谁"这个根本问题，关键在于新闻观。当前各地探索的系列教材、开展的学术研究、实施的实践课程等都是对马克思主义新闻观入脑、入心教育的强调，对这一问题的重视将是一以贯之的。

构建贯通业界和学界的联系机制。开展部校共建不仅解决了以往学界与业界阻隔的问题，也给新闻学院建设提供了不可多得的办学治教资源。然而这种共建的保障机制是否可持续，有没有因为领导人的变更和重视程度的不一而难以持续，则是在今后共建过程中值得注意的。同时，宣传部门的介入会不会对新闻学院增加额外的政治任务、压缩自主办学空间也值得注意[9]。因而，建立一个职责范围明确、义务权利归属明晰的共建保障机制十分关键。

培养为我所有、为我所用的卓越人才是目标。习近平在党的新闻舆论工作座谈会上明确指出"必须把政治方向摆在第一位，牢牢坚持党性原则，牢牢坚持马克思主义新闻观，牢牢坚持正确舆论导向，牢牢坚持正面宣传为主"[10]。开展部校共建，无论是加大投入建设一流学院，还是开展学术科研形成理论成果，其最终宗旨是人才培养。宣传部门的主动介入可以理解为意识形态的强化引领，媒体部门的积极参与贯通了理论与实际的联系，对改革传统新闻教育特别是人才培养体系，增强新闻教育的业务实践属性具有促进作用。这两者最终目的就是"要深入开展马克思主义新闻观教育，引导广大新闻舆论工作者做党的政策主张的传播者、时代风云的记录者、社会进步的推动者、公平正义的守

望者"[11]。从而成为"政治坚定、业务精湛、作风优良、党和人民放心的新闻舆论工作队伍"[12]。新媒体时代下，高素质的新闻事业工作者显得更为突出，在强化马克思主义新闻观教育的前提下，对专业实践技能的培养，提供社会亟须的新闻传播人才则是新闻教育必须要回答好的时代课题。

六、结语

通过对当前部校共建新闻学院的梳理，不难发现，自上而下的行政推动建构起了政界、业界、学界多重主体的联系，形成了资源集聚和政策红利叠加的效应，有效推动了一流新闻学院的建设发展。同时，由于意识形态领域的强化，马克思主义新闻观的研究、教育是新闻教育价值观引领的重点和共建工作的核心。不断提升人才培养质量，满足社会对卓越新闻传播人才的需要是共建的最终归宿。自上而下的行政推动是一种外延扩张式发展，由内而外的内涵式发展才是部校共建工作下一阶段的重点。

参考文献：

[1]尹明华:《"部校共建"的实践探索:以复旦大学新闻学院为例》,《新闻与写作》,2017年第4期。

[2]郑海鸥、王珏:《下一盘新闻人才培养的好棋:部校共建新闻学院综述》,《人民日报》,2014年9月16日,第4版。

[3]王大丽、吴廷俊:《中国新闻教育新热潮:部校共建》,《新闻大学》,2015年第1期。

[4]《安徽师大依托部校共建培养卓越新闻传播人才》,《安徽师范大学学报(人文社会科学版)》,2015年第5期。

[5]需要说明的是,我们的调查截至2018年8月底,是根据公开可查询的报道整理归纳的。

[6]中国传媒大学与北京市委宣传部开展共建。

[7]侯月娟:《部校共建中的高端智库建设与人才培养创新:中国政法大学光明新闻传播学院部校共建模式探析》,《西部学刊》,2016年第3期。

[8]郑海鸥、王珏:《下一盘新闻人才培养的好棋:部校共建新闻学院综述》,《人民日报》,2014年9月16日,第4版。

[9]王敏:《"部校共建"模式下的马克思主义新闻观教育研究:以武汉大学新闻与传播学院为例》,《教师教育论坛》,2017年第9期。

[10]杜尚泽:《习近平在党的新闻舆论工作座谈会上强调　坚持正确方向创新方法手段　提高新闻舆论传播力引导力》,《人民日报》,2016年2月20日,第1版。

[11]杜尚泽:《习近平在党的新闻舆论工作座谈会上强调　坚持正确方向创新方法手段　提高新闻舆论传播力引导力》,《人民日报》,2016年2月20日,第1版。

[12]杜尚泽:《习近平在党的新闻舆论工作座谈会上强调　坚持正确方向创新方法手段　提高新闻舆论传播力引导力》,《人民日报》,2016年2月20日,第1版。

（原载《青年记者》2019年第11期）

历史与文化

涉农纪录片重建乡村文化自信的理论基础与现实可能

马 梅*

摘 要：乡村是中华文明的基本载体，乡村文化是中华优秀传统文化的根，文化自信是更基本、更深沉、更持久的力量，从乡村建设到乡村振兴必须重建乡村文化自信。乡村文化自信可以分为两个层面，一是整个社会对于乡村文化的自信，对于乡村文化价值的充分肯定，对乡村文化在中国文化中的地位的肯定；二是乡村居民尤其是在乡村从事农业的农民对于乡村文化的自信。而鉴于涉农纪录片独特的创作方式、创作追求、美学品格、溢出效应，比起其他媒介作品品类，对于重建乡村文化自信能够发挥重要作用。

关键词：涉农纪录片；乡村振兴；乡村文化自信；乡村文化

一、引 言

2017 年 10 月 18 日，中国共产党第十九次全国代表大会报告提出要实施乡村振兴战略。在实施乡村振兴战略中，文化建设有着重要地位，"乡村振兴，文化建设要先行"[1]，因为"文化是一个国家、一个民族的灵魂"[2]。"乡村是中华文明的基本载体"[3]，乡村文化是乡村社会得以延续的核心[4]。

塞缪尔·亨廷顿认为文化是一个社会中的价值观、态度、信念、取向以及人们普遍持有的见解，它对社会、政治和经济行为具有举足轻重的影响[5]。他

---

*作者简介：马梅，教授，博士生导师，主要研究方向：马克思主义新闻学、文化传播、视听（纪实）节目。

这里所说的文化主要是一种精神层面的文化。这种精神层面的文化如何影响社会、政治、经济呢？戴维·思罗斯比的一段论述在一定程度上阐释了文化影响经济的机制。他认为，文化可能在大致的三个方向上影响群体的经济产出：第一，文化也许可以通过改善群体的共同价值观而影响经济效率，这种共同价值观决定了群体成员以怎样的方式来从事经济生产活动；第二，文化会影响公平；第三，文化影响力甚至决定了群体所要追求的经济目标和社会目标[6]。

习近平总书记关于扶贫的名句"扶贫先扶志，扶贫必扶智"也从两个方面说明了精神层面的文化对于扶贫的意义。据此，无论是作为综合体的文化（物质、制度、精神三个层面），还是单一维度的文化，对于民族和国家的发展都具有重要意义，但问题的关键在于人们是否对文化有正确的认识与运用——是否有文化自觉和文化自信。对于乡村建设、乡村振兴来说，则需要人们对乡村的功能和地位有正确认识，对乡村文化怀有自信。但是，中国社会是否都已认识到乡村是所有人的乡村？是否认识到乡村除了是粮食供应地，也是中华文化原乡、生态多样性保护者、资源环境蓄水池？乡村是否得到了社会各界的关心、支持与建设？农民、乡村居民是否有乡村文化自信？全社会是否有乡村文化自信？大众传媒在这当中应该发挥什么作用，能否发挥作用？这些问题值得深思。

二、大众传媒助力乡村文化自信的理论基础

1. 乡村文化自信

1997年费孝通提出文化自觉的概念，是指生活在一定文化中的人对其文化有"自知之明"，明白它的来历、形成过程、所具有的特色和发展的趋向，不带任何"文化回归"的意思，不是要复旧，同时也不主张"全盘西化"或"全盘他化"[7]。其后又有不少学人进一步阐释。云杉认为，文化自觉是指一个民族、一个政党在文化上的觉悟和觉醒，包括对文化在历史进步中的地位作用的深刻认识，对文化发展规律的正确把握，对发展文化的历史责任的主动担当[8]。而文化自信是人们对自身文化发展的坚定信念，是对自身文化价值的充分肯定，是在文化实践中体现出的一种文化主体意识[9]。文化自信，是更基础、更广泛、更深厚的自信，是更基本、更深沉、更持久的力量[10]。

2017 年 10 月 18 日，习近平在中国共产党的十九大报告中提出，要坚定文化自信，推动社会主义文化繁荣兴盛。他说，没有高度的文化自信，没有文化的繁荣兴盛，就没有中华民族伟大复兴。

梳理至此，我们可以发现，从某一民族、国家、政党对自身文化的认识来看，从文化自觉到文化自信是文化认识的不同阶段，文化自信以文化自觉为基础，文化自信是在文化自觉基础上的正向肯定。对于中国共产党、中国人和中华民族来说，其文化自觉就是指其对中华文化的地位、作用、发展历程和未来趋势的自知之明，以及对于历史责任的主动担当。文化自信，就是其在对时代发展潮流和中国特色社会主义伟大实践的深刻把握中，对中华文化价值的充分肯定，以及对中华文化生命力的坚定信念[11]。

在中华文化中，在中国特色社会主义文化中，乡村文化又是何种地位？费孝通认为，从基层上看，中国社会是乡土性的[12]。徐兆寿认为，在他（费孝通）的世界里，乡土文化不光是乡村的文化，同时也是古代中国人的文化，就是中华传统文化。乡土文化是一种植根于大地，在大地上建立乡村、城镇、礼仪、制度、庙宇等，并且以此而建立其自由、幸福的天人合一的文化。从根本上说，它就是钱穆所讲的与海洋文化、游牧文化相对应的三大文化之一的农耕文化。再说小一些，它就是中华传统文化[13]。张正宪指出，乡村是传统文化的"源头"，是农耕文明的"载体"。乡村建设的每一方面和行动，都必须注重对乡土文化的保护，或者以乡土文化为引领和灵魂。乡土文化的悄然复兴，给中国乡村的现代化转型奠定了一个撬动的支点，为中国农民的主体性发展增添了更加充足的文化自信[14]。2018 年 9 月 21 日下午，中共中央政治局就实施乡村振兴战略进行第八次集体学习，习近平总书记在主持学习时发表讲话，指出：我国农耕文明源远流长、博大精深，是中华优秀传统文化的根[15]。从这些表述可以看出乡村文化（文明）、乡土文化、农耕文化（文明）这几个能指几乎是指向同一个所指——本文统一用"乡村文化"这一指称——它是中华优秀传统文化的根。据此，中国人的文化自信当中，自然应该含有"乡村文化自信"。这种乡村文化自信可以分为两个层面，一是整个社会对于乡村文化的自信，对于乡村文化价值的充分肯定，对乡村文化在中国文化中的地位的肯定；二是乡村居民尤其是在乡村从事农业的农民对于乡村文化的自信。有了前者，后者才能持久，才能形成关于乡村文化自信的良性循环；有了乡村内部的乡村文化自信,才能有乡村建设、乡村振兴的内生动力与不竭动力。只有这二者合力,才会有乡村振兴的人才资源,才会有新农人、新乡贤、返乡农民,才会有城市人从事涉农产业等。

当然,我国的文化自信所自信的文化是中华优秀传统文化、革命文化、社会主义先进文化等优秀文化,那些包含在"传统"中的、曾经被认为是"文化"但现在看来腐朽落后的思想、观念、制度、器物,不在"文化自信"之列。具体到乡村文化自信,是对乡村文化的物质、制度和精神层面中正向的、优秀的、美好的方面予以充分肯定,即乡村文化自信是对乡村美好风物风俗的自信,对乡村美好精神伦理道德的自信,对乡村居民在劳动实践中体现的智慧等方面的自信。

2.乡村文化自信的失落与重建

根据上面的分析,我们认为中国应该有乡村文化自信。

乡村一直是中国文化的发生地和保存地,孔子"礼失而求诸于野",《诗经》时代的采风制度,都可以说明乡村文化对于中华文化的重要意义,而即便有了高大的城池和位于城池中的官署,士人阶层仍然以山水诗、田园诗、农事诗及其他相关文学艺术形式表达着对于乡村文化的肯定与向往。

但近代以来,伴随着列强入侵和片面的学习西方的热潮,乡村文化受到巨大冲击。在现代性所带来的"都市眼光"的审视下,一直以来作为正面象征的乡村在20世纪转趋负面,本不是"问题"的乡村在现代成为"问题"[16]。这种"问题化"后的"乡/土"既在文化上进一步强化了城乡不平等与割裂对立,又循环生产出一整套让农民无法自信、让农业失去尊严、让农村难以安身立命并获得意义,以都市和资本为中心的现代文化。这些不仅成为外部主体对乡村简单而又刻板的定型化想象,更作为"社会共识"内化为农民或乡村工作者的自我认知与困惑源泉[17]。

在这样的环境下,乡村研究和乡村建设兴起,从清末民初延续至今,整体上包括前后呼应的三波乡村建设。晏阳初、梁漱溟等"乡建派",是1904年至1949年间民间乡村建设实践的最卓著者,他们期盼改变乡村"愚贫弱私"的四大病,进而实现救国理想。在他们的思想中,乡村文化建设正是乡村建设的核心。他们认为,乡村建设实非建设乡村,而意在整个中国社会之建设,实乃吾民族社会重建一新组织构造之运动。[18]可以看出,此时乡村文化自信已失,乡村文化自信的重建开始。

中国共产党成立后，把农村土地革命和农民教育作为核心内容，在苏区、抗日根据地、解放区也把乡村文化建设作为重要内容。1949年新中国成立以后，乡村文化建设如火如荼，农民夜校、农闲学校、农村电影放映、农村有线广播等发挥了重要作用。但是，自改革开放由农村转入城市以来，在工业化、市场化、城市化与经济全球化等因素的共同作用下，"三农"成为问题，乡村文化自信又一次褪去。季中扬认为出现了乡土文化认同危机与现代化焦虑[19]，王作亮分析了乡村文化的负面变迁给予乡村青少年的负面影响[20]。人们呼吁乡村文化的重建[21]。

事实上，21世纪以来有文化人、社会组织如温铁军等在进行新一轮乡村建设，其中就开展了乡村文化教育活动，但这些民间性质的活动长期以来并没有为全国大众所知，乡村文化自信可能在这些乡建区域得以小范围恢复，但全国范围内，可能仍然缺少乡村文化自信。

另外，长期以来担当乡村文化中心、开展乡村文化教育的乡村小学自20世纪90年代以来，也伴随着工业化、市场化、城市化，而几乎不再开展乡村文化教育。现代乡村学校教育从机构设置到课程、教学都不再反映乡村文化，它逐渐成为乡村文化传承与发展的"盲区"[22]。

3.大众传媒助力乡村文化自信的应然和实然

媒介对于社会变迁具有重要作用。"事实上，我们今天面对的一个更大的现实情境则是整个社会已然和传统社会产生较大的差异，社会多个层面的流动性和交往不断加剧。这就要求我们不仅要了解媒介作为一种中介和技术如何嵌入到一个社会的政治、经济和文化生活中，还必须将媒介看做是社会转型与变革中的结构性影响因素或重塑力量，夫关注媒介和特定社会、人群复杂的互动及关系。"[23]

2005年，党的十六届五中全会提出建设社会主义新农村战略；2013年，农业部启动"美丽乡村"创建活动；2017年，党的十九大报告提出乡村振兴战略；2018年9月23日，中国二十四节气的秋分，成为中国第一个农民丰收节。这些国家层面的战略与行动，都彰显了国家对于"三农"工作的重视，对于重建乡村文化自信的信心与决心。作为党、政府和人民的喉舌，我国主流媒体一直关注"三农"。第一个中国农民丰收节来临前，2018年9月22日，《人民日报》发表评论《中国农民丰收节来了!习近平:这是一件影响深远的大事》,文中说:"在国家层面专门为农民设立全国性节日,致敬农民,礼赞丰收……有利于提升亿万农民的荣誉感、幸福感、获得感,营造重农强农的浓厚氛围,凝聚爱农支农的强大力量……"9月23日,中国农民丰收节当天,我国各级主流媒体都开展了形式多样的报道活动。

在这样的环境下,更多社会组织和有识之士在乡村开展各种形式的乡村建设活动。但是,由于多种原因,这些活动对于乡村文化自信的重建所发挥的作用还不够理想,甚至我们的很多农民对于乡村振兴战略都不是很了解。

2018年暑期,笔者就乡村振兴战略和主流媒体涉农传播的问题,在安徽各地乡村进行了调研,访问了农民、新农人和农村干部,共71人。对于乡村振兴战略,其中有40人回答说不知道或没听说过,约占56%;31人选择知道,约占44%,但当中8人坦承"知道但不怎么了解(没太关注)"或"听别人说过这个词",约占11%。笔者发现,新农人、农村干部会主动通过各种传统媒体、新兴媒体,了解各种信息,他们对于乡村振兴战略,都有一定程度的理解;普通农民基本上不会通过各种大众传媒获取涉农信息与知识,他们偶尔接触媒体多是为了休闲、放松。普通农民无论年龄大小对乡村振兴战略都比较隔膜,甚至完全没有听说过,他们还是按照老办法种点粮食、经济作物和养殖牲畜,维持生活,他们对于乡村生活、农业劳动不抱有"美"的期望———他们只要有机会还是要去城市生活,他们认为农业劳动很辛苦,农民的身份仍然让他们无法自信。当然,他们仍然有着期盼:知道"乡村振兴"这个词的不少普通农民都希望政策能落到实处,真正让乡村好起来。

那么,为什么普通农民缺少乡村文化自信,对于乡村振兴战略不太了解?原因是多方面的,但有一点不可忽视,那就是乡村基础设施尤其是文化设施和公共文化活动的不足。以作为社会发展中介力量和结构性力量的大众传媒为例,报纸在农村很少有人订阅或购买阅读;收听无线广播的听众主要在城市,农村听众微乎其微,绝大多数农村已没有有线广播;虽然电视在城乡普及,但在大多数农村尤其是居住分散的农村,有线电视没有普及,卫星电视接收设备常常出现问题,接收频道有限,能够长期稳定收看的主要是央视综合频道、本省省级卫视频道、本地市县的频道,这些频道新闻节目有限,而且新闻节目播放的时候乡村居民尤其是农民可能还在劳作[24]。

另外，目前在农村占主要地位的电视媒介有时可能还产生了反作用。于影丽通过调研发现，电视等大众传媒构建的是脱离乡村，甚至是脱离现实社会关系和社会秩序的生活和文化图景，它强化了人们对城市美好生活的想象、对脱离乡村生活的渴望以及解构了乡村文化[25]。矛头所指是大众传媒表现乡村文化自信的很少，娱乐节目、明星现象、奢侈广告等主要以都市、高消费为取向。

综上，在乡村文化自信的重建乃至于乡村建设、乡村振兴方面，我们的主流媒体已经并且正在发挥作用，但是大众传媒还需要进一步改进工作、创新方式，尤其是要走近农民、走进他们的生活。

4.涉农纪录片与文化自信的关系

比起其他新闻作品、媒介作品，涉农纪录片由于其先天特性，在"走近"和"走进"被拍摄的"三农"方面，在"走进"观众心灵方面，更具优势。这一优势，决定了它能够助力乡村文化自信的重建。

在笔者2018年暑期的涉农传播调研中，一个年轻的新农人希望涉农传播可以做得再完整一点或者深入一点，像《舌尖上的中国1》那样，说出背后的故事。另外一位年轻的村扶贫专干说《舌尖上的中国1》比较真实，对于其中农村生活的酸甜苦辣感同身受。这给笔者以重要启示。事实上，《舌尖上的中国1》正因为被拍摄的农民生产生活之真，才更能让观者感到其精神中的自信，它不仅仅是美食纪录片，更是通过一个个朴实善良、坚毅乐观、勤劳智慧的农民的日常故事，礼赞了中国农民，礼赞了劳动，礼赞了植根于乡村的中华文化。可以说，鉴于该片表现的是我国各地域、各民族的各类农民及他们在生活中创作出来、表现出来的文化，笔者认为这部片子其实表现的就是某种乡村文化自信。这样的涉农纪录片有利于重建乡村文化自信，有利于人们更好地参与乡村建设，有利于乡村振兴。

从媒介作品品类来说，纪录片是新闻作品与影视艺术作品的跨界品种或曰结合品种，很多优秀纪录片既获得了中国新闻奖的奖项，又赢得了影视艺术大奖。纪实性与艺术性（审美性）兼备，是纪录片的特性与优势。与新闻作品、专题片经常采用浓缩的概述和工作角度相比，纪录片以其故事化模式吸引了众多观众，优秀纪录片在保持纪实属性的基础上，在情节、冲突、悬念、节奏、人情等方面的呈现与表达也具有"戏剧性"特点，好看又深刻。

不同于虚构的叙事作品，纪录片呈现的是真实的故事，它的故事不是按照叙事学的既有故事形态设计的，而是往往记录、呈现正在进行时态的现实生活，因而更具真实性、客观性，其走向和结局是未知和不确定的。故事的戏剧性、冲突性与原生态的真实性、不确定性，对立统一在一部纪录片中，使它具有极大的艺术张力，这也是具有较高文化鉴赏力的人选择纪录片的原因之一。事实上，很多受众随着年龄增长、知识阅历的丰富，渐渐选择观看纪录片而不是肥皂剧。

从影视艺术角度来说，涉农纪录片与涉农题材影视剧相比，后者在各个历史时期当然有很多精品力作，但是某种程度上，涉农题材影视剧固然也是故事，可是其虚构的先天定位，加上人们刻板的思维印象，总让潜在媒介用户中的非乡村居民怀疑其是否足够真实。而且，再好的编剧也无法跟得上生活本身的规律和千变万化，编织出来的剧情永远提醒人们它的"编造"出身，何况由于演职人员知识层次、文化水平、思想境界、"三农"经验等的不足，很多涉农影视剧还存在着情节有漏洞、历史表现错误、人物塑造单薄等问题。而很多出现乡村场景的涉农综艺，往往以明星为主角，乡村、乡村居民仅仅是背景。从这个意义上说，涉农纪录片可能比涉农题材影视剧与综艺节目更容易让人相信，更有利于表现乡村文化自信。

涉农纪录片讲述了一个个鲜活真实的"三农"故事，尤其是那些格调积极乐观的涉农纪录片，对于被拍摄乡村的居民来说，他们为自己的故事能够被广泛传播而骄傲；对于其他乡村及其居民来说，他们产生了朋辈的同理心，产生了文化认同；对于离乡居住的居民，他们的文化记忆被唤醒；对于非乡村居民，涉农纪录片则可能因其人性的表达、人生经历的展示、生活本真性与复杂性的呈现、陌生化场景中的不适与适应等而吸引他们———人类的好奇心、对未知与陌生的探求欲似乎与生俱来。

时任国家新闻出版广电总局宣传司司长的高长力，在 2017 年 11 月 24 日出席 2017 北京纪实影像周开幕式的致辞时，曾特别提到纪录片《希望的田野：拉林河畔》，它讲述了黑龙江五常大米产地的一个村庄的一些农民的故事，故事很简单，但生活很鲜活，纪录片拍出了电视剧的戏剧效果。该纪录片已经制作完成的前 3 集在央视纪录频道以及 20 多家省级卫视播出后，收视率非常高，以至于在网络上出现很多盗版，就是因为这个片子好看[26]。

三、涉农纪录片重建乡村文化自信的现实可能

1.涉农纪录片的创作方式有利于乡村居民重塑乡村文化自信

纪录片要求较长的拍摄时间，强调创作者和被拍摄对象共同经历一段时光，在这种共同经历中发现、挖掘、把握被拍摄者、题材的灵魂与精髓。纪录片拍摄要求平等地对待陌生的文化与人群，要求"平视"被拍摄者，要求用一种朋友般的、兄弟般的情感对待被拍摄者。于是，我们会发现，在涉农纪录片的拍摄过程中，创作者和被拍摄者一起生活，甚至参与他们的劳动，那些原本在"文化人"（拍摄者）和摄像机面前非常羞涩的农民，渐渐变得自然起来，终于能将拍摄者和摄像机视作无物，终于他们敢于举起自己满是泥的手，举着自己种的红薯、自己从淤泥里挖出的藕……终于他们不再以为自己的农民身份是不美的，不再认为自己的黑脸孔、泥水衣服是不美的……[27] 这一个过程其实就是一个乡村文化自信被唤醒、增强的过程。

在涉农纪录片的创作中，我国还出现了将摄像机给予农民，让他们自主拍摄的现象，更进一步凸显了涉农纪录片对于乡村的"赋权"性质。如一些公益组织走进乡村，开展乡村影像计划。又如，我国幅员辽阔，有少数民族生活在乡村，所以一直以来少数民族题材纪录片当中也有相当数量的纪录片可以说是涉农纪录片。长期以来，这些纪录片的拍摄者主要是专业纪录片作者或人类学者，其表现重点是其文化的民族特殊性（如表现的是边疆少数民族，还有"边疆性"），是一种奇观记录与呈现，而不是乡村性，其目的是记载和留存一种民族文化，不过在这些记录中也有一定的对乡村风物之美、乡村伦理道德之美、乡民精神品德之美的反映。2000年以来，一些"社区影像计划""乡村之眼"的村民影像培训与拍摄计划，将摄像机交给少数民族村民，让少数民族村民对民族文化、对乡村文化有了审视、反思、表达的机会，文化自觉得以觉醒，乡村文化自信得以复苏[28]。

在新媒体和移动互联的语境下，涉农纪录片在长度的选择上更加灵活，既能够运用常规长度的片长来表现"三农"领域的宏大主题、重大事实、重要人物、复杂现象，也能够运用短片、微片通过一个细节、一个片段来表现某一个农民、新农人、"三农"主题。乡村居民参与拍摄，涉农纪录片的网络播出更

加方便，这些都更有利于乡村文化自信的重建。

2.涉农纪录片的创作追求有利于社会各界建立乡村文化自信

在传者意图的显性表达和浓度方面，涉农纪录片比起新闻作品更加自由。

牛光夏梳理了20世纪80年代以来的涉农纪录片，认为"这些纪实影像里的乡土中国没有被加上柔光镜而一味地抒发乌托邦式的美丽乡愁，也没有被施以鱼眼镜头而一味地大唱凋敝与衰败的悲歌，它们较为客观地建构了乡土中国的多方位图景，书写了中国迈向现代化进程中农民生活与思想情感变迁的人文篇章，有助于观者了解真实的中国农村从而更好地参与到乡村建设中去"[29]。

笔者也梳理了2005年以来的涉农纪录片（见表1），发现它们在表现地域、民族、题材、风格等方面非常多样。而且，纪录片注重过程性的记录，尽量避免传者意图的直接表达，强调让受众自己从视听语言的繁密之网中领悟深意；纪录片强调审美性、非功利性，不直接为某个意图服务，尽可能以多义性和复调性而实现隽永。但是，新闻作品由于其与政治的如影随形，"新闻是政治的幻象"，而一直以来在主题和情感基调方面是比较单一的。可以说，正是由于纪录片相比新闻作品的这种自由，使得我国的涉农纪录片有可能全面展现我国乡村的多元生活图景，从而给予社会各界全面审视、反思乡村与乡村文化的机会，进而在文化自觉基础上产生文化自信的复苏。

表1　2005年以来中国涉农纪录片列表（不完全统计）

片名	年份	情绪基调	主题内容
农民陈法庆	2005	积极乐观	农村环保公益
黄河人家	2005	消极悲观	农民生活
箔门	2005	积极乐观	水乡文化坚守
大家庭	2005	消极悲观	农民贫困生活,家庭矛盾
走进张德高	2006	积极乐观	农村文艺
千里寻母	2006	积极乐观	农村留守儿童寻亲
进城	2006	积极乐观	农民进城打工史
在北方	2006	消极悲观	农民生活,家庭变故
祈雨	2006	积极乐观	祈雨仪式,乡村习俗

片名	年份	情绪基调	主题内容
远去的水乡	2006	积极乐观	苏州农村变迁,四世同堂的大家庭
麦客	2006	积极乐观	农业现象,西部麦客
三月木棉红	2007	积极乐观	农业活动,农民生活
迁徙的人	2007	反思批判	农村变迁
赤脚讨薪路	2007	积极乐观	农民工维权
咱们的运动会	2007	积极乐观	村庄运动会
消逝的村庄	2007	反思批判	不通路、电的古老村庄
我们的生活	2007	积极乐观	农民工生活
芨芨草	2007	积极乐观	乡村的守望人
油菜花开	2007	积极乐观	农民生活
农夫与野鸭	2008	反思批判	农民与斑嘴鸭
归途列车	2008	反思批判	农民务工,父女矛盾
第一犁	2009	中立客观	影像文献
我们的土地 ——胶片里的乡土中国	2010	中立客观	影像追寻,中国农村历史再现
阴阳	2010	积极乐观	农民生活,农村干旱少雨,占卜
马兰的歌声	2011	积极乐观	乡村教师
黑井	2011	中立客观	贫困小镇,历史故事
舌尖上的中国1	2012	积极乐观	各地农民(牧民、渔民、山民等)
暖春	2012	积极乐观	农民收养不幸孩子
大寨	2012	积极乐观	17名乡村老人的故事
愚公支书王光国	2012	积极乐观	村干部事迹
寻找最美乡村教师	2012	中立客观	乡村教师
麦子熟了	2012	积极乐观	农业生产,农业技术

续 表

片名	年份	情绪基调	主题内容
皮村纪事	2012	中立客观	皮村,务工人员
农民工的局长	2012	积极乐观	农民生活,基层干部
乡村里的中国	2013	中立客观	农村家庭关系,民俗民风
进城	2013	消极悲观	农民工生活,家庭贫困
三姐妹的故事	2013	中立客观	农村变迁
眷村,光阴的故事	2013	中立客观	台湾眷村,乡愁
最后的女乡村邮递员	2014	中立客观	乡村邮递员
村里的演唱队	2014	积极乐观	农民演唱队,老年农民生活
中国新农民	2015	积极乐观	新农民群体,现代化发展
开往春天的列车	2015	中立客观	务工人员,山区农村
人心枣魂	2015	积极乐观	农业生产,大学生村官
麦田称雄的90后	2015	积极乐观	90后新型农民
绝壁长廊	2016	积极乐观	河南省新乡市辉县沙窑乡郭亮村
最后的麻风村	2016	消极悲观	大理市凤仪镇黄草坝麻风病康复村
泥活	2016	积极乐观	农民生活,泥土情缘
过年	2016	积极乐观	东北乡村家庭,原生态生活
呼啸江华:大圩的春天	2016	中立客观	高寒贫困山区,易地搬迁工程
希望的田野:拉林河畔	2017	积极乐观	黑龙江五常市杜家镇
扶贫周记	2017	中立客观	广西田东县扶贫脱贫故事
出山记	2018	积极乐观	贵州遵义山村易地扶贫搬迁
落地生根	2018	中立客观	云南怒江州福贡县匹河乡沙瓦村 精准扶贫脱贫攻坚
记住乡愁(第1季—第4季)	2015—2018	积极乐观	各地各民族村落文化

张涛甫分析澎湃新闻的非虚构写作,认为其拓宽了新闻作业面,在别人止步的地方起步,为中间或底层人物画像[30]。其实这也完全适用于对纪录片特征

和功能的表达。纪录片可以说是非虚构写作在视听媒介产品的另一个"我"。在消费主义影响下，在众多媒体过于追求商业利益而忽视涉农题材时，涉农纪录片却一直坚守对涉农题材的面的拓宽、穿透以及聚焦底层。

3.涉农纪录片的美学品格有利于唤醒乡村文化自信

纪录片总体来讲是追求诗意之美的，涉农纪录片则以己之美书写了乡村文化之美，从而利于乡村文化自信的重建。毋庸讳言，纪录片和新闻作品的品质是不同的。"在大众传媒之前，事实的讲述者是历史叙事，也就是非虚构作品（以及改良了的虚构作品）……为了在较短的时间内完成对事实的加工并尽快传播给受众，传媒采用了与历史和文学完全不同的叙事方式……就文本形式而言，它需要做一系列技术性的处理，历史或文学叙事在足够的延迟性的保障下体现出的叙事的优雅和品质，在新闻报道这里统统无法再现……"[31] 这一段文字论证了新闻报道与历史或文学叙事的不同，指出了新闻报道由于追逐时效而失去了叙事的优雅和品质，而历史或文学叙事的特点恰恰在于其在足够的延迟性（不追求时效性）保障下体现的优雅与品质，这里新闻报道、历史或文学叙事，正好形成了对立。笔者认为，纪录片恰恰如同这类的历史与文学叙事——前文已述，纪录片不追求时效性而有足够的延迟性，纪录片讲究隽永、过程性、多义性与复调性。具体来说，纪录片弥补了新闻报道的不足，它在文本上通过细节、过程的展现和构图与景别、拍摄方法与拍摄角度、光线、色彩与影调等的选择、组合，实现了足够的延迟性——一个采茶的动作，可以从远景慢慢推到特写，从大片茶园推到采茶人的手指和一片茶叶，且既可以从正面拍，也可以到采茶人的背后拍、侧面拍，还可以慢慢从采茶人和茶叶摇到近旁的露水、野草、野花等，还可以从茶园下方仰拍，或者从茶园上方高处往下俯拍，等等。这种延迟性使得事实（活动、动作）的优雅和品质或者美学意义上的美得到充分展现。事实上，当前确实有不少涉农纪录片采用这样的方式拍摄一个采茶人、一个做黄馍馍的陕北农民、一个行走在山林寻找蘑菇的农村女孩、一个翻山越岭寻找虫草的牧民，如《舌尖上的中国》《本草中国》《茶，一片树叶的故事》等，这样的纪录片自然通过其符号呈现的优雅，延伸到了乡村自然风物之美和被拍摄者的劳动之美、伦理之美、精神之美。这种美，会形成一种召唤机制，唤起观者的文化记忆，引起共鸣，进而引起人们对乡村文化的或浅或深的认同，导向乡村文化自信。

4.涉农纪录片的溢出效应加速乡村文化自信的重建

《舌尖上的中国1》热播当中和播出之后，节目中出现的特色农产品通过各种途径销售出去，一些特色乡村和乡村文化吸引了大量游客，一些地方因此成了著名旅游景点。这体现了社会对于乡村风物、风俗、人情的认同，体现了整个社会对于乡村文化的自信的复苏，这种复苏进而又鼓舞了乡村内部的居民，增强了他们的自豪感，促进了当地农产品生产加工、乡村旅游的发展，甚至鼓舞了外出乡村居民返乡、城市市民进入乡村从事涉农产业。

《记住乡愁》系列热播之后，古村落、特色村落旅游业进一步兴起，植根于乡村的中华优秀传统文化随之濡染开来。

《希望的田野：拉林河畔》让人们看到了好吃的五常大米原来就是由这样朴实的农民辛苦种植出来的，使人们对农业生产和农民充满了敬意。

涉农纪录片的这种利好形势也带热了各种涉农纪实视频与直播，当前商业平台媒体、互联网公司、公益组织、有情怀的个人也大量生产涉农题材视频，今日头条、快手、火山、西瓜、抖音等视频社交媒体（软件）更是给这种生产带来了极大便捷，乃至出现了一些农民和农村"网红"。新华社报道称："干农活、摘果子、捉鱼虾……当这些原本再普通不过的乡村农事通过农民的手机镜头直播，引来大批城里人追捧时，一系列奇妙的'化学反应'让农民成了'网红'，由此带来的经济价值、农业技术价值和文化价值正成为助力乡村振兴的新动力。"[32] 显然，"网红"农民对于乡村文化自信的重建能够发挥重要作用。

四、结　语

文化对于经济社会发展具有先导和定位作用，文化自信是更基础、更广泛、更深厚的自信，是更基本、更深沉、更持久的力量。乡村振兴战略是国家重大战略，对于振兴中华、实现中华民族伟大复兴具有重要意义[33]。乡村振兴，需要有乡村文化自信，乡村文化自信会为实施乡村振兴战略提供强大的精神支撑，激发出乡村振兴的强大动力和主体性。在这过程中，作为重要的宣传思想文化产品，涉农纪录片具有不可替代的重要作用。

参考文献:

[1][4]王晓毅:《乡村振兴,文化建设要先行》,《北京青年报》,2017年11月26日,第A02版。

[2]习近平:《决胜全面建成小康社会　夺取新时代中国特色社会主义伟大胜利》,2017年10月18日习近平在中国共产党第十九次全国代表大会上作的报告。

[3]见中共中央、国务院印发的《乡村振兴战略规划(2018—2022年)》,新华社,http://politics.people.com.ccn/n1/2018/0926/c1001-30315263-2.html,2018年9月26日。

[5]塞缪尔·亨廷顿等主编:《文化的重要作用:价值观如何影响人类进步》,程克雄译,新华出版社2010年版,第7—10页。

[6]戴维·思罗斯比:《经济学与文化》,王志标、张峥嵘译,中国人民大学出版社2011年版,第68页。

[7]费孝通:《文化与文化自觉》,群言出版社2016年版,第195页。

[8]云杉:《文化自觉、文化自信、文化自强——对繁荣发展中国特色社会主义文化的思考》(上),《红旗文稿》,2010年第15期。

[9]高清:《文化自觉和文化自信是建设社会主义文化强国的必然选择》,《陕西社会主义学院学报》,2013年第3期。

[10]习近平:《习近平谈治国理政》第2卷,外文出版社2017年版,第349页。

[11]孙元君:《习近平的文化自觉与自信》,《奋斗》,2015年第5期。

[12]《乡土中国》最早出版于1947年,见费孝通:《乡土中国　生育制度》,北京大学出版社1998年版,第6页。

[13]徐兆寿:《乡土文化何以复兴》,《光明日报》,2017年1月6日,第13版。

[14]张正宪:《乡土文化复兴:农耕文明迎来变革新生》,半月谈,http://culture.people.com.cn/n1/2017/0815/c1013-29471415.html,2017年8月15日。

[15]《习近平主持中共中央政治局第八次集体学习并讲话》,新华社,http://www.gov.cn/xinwen/2018-09/22/content?5324654.htm,2018年9月22日。

[16]张正宪认为:新乡贤群体的成员构成更加广泛。传统中国的乡贤即乡

绅。今日乡村,退休返乡的干部、教师、工人,怀揣金色梦想的大学生村官,投身创业热潮的返乡农民工,矢志反哺桑梓的成功企业家,积极带领村民实现共同富裕的优秀基层干部,还有热心乡村公益事业、自愿从事乡村建设的各方社会贤达,都可成为新的乡贤。参见张正宪:《乡土文化复兴:农耕文明迎来变革新生》,半月谈,http://culture.people.com.cn/n1/2017/0815/c1013-29471415.html,2017 年 8 月 15 日。

[17]潘家恩、温铁军:《三个"百年":中国乡村建设的脉络与展开》,《开放时代》,2016 年第 4 期。

[18]晏阳初和梁漱溟在 20 世纪 20 年代至 30 年代提出这些思想,开展乡村建设。参见晏阳初:《平民教育与乡村建设运动》,商务印书馆 2014 年版;梁漱溟:《乡村建设理论》,商务印书馆 2015 年版。

[19]季中扬:《乡土文化认同危机与现代性焦虑》,《求索》,2012 年第 4 期。

[20]王作亮:《乡村文化变迁及其对乡村少年影响》,《中国教育学刊》,2011年第 12 期。

[21]参见周军:《中国现代化与乡村文化建构》,中国社会科学出版社 2012 年版;赵霞:《乡村文化的秩序转型与价值重建》,河北人民出版社 2013 年版。

[22][25]于影丽:《社会转型期乡村文化:传承与断裂》,教育科学出版社 2012 年版,第 3、177 页。

[23]孙信茹:《田野作业的拓展与反思——媒介人类学的视角》,《新闻记者》,2017 年第 12 期。

[24]马梅:《中国农业电视传播发展研究》,中国电影出版社 2010 年版,第 38—107 页。

[26]高长力:《高长力:纪录片进入了"黄金时代"》,"纪录中国"微信号,2017年 12 月 3 日;又见于 http://www.360doc.com/content/17/1204/00/224530_709658906.shtml,2018 年 10 月 6 日。

[27]马梅:《乡土也可以如此之美——也谈〈舌尖上的中国〉的成功基因》,《今传媒》,2014 年第 4 期。

[28]朱靖江:《故乡回望苍茫——中国少数民族题材纪录片 40 年回顾》,《中国民族》,2018 年第 5 期;中国民族网,http://www.56-china.com.cn/show-case.php?id=16032018-05-30,2018 年 5 月 30 日。

［29］牛光夏：《纪实影像对乡土中国的书写与观照》，《现代传播》，2017年第11期。

［30］张涛甫：《非虚构写作：对抗速朽》，《新闻记者》，2018年第9期。

［31］胡翼青：《再论后真相：基于时间和速度的视角》，《新闻记者》，2018年第8期。

［32］曹祎铭、陆华东、李雄鹰：《农民成"网红"乡村振兴添活力》，新华社，http://www.xinhuanet.com/politics/2018-10/05/c_1123520603.htm，2018年10月5日。

［33］范建华：《乡村振兴战略的时代意义》，《行政管理改革》，2018年第2期；人民网-理论频道，http://theory.people.com.cn/n1/2018/0227/c40531-29837172.html，2018年2月27日。

（原载《现代传播》2019年第4期）

抗战时期《解放日报》生产劳动主题美术图像研究

赵 昊[*]

摘 要: 抗战时期的《解放日报》紧密配合党的生产劳动政策,刊载了240余幅(组)生产劳动主题美术图像,反映解放区生产劳动面貌,讴歌生产劳动英雄,诠释生产劳动政策,展现生产劳动成果,取得了良好的传播效果与影响。对当代创作在主题选择、风格表现以及作品传播等方面具有一定的借鉴意义。

关键词: 抗战时期;解放日报;生产劳动;美术传播

自抗战爆发以来,中国共产党的抗日救国主张与实践吸引众多革命青年投奔解放区。解放区人数激增且自身物质资源匮乏、生产能力有限,尤其在抗战相持阶段,日伪的反复扫荡、国民党顽固派的经济封锁,使解放区人民群众的生活遭遇困难。从1938年起,人民军队部分投入生产劳动之中。1942年底,党中央确定了"发展经济,保障供给"总方针,指示生产劳动,自给自足。为宣传劳动,抗战时期的党中央机关报《解放日报》自1941年9月23日第一三一号开始,至1945年6月25日第一四九五号,共刊载了240余幅(组)生产劳动主题的美术图像,通过木刻、速写、简笔画等多种类型,以单幅、组图以及连环画等形式,反映生产劳动面貌,讴歌生产劳动英雄,诠释生产劳动政策,展现生产劳动成果,取得了良好的传播效果与影响。

---

*作者简介:赵昊,教授,硕士生导师,主要研究方向:视觉传达、艺术传播。

一

　　抗战时期党中央机关报《解放日报》的主要任务就是要宣传党的政策，贯彻党的政策，反映党的工作，反映群众生活[1]。党报性质决定了其所刊图像的内容。在党的政策指导下，随着大生产运动的深入开展，《解放日报》以较多篇幅刊载了生产劳动主题美术图像。

　　1942年4月，《解放日报》改版，版面安排由原先以国际、国内新闻内容为重点转向了以反映解放区生活为主，其中最能反映当时重点工作与人民群众生产劳动主题的新闻及美术作品，成为编辑首选。同年5月延安文艺座谈会召开，党中央对文艺作出了新要求，文艺家响应党的号召，在参加文艺下乡运动中创作出系列反映生产劳动的佳作，为《解放日报》提供了丰富的稿源。《解放日报》美术科科长、漫画家张谔受鲁迅先生关于书籍插图认识的启发，认为党报发表的文学甚至新闻作品也应该有插图，他积极联系美术家为《解放日报》绘制插图[2]。《解放日报》结合解放区生产劳动现实以及美术家的创作实际，刊载了反映生产劳动情景、劳动英雄、劳动成果等系列美术图像，宣传生产劳动，综合体现了党的指导方针。

　　这一时期《解放日报》所刊载的生产劳动美术图像，以具体劳动情景刻画为主，生动、直观地表现了人民群众生产劳动的热情，反映了人民群众对党的生产劳动政策的积极响应。这些图像以日常劳动为主，既有孙治仇《种冬麦》（1942）、宇平《掏谷槎》（1945）等对农民耕种场景的生动刻画，又有陈叔亮《新麦》（1942）等磨麦场景的细致表现，还有力群《割草》（1944）、夏风《深耕细作忙盘粪》（1945）等割草、盘粪情景的展现。一些图像还注重对突击劳动情景的表现，如戚单的《防旱打井》（1945）针对旱灾、打井防旱等基础建设情景的描绘，古元的《加紧运盐》（1943）、《放青驮盐》（1944）则表现农民运输队运盐的情景。针对"路这么远，驮上一回不压烂梁就要剥驴皮"，"遇到雷声打电，河水一涨，不小心不就把牲口一水冲走了"[3]等为难情绪，这些画面通过对运输队员劳动场面的刻画，打消人们对运输工作的顾虑，起到了宣传、动员作用。尹旺《张村驿的驮柴运动》（1945）通过图画报道了张村驿家家送拥军柴的新闻故事。夏风《妇纺小组订计划》（1944）、《帮助抗属订生产计划，建立家务》（1945）等表现了人民群众参与劳动的自主性与互助性；力群为孔厥的备荒弹词《一家人》所作的3幅插图（1945），更是通过对马老汉一家就参加备荒展开争论的描绘，强化了对党的政策认同。

《解放日报》所刊作品将党的劳动政策通过具体劳动情景展现出来，体现了宣传的生动性、深入性。如夏风的《种棉有利》（1944）5幅作品围绕两家人对政府号召种棉花的不同态度展开，重点表现响应号召的一家人领棉花种子、学习别人经验、种棉花、丰收后丰衣足食的情景，同时表现了未种棉花的一家人后悔和再下决心的精神状态。每幅画面均展现了各阶段的核心情节，有效地配合了同版面所刊唐川、奚康敏撰写的《怎样种棉花》的棉花种植宣传。

《解放日报》着力体现全员一致劳动的主题，所刊作品在表现群众劳动的同时，积极反映军队劳动，突出军队的自给自足，因此注重选择直接反映真实事件的图像。《砍木柴的声音到处响着》《已经是八百亩以上的荒地耕耘者了》（1942）系古元为冯牧、杨思仲、黄钢所撰的报告文学《我们的部队在山林里》绘制的木刻插图，吴劳的《利用川水浇棉花、蔬菜》（1945）、《筑水坝》（1945）分别描述了金盆湾区部队、洛河川区部队的防旱备荒，使人民群众真切感受到军队与人民群众同步的劳动状况。一些作品还从军民一家亲的角度，阐述了战士帮助百姓劳动，张望的《同志：爸爸说请你休息休息吧！》（1942）、杨青的《二连和乌拉可马的故事》（1945）等强调了军帮民、民拥军的互动表现，且从"孩童""少数民族"的角度阐释出军民深情的普遍性、全面性。夏风的《加紧生产努力学习》（1943）、《麦工队休息的时候》（1944）等表现了劳动休息时的学习，将体力劳动与脑力劳动有机联系，传达出传统工农向文化知识型工农身份转换之意，表现了解放区人民识字运动的状况。《解放日报》所刊生产劳动主题美术图像，以生活化的视觉表现，建构了解放区人民群众的生产劳动场景，在真实表现的基础上由衷赞美劳动，宣传了党的生产劳动政策，充分调动了人民群众的积极性。

《解放日报》按照党的宣传政策，围绕劳动模范带头示范、组织动员、创造创新等方面树立典型，构建人物图像。人物图像以头像表现为主，以故事情节展现为辅，分为通讯报道中的写实图像、纪实文学中的插图表现、单幅及连环画创作等类别，塑造了众多劳动英雄形象。这些形象既真实、客观，贴近人民群众，又在一定程度上美化、升华，整体表现出一种严肃与高大，符合人民群众对英雄人物的视觉想象，为人民群众树立了学习的典范，起到了广泛动员作用。从1942年8月13日刊载古元为柯蓝的通讯《吴满有的故事》所作插图开始，共刊载了模范工人、打盐英雄、木工英雄、农民英雄、模范厂长、模范工程师、技师等各类生产劳动英雄形象，记180余人次，其中在第一版刊载110余人次，涉及各行各业。由于"劳动英雄"所代表的政治情感和觉悟，与党所代表的进步方向完全一致，在一个时期劳动英雄就成为党的化身[4]。

劳动英雄的界定并不仅限于生产一线的工农，一些领导经济建设的党的领导者也被列入其中，如《解放日报》1943年2月3日第一版《西北局奖励廿二位生产英雄》即为"领导国民经济建设及公营经济事业成绩昭著而又刻苦奉公、在群众中有信仰之干部"[5]，刊载了王震、习仲勋等10人头像。此外，《解放日报》还开辟了《边区生产运动》专栏，多以"受尽苦难——找到生路——发挥作用"的叙事模式讲述劳动英雄事迹，同时刊载以头像为主的图像。劳动英雄画像深受群众欢迎[6]。从同一劳动英雄在不同时期、不同事件中相同头像反复刊载的情况看，《解放日报》应是建立了劳动英雄的图像库，以便于及时根据报道所需择图刊登。

除头像外，《解放日报》还注重劳动英雄人物的叙事表现。有的以单幅展现，如古元的《打盐英雄李文焕》（1943）凸显了盐地劳动场景中的李文焕扛耙站立的形象；有的用连环画形式，如夏风的《劳动英雄孙万福》（1944），通过7幅作品讲述了孙万福种地、积粪、想办法、农闲积柴、热心办学、搭桥修路、组织动员等故事。用连环画的形式，克服单幅画面在表现上内容的限制[7]，人物形象塑造更为全面，表达更为立体。1943年6月27日古元为向昕的报道《申长林受奖前后》所作的插图，1944年5月17日夏风为王朗超、向昕的通讯《妇女主任宋志贞》所作的插图，则根据文意，表现了文章核心情节，有助于人民群众直观了解劳动英雄。除夏风《翻砂中的模范工人》（1942）外，《解放日报》所刊载的劳动英雄图像，都有名有姓，显示了这些图像的新闻纪实功能。在劳动英雄的带动和话语的影响下，人民群众的思想、行动得到统一，这也为抗日战争的最后胜利奠定了稳固的思想基础和坚实的行动基础[8]。

《解放日报》还刊载了关于丰收、交公粮、保卫劳动等系列图像，表现了因响应政策、努力生产而获得丰收的情景，展现了解放区人民收获粮食之后踊跃交公粮的景象，呈现了战士们保卫民众劳动及其成果的状况，系列图像相互联系，构成有机整体，共同开展政策宣讲，使人民群众充分认识到劳动及交公粮的必要性与重要性，既深化了对党的生产劳动政策的认同，亦加深了军民情感。杨生辈的《磨好镰刀快收割》（1942）表现了对收获的期待；冉伏的《收场》（1942）、吕乞然的《人仓》〈1942）、古元的《南泥湾驻军秋收图》（1943）分别反映出家庭、集体、军队劳动收获的情景。《解放日报》还刊载了农民丰收后交公粮、慰问军队的系列图像，如彦涵的《送公粮就是保卫边区》（1943）、夏风的《慰劳军队》（1944）等，《征粮会议》（1942）表现了政策的宣讲情景。张望的《出粮在先，送粮在前》（1942）展现了农人在赶驴送粮途中与老乡打招呼的画面，有力配合了同期第一版所刊社论《夏粮出入仓的关键》以及《直属各县夏征热潮，民众纷纷送粮入仓》等报道。丁人的《田园的守卫》（1943）、庄言的《布置地雷网掩护春耕》（1945）等反映战士保卫群众耕作的作品，则将家与国有机联系起来，更体现出交公粮的必要性。生产劳动成果等综合表现的相关图像，从现实出发，以"收获"为主线，用生动形象的视觉形式，深刻阐释了"执行政策——取得收获""战士保卫——取得收获""取得收获——送公粮"等多层因果联系，体现出图像宣传的逻辑性与系统性，使人民群众感知、理解并践行党的生产劳动等政策，取得积极成效。

《解放日报》所刊生产劳动主题图像，通过普遍的生产情景描绘，使人民群众在感受全员劳动中取得共识；通过对劳动英雄的刻画，使人民群众在领略英雄风采中接受教育；通过劳动成果及保卫劳动等综合展现，使人民群众在体会劳动成果及安全保障中深化认识，共同建构了生产劳动的宣传动员、教育引导的图像体系。

二

《解放日报》所刊生产劳动主题作品表现形式多样，根据题材的不同，人物刻画各异，描绘方法有别，在视觉表现方面，生产劳动情景重视叙事化表现，营造视觉和谐感，在画面组合中展现出层次感。这种叙事化在总体上表现出繁忙的劳动情景，在真实、平和中呈现出一种积极、乐观的劳动状态。解放区美术家以党的政策为导向，从现实出发，强调意义的展现，所创作品多为基于激情的印象式描绘，因此，作品并不细化人物的五官，而是用简明有力的线条刻画轮廓，以动势展现气势，以简洁线条提炼人物神态，以疏密有别的线条联系区分主体与环境。画面强调整体的和谐，表现出劳动的平实、环境的良好、心态的平和，有的选用三分法构图，如《种冬麦》《砍木柴的声音到处响着》等，从结构中营造视觉和谐感；有的讲究画面表现的和谐效果，如《放青驮盐》流畅的线条营造出一种流动感，帐篷、炊烟等展现出悠闲、和谐的生活画卷。画面中人物的组合，既表现出统一性，又显现出层次感，同时还注重了形象的正面、侧面等多样并置以及动作的变化与组合。在一些系列作品中，对作为背景的山林田地等的处理，多具装饰意味；一些画面中各类生产工具点明了劳动特点，既烘托了劳动氛围，又填补了画面的空白；一些画面中牛驴羊等家畜形象的描绘，营造了浓郁的劳动生活场景。人物的简化处理凸显了叙事的重要，而多层次的表现增强了动势，背景、器物等细化装饰丰富了画面，综合形成了画面的力度感与美感。这种劳动情景的艺术化表现，简洁明了，生动形象，符合人民群众观看习惯，展现出解放区美术的民族化与人民群众化趋向。

这些生产劳动主题美术图像对生产劳动英雄形象的描绘则侧重于仪式化头像表现，将英雄的神圣感与平民化相融合，在英雄叙事中注重人物神态与动作的刻画。《解放日报》所刊劳动英雄图像以头像为主，配合典型报道，使人民群众进一步了解人物。此类图像的刊载给予英雄极高的荣誉感，既激励英雄，又激起人民群众学习的热潮。作品整体具有外形写实简洁、神态生动鲜活、服饰（头饰）区分表现等特点，以简洁线条绘制人物轮廓，提炼主要神态，人物形象在真实、客观的基础上进行了一定程度的美化。头像表现还讲究头饰、衣领的程式化区分，通过刻画陕北农民特有的头饰与军人、干部的帽子表明人物的身份，对于一般女劳模，直接涂黑头发，与人民群众认识、观看习惯相一致。人物衣领一般简化为深色涂黑，军人、干部衣领多绘制领章外形。有些作品通过衣饰的描绘，反映劳动人物生活的富裕。通过写实头像表明劳动英雄的真实性，树立人民群众向英雄学习的意识，传达出一种仪式感。在典型报道中，往往同一人物形象反复出现，形成视觉符号，更具感召力，起到动员作用。在对劳动英雄叙事中，通过人物动作刻画，表现出情节化的画面，如《翻砂中的模范工人》结构严谨，黑白对比中凸显工人翻砂劳动的状态。古元的《向吴满有看齐》（1943）通过传统纹饰图样的画框，富裕起来的陕北老农装束，以及物产、牲畜排列等的描绘，形成装饰效果，表现出丰衣足食的生活状态，凸显了吴满有形象。把艺术与宣传统一起来，是整风运动在艺术领域的一个大收获[9]。连环画多以一幅图像重点表现劳动英雄个体形象，再用多个图像故事诠释劳动英雄事迹，如赵维寰的《"欧洲"部陈团长和左政委》、彦涵的《冯云鹏怎样安置移难民》（1944）等。在叙事表现方面，农业英雄形象远多于工人形象，体现出当时党的"农业第一"的政策[10]。

丁人《田园的守卫》 木刻　《解放日报》1943年7月5日　第四版刊出

彦涵《冯云鹏怎样安置移难民》 插图　《解放日报》1944年1月10日　第四版刊出

力群《栽树》 木刻　《解放日报》1945年4月7日　第四版刊出

古元《加紧运盐》之一 木刻　《解放日报》1943年8月27日　第四版刊出

古元《加紧运盐》之二 木刻　《解放日报》1943年8月27日　第四版刊出

夏风《麦工队休息的时候》 木刻　《解放日报》1944年7月30日　第二版刊出

丰收场景与情感描写相连，旨在表达劳动者收获粮食的喜悦，如《磨好镰刀快收割》《收场》等通过营造温馨的家庭氛围，融入了浓厚情感，更能激发人民群众的劳动热情。一些作品对收获粮食的表现，还从家庭角度出发，强调是否响应号召，以及解放区与国统区两个层面的对比。如连环画《种棉有利》

后两幅画面，分别表现了种棉花收获后的喜悦与未种棉花无收获的后悔。古元的《对照之下》（1943）、张望的《在大后方：街头流浪，啼饥号寒。在边区：安居乐业，丰衣足食》（1943），皆以国统区孤儿寡母在街头挨饿的凄苦与边区一家人在窑洞中丰衣足食的喜悦进行对比，形成强烈反差。这些图像从现实角度出发，充分表达出解放区劳动政策的优越性。

在送公粮慰问军队的图像中，突出了号召式手势的表现，如《征粮会议》中老农宣讲的手势，《出粮在先，送粮在前》中农人的挥手动作等。保卫劳动多与对敌斗争相联系，画面呈现出强烈的动感与力量感。《田园的守卫》线条明快，持枪而立的战士目视前方，在天空、田地的背景烘托下尤显突出，极具视觉冲击，远处田中赶牛耕作的农人呼应了主题，田地的斜线构成以及云彩、天空的线条变化强化了动感。《布置地雷网掩护春耕》中布置地雷网的三个人物形成三角形结构，站立的人物背影中长枪形象凸显，蹲下的两人正商量布置地雷，远处农人正扬鞭赶牛犁地，使人民群众感受到战士的保卫及其带来的战时状态下的劳动安全。

三

艺术家在党的领导下，积极融入生产劳动中进行创作。延安文艺座谈会后，艺术家们围绕"我们的文艺是为什么人的""中国的革命的文学家艺术家，有出息的文学家艺术家，必须到群众中去"[11]等，进行了深刻反思。《解放日报》1943年2月7日报道："整风运动在延安文化界的具体表现，可于昨日文化工作者二百余人在青年俱乐部欢迎边区三位劳动英雄的座谈会上，令人获得一般较深之印象。从事文艺工作及学术思想界的同志，对于过去缺乏生产知识及脱离实际政治之文化活动，在三位劳动英雄面前，均会展开深刻的自我批评。"[12]艺术家带着这样的认识，积极参加下乡运动，突破生活体验的层面，创作直接反映生活本身，真实写照劳动创造，自觉地强调社会生活、现实生活、群众生活是艺术创作的源泉，把人性的表现首先置于群体乃至民族的利益之中，把视觉审美的表现最终放到"真"与"善"的社会价值中去考量[13]。艺术家将艺术创作视为劳动的一部分，在生产劳动中感受劳动者生产状况，知晓劳动者对艺术的认识，从群体出发，以主题先行，明确取舍，在政策导向下，通过典型形象塑造，表现了劳动与收获、生产与发展、交公粮与保卫生产的内在逻辑，极大地推动了主题创作。

《解放日报》的美术图像作者主要为两大群体：一是从国统区到解放区的艺术家，如力群、陈叔亮、沃渣、张望、吴劳、夏风等，这些左翼美术运动骨干和进步青年美术家选择奔向延安，既与他们长期以来所崇尚的革命艺术观相合，更与抗战现实所激发的抗日救亡理想相关[14]；二是解放区培养的艺术家，如古元等，系统的文艺思想教育使他们更为深刻理解、积极践行党的文艺政策。两大群体美术家经过整风运动及文艺座谈会、文艺下乡运动等的教育、实践，全身心沉浸在生产劳动中，激发创作激情与灵感，成就许多经典之作。古元、夏风、陈叔亮、力群、吴劳等多数艺术家在此期间入党，他们以党员美术家身份从事创作，基于宣传任务的自觉，以及在劳动中激发的创作灵感，他们的作品在思想性与艺术性统一中，旗帜鲜明、生动活泼地宣传党的政策，如1939年入党的夏风，《解放日报》所刊其系列作品，皆为政策内容艺术化的图像诠释。

此外，《解放日报》还注重对普通民众、战士的作品刊载，积极培育一线宣传人才。如1943年12月16日《延属分区展览会》的报道，专门对赵维寰的《"欧洲"部陈团长和左政委》进行了说明，12月31日还刊载了赵维寰的作品，赵维寰也从战士、宣传员逐步走向军队政治思想教育、管理岗位。

党对文艺下乡运动的目的明确，对艺术家提出了明确要求，并提出了系统性、针对性的指导意见。陈云在为文艺工作者下乡工作送行时提出"不要特殊""不要自大"[15]。党的文艺工作者会议一再重申下乡的态度，提出"不要抱收集材料的态度下去，而是要抱工作的态度下去……这样得来的材料，一定比所谓收集来的材料好"，"要抱长期工作的态度下去……取得丰富的经验和真实的材料"[16]。文艺家对下乡也有深刻的认识，认为"把绘画与劳动结合起来，不但用鲜明的色彩、健康的线条去表现劳动，就是画面的笔触、节拍、律动也须和劳动情绪相呼应的，这太抽象了吗？真正诚实的忠于生活的画家，在创作过程中，会深深地体验到这些的"[17]。较早深入农村的古元深有感触："如果不是曾经在农民生活当中较长时间生活过来，就不容易从各方面发现令人感奋的新鲜事物，并对这些新鲜事物发生喜爱的情感，来作为自己的创作素材，也就不可能用形象把它表现出来。"[18]艺术家在劳动中与人民打成一片，使人民更积极配合艺术家们的创作，同时，艺术家对劳动场景的描绘更真实，对动态的捕捉更生动，对人物的刻画更深刻。对艺术家进行广泛、深入的思想教育与宣传动员，以及有组织的下乡运动大规模展开，使艺术家在这样的时代、机制、氛围中感受、学习、领悟，促进了创作激情的产生，也形成了创作比较甚至是一种类似劳动竞赛式的创作氛围，使作品数量与质量得到了双提升。文艺下乡后的劳动主题作品明显增多，伴随着从艺术家到人民艺术家的个人身份转变，创作形成了在主题、题材、情感、表现方法等方面的变化。

艺术家在人民情怀与劳动情感的树立中讴歌劳动，从给劳动人民看的传播角度改进艺术创作。这种情怀与情感的建立，是置于整个图像系统的整体性结构变化中的，体现在艺术家理念与实践转变、表现对象的现实变化、作品传播与评价机制这三个相互关联的层面。艺术家真正理解文艺政策与创作导向，并在实践中转化为自觉行为。作为表现对象的劳动者，已由"为他人、受欺压"转变成"为自己、受重视、作奉献"，身份地位的实质变化使其面貌焕然一新，其状态、情绪必然感染艺术家。艺术家融入这种转变的过程中，创新创作，同时建立了美术"劳动与收获"的作品评价意识，充分重视作品的人民群众认可度。这种主题性创作可谓一项系统工程，创作理念、对象、评价观念等多方面改变，必然带来作品内涵与形式表现的变化。

艺术家在劳动中，深入了解群众的审美现状，从劳动人民的审美需求与欣赏习惯出发，在传播视野中探究创作。以力群作品风格为例，1941年9月23日所刊《伐木烧炭》，他运用了繁密的线条表现出树林中人物伐木的素描关系，线条变化轻柔而活跃，背景与主体融为一体，虽具较强的装饰效果，然区域特征不明显，作品明显具有国外木刻风格；1945年4月7日所刊《栽树》表现了孩童持树站立，两个人一人铲土一人浇水，主体突出，线条简洁明快，通过明暗、疏密、空白等区分主体与背景，远处背景以简洁的线条，描绘出黄土高坡窑洞的环境特点。显然后者更符合人民群众观看的视觉效果。这样的变化，诚如画家所言："过去，革命画家在创作上，一直表现着'为人民群众'的方向，现在是更进一步，要绘画'属于人民群众'的，为人民群众所理解，所欣赏，所喜爱。"[19]

四

《解放日报》所刊劳动题材作品根据党的宣传导向创作，配合了党的工作，作品描绘了身边的人、熟悉的事、熟知的典型，极具感染力与号召力，激发了人民群众劳动的热情。《解放日报》对生产劳动尤为关注，编辑部人员也积极参与生产，每天除去编报和必要的采访外，平均有 12 个全工在早出晚归地劳动[20]。这也提升了编辑人员对劳动熟悉程度与对劳动主题作品的认知度，能有效选择高质量的佳作发表。《解放日报》所刊劳动主题图像在解放区产生了重要的影响，作品主要从普通劳动者的基本觉悟和劳动英雄的模范榜样角度，树立了"自己动手，丰衣足食"的劳动观念；从军队帮扶、保卫民众劳动角度，讲述了"军民一心，保家卫国"的劳动情怀。在宣传劳动政策同时，丰富了人民群众精神生活，在一定程度上提升了人民群众的艺术欣赏水平。

《解放日报》所刊美术作品有的已在各类展览中展出，颇具影响。如 1943 年 3 月 16 日所刊古元的《割草》，曾在 1942 年举办的第一届全国木刻展中展出，徐悲鸿评价道"发现中国艺术界中之一卓绝之天才，乃中国共产党中之大艺术家古元"[21]。诸多作品发表，增进了艺术家之间的交流，促进了解放区美术的发展。值得关注的是，作者群体多为鲁艺、华北联大、部队艺术学校等美术教员，其生产劳动主题创作与传播对美术发展的影响不言而喻。在对解放区外的传播中，人民群众得以了解了党的劳动政策，感受到劳动状况及成果，同时也展现出解放区美术创作的高水准。

《解放日报》的劳动主题图像传播具有立体化的特点。作为中央机关报，《解放日报》自身形成了立体化传播效果。解放区认真组织各县的读报工作，每个县经常保存《解放日报》一份，以便参考[22]。各地组织读报小组，学习报纸内容，认识到报纸是人民的教科书，而党报，还是党的教科书，人民群众对所刊图像的理解更为深入，传播范围更广[23]。《解放日报》还与党的其他报刊相互呼应，共同宣讲生产劳动，形成一定规模的主题图像宣传，如劳动情景方面，《八路军军政杂志》第 1 卷第 7 期刊载了马达的《锄草》，《新华日报》1941 年 1 月 8 日刊载了勒锋的《开垦森林》等；劳动政策方面，《八路军军政杂志》第 1 卷第 2 期刊载了《生产运动》，《新中华报》1939 年 5 月 30 日刊载了孙也的

《加紧水利工作》,《新华日报》1940年1月16日刊载了古元的《延安学生的秋收运动》等；在劳动英雄方面,《晋察冀画报》第9—10期刊载了莫璞的《毛主席与劳动英雄的会见》等；在保卫劳动成果方面,《晋察冀画报》第9—10期刊载了沃渣的《八路军为人民利益而战,夺回我们的牛羊》等。有的还对《解放日报》所刊作品进行再次刊载,如《晋察冀画报》第4期刊载了古元的《割草》等。此外,还有一些佳作通过国际友人进行传播,如美国著名记者史坦因在1946年7月出版的《红色中国的挑战》中即选用了《南泥湾驻军秋收图》(原书标题为《生产战场上的八路军》)、《向吴满有看齐》等作为插图,广为传播。

党报层面的高度重视与广泛宣传,更为解放区各级政府开展工作提供了方法。1942年11月14日所刊古元的《区政府的办公室》中,区政府办公桌上的《解放日报》形象突出,从视觉上印证了《解放日报》的传播,也表明了对工作的指导。各级政府对劳动英雄的现实礼遇,在激励英雄的同时,更使工农人民群众发自内心感慨:"受苦人,县长亲自发奖,场面又这么大,自古以来,也没有这么一回事? 现在劳动英雄实在顶秀才了!""儿儿孙孙传下去,都光荣啊!"[24]《解放日报》1943年3月3日社论《生产大竞赛》中指出:"表扬和歌颂劳动英雄,除了对于劳动英雄本身的尊敬外,主要的目的是用他们活泼生动的榜样,来教育广大群众,提高他们的生产热忱;一年余来的经验证明这完全是可能的。"[25]由此可见宣传的实效。

《解放日报》生产劳动题材美术作品主题明确,内涵深刻,美术家深入生活,在对劳动的全面理解与把握基础上饱含情感创作,其自身也深谙劳事,绘画语言质朴、大气,作品具有生活化、人民群众化的特点。它们共同构建了党主导下的生机勃勃的生产劳动景象,具有强烈的视觉感染力与精神感召力,引起人民群众广泛共鸣,充分发挥了美术作品的宣传、教育、审美功用。在满足人民群众审美的同时有效地起到了激励、动员的作用,其中许多作品成为中国美术史上的经典之作。美术家在生产劳动主题创作过程中所形成的立场、思想、方法,对中华人民共和国成立后的美术创作产生了重要的影响,对当代艺术家深入生活、扎根人民的文艺下基层创作活动的开展具有一定启示,对当代劳动题材美术作品创作的生活化、情感化表现具有一定的借鉴意义。

参考文献：

[1]《怎样办党报——中共中央宣传部为改造党报的通知》,《解放日报》,1942 年 4 月 1 日,第 2 版。

[2]王巨才:《延安文艺档案·延安美术第 49 册·延安美术家 4》,太白文艺出版社 2015 年版,第 1565—1566 页。

[3]陕甘宁边区财政经济史编写组:《抗日战争时期陕甘宁边区财政经济史料摘编第三编工业交通》,陕西人民出版社,1981 年版,第 751 页。

[4]吴静:《身份、角色与图像——1940 年代陕甘宁边区"劳动英雄"形象的塑造逻辑》,《文艺理论与批评》,2018 年第 3 期。

[5]《西北局奖励廿二位生产英雄》,《解放日报》,1943 年 2 月 3 日,第 1 版。

[6]艾思奇:《美术工作与群众的进一步结合》,《解放日报》,1944 年 8 月 28 日,第 4 版。

[7]艾思奇:《美术工作与群众的进一步结合》,《解放日报》,1944 年 8 月 28 日,第 4 版。

[8]王树荫、马二杰:《全面抗战时期〈解放日报〉劳动英雄话语及其功能探析》,《思想教育研究》,2017 年第 10 期。

[9]陆定一:《文化下乡——读〈向吴满有看齐〉有感》,《解放日报》,1943 年 2 月 10 日,第 4 版。

[10]赵超构:《延安一月》,南京新民报馆 1946 年版,第 206—207 页。

[11]毛泽东:《在延安文艺座谈会上的讲话》,《解放日报》,1943 年 10 月 19 日,第 1—2 版。

[12]《延安文化界招待吴满有赵占魁黄立德》,《解放日报》,1943 年 2 月 7 日,第 1 版。

[13]尚辉:《从革命美术到主流美术——中国共产党对于建立与发展人类新型艺术形态的探索》,《美术》,2011 年第 7 期。

[14]黄宗贤:《美术与社会:主体的变奏与建构——"延安美术"之再认识》,《美术》,2011 年第 7 期。

[15]陈云:《关于党的文艺工作者的两个倾向问题(在党的文艺工作者会议

上的讲话)》,《解放日报》,1943年3月29日,第4版。

　　[16]凯丰:《关于文艺工作者下乡的问题(在党的文艺工作者会议上的讲话)》,《解放日报》,1943年3月28日,第4版。

　　[17]张仃:《画家下乡》,《解放日报》,1943年3月23日,第4版。

　　[18]古元:《在人民生活中吸取创作题材》,《人民美术》,1950年第6期。

　　[19]张仃:《画家下乡》,《解放日报》,1943年3月23日,第4版。

　　[20]穆青:《本报编辑部的个人生产》,《解放日报》,1944年4月7日,第4版。

　　[21]徐悲鸿:《全国木刻展》,《新民报》,1942年10月18日。

　　[22]《西北局开会决定开展边区文化建设》,《解放日报》,1944年4月23日,第1版。

　　[23]乔木:《报纸是教科书》,《解放日报》,1943年1月26日,第4版。

　　[24]苏奋:《一句话打动了农民的心——谈谈靖边春耕运动中发现的几个宣传口号》,《解放日报》,1943年5月25日,第2版。

　　[25]《生产大竞赛》,《解放日报》,1943年3月3日,第1版。

（原载《美术》2019年第9期）

抗日根据地新闻插图的发展特征

罗 铭[*]

摘 要: 抗日根据地新闻报刊上刊登的漫画、摄影、地图等作品,反映了当时的社会面貌,对于研究中国共产党在抗战时期如何领导和发展新闻事业有着重要的理论意义和实践价值。本文从抗战时期中国共产党在根据地创办的报刊入手,尝试在技术、社会和语意三个层面对新闻插图进行解构分析,以期构建以图像为主的抗战新闻史和美术史研究的经验模式。

关键词: 抗战时期;新闻插图;抗战新闻史

1937年7月卢沟桥事变爆发,日军大举入侵中国。大敌当前,国共两党携手抵御侵略者。中国共产党领导的抗日武装在敌后开辟了一大批根据地,开展了艰苦卓绝的游击战争。各抗日根据地的新闻工作者充分运用各种威力巨大的文化和精神武器,宣传党的路线、方针、政策,推动全民抗战,积极在各类报刊中刊载摄影图片、绘画作品,或创办专门的新闻画报以及大量的"土画报"。直观的图文传播,对积极动员抗日力量,传播中国共产党领导下抗日斗争的视觉形象,起到了重要作用。这些新闻插图作品的刊登,鼓舞了抗战军民的信心和勇气,讴歌了军民齐心抗战的壮举,成为中国新闻史和中国美术史上的重要事件,丰富了党在这个时期的新闻实践和美术活动。它们既具有普遍性,同时也各具特色。

---

*作者简介:罗铭,副教授,硕士生导师,主要研究方向:图文传播。

一、抗日根据地新闻插图的技术形态

抗日根据地多处于山区等偏远闭塞之处，各类印刷物资奇缺，设备简陋，加之技术人员不足，本来就缺乏大规模印刷出版的基础。伴随着敌人的扫荡、战斗的进行和物料的限制，加之敌人的封锁和国民党在意识形态领域实施文化专制，新闻插画的创作和生产条件极为艰苦。考虑到制版简单、材料易取、迅速有效、成本低廉的生产技术需要，在根据地主要采用油印、石印等平版印刷技术。鉴于当时的条件，多数新闻插画都不得不采用手动印刷操作。

油印技术应用广泛。油印技术的基本设备和材料是由蜡纸、刻笔、油墨和滚筒组成，在蜡纸版上用刻笔刻画出图文，再将蜡纸版附在印纸面上，通过滚筒使涂施的油墨渗透到需要印刷的纸面上。因此，油印技术具有简单轻便的特点。在根据地物质条件匮乏的情况下，各级机关所创办的报刊多采用这种印刷形式。在这种简陋的条件下，甚至还出现了很多刻画精致的新闻插图作品。因油印精美而受到关注的新四军第四师机关报——《拂晓报》，"它不但字迹工整、清晰，而且常有套版与插图，可与铅印报纸媲美。曾寄到重庆、延安、莫斯科、纽约等地展览，受到读者的交口称赞"[1]。不仅如此，部分根据地在油印设备残缺不全时，充分发挥聪明才智，因陋就简土法上马，制作出一批土油印设备。例如，中共山东分局机关报《大众日报》就曾是用高粱秆当压条印制出的油印报纸。

石印技术作用凸显。比油印技术稍有进步的石印技术，是以辊筒和印石为基本构件，利用"水油相斥"的原理将结构细腻的石粉作为原料，依据版面把石印版材制作成规定尺寸并抛光打磨，用脂肪性转写墨料在版材表面直接描绘图文，经过一定程序制成印版，再用涂上油墨的硬木圆柱体辊筒对纸张进行压印的。石印技术在图画印制上具有图像清晰、成本低廉的特点，但石印技术要求较高，常常需要准确计算出版面和文字的大小、字数的多少等。各抗日根据地出版的新闻插图、书籍封面大多为石印的。

技术革新重在实践。根据地的条件虽然艰苦，但新闻和美术工作者的热情却空前高涨。他们发挥聪明才智，在与敌斗争的同时思考如何自给自足，在原材料获取、制版印刷、造纸等方面不断改进技术。"为了克服办报物质条件方面的严重困难，许多报社都自力更生，想方设法生产土纸、油墨、印刷机等"[2]。由于缺少印刷、制版用的设备和器材，《晋察冀画报》的技术人员发明了照相制版机和轻便印刷机；《抗战日报》的美术工作者还自学铁匠手艺，制作木刻刀等雕刻工具；陕甘宁边区从试用锅底刮下来的烟灰调制油墨，到后来又自制了筛烟、熬油、轧墨设备，改用烧制的松烟、油烟，解决了油墨供应的问题。

这期间，面对日本帝国主义的侵略野心和国民党的封锁行为，抗日根据地的军民顽强支撑，自立自强，使制版、印刷和造纸的技术条件逐步改善，印刷效率和印刷质量逐步提高，这对众多根据地报刊的出版和发行起到了至关重要的作用，使抗战信息得以被传播，斗争经验得以被分享。不论是石印、油印还是后来的铅印，这些技术支持决定了新闻插图的视觉形式和传播效果。

二、抗日根据地新闻插图的社会形态

在党中央的重视和抗日军民的共同努力下，根据地的新闻插图事业经历了从小到大的发展过程。抗战宣传中新闻插图的这种发展状况，主要受到党的指导方针、斗争环境的形势、受众的心理需求等因素的共同作用，具体表现在：

在党的领导下担负起启蒙任务。面对错综复杂的抗战环境，中国共产党以丰富的办报经验并结合当时的实际情况，不断加强对新闻工作的领导，建立健全新闻宣传管理制度。毛泽东同志曾多次强调党的宣传工作一定要考虑如何贴近群众，"在我们党的一切实际工作中，凡属正确的领导，必须是从群众中来，到群众中去"[3]。1941年以后，抗战进入相持阶段，为适应新的斗争形势，中共中央宣传部对各抗日根据地报刊明确了性质与任务，就如何提高质量及合理使用人力物力做出了指导。具体提出："各边区可出版一种作为社会教育工具的通俗报纸，其读者对象是广大的群众和普通党员，画报担负着政治的、社会的、科学的和大众文化的有计划的启蒙任务"[4]。1942年的"整风运动"和以《解放日报》为代表的改版活动，极大地推动了新闻事业党性的增强、新闻队伍素质的提升和新闻业务理论的发展。

相对民主的环境推动事业发展。根据地的存在、发展与壮大对新闻插图工作影响深远。共产党领导的敌后抗日根据地，经过艰苦卓绝的斗争，改变了社会经济基础极为薄弱的面貌，根据地各项建设不断巩固和壮大，成为中华民族伟大抗战的重要战场。各根据地逐渐发展成区域政治、经济、文化的聚集地，广大人民群众大力支持，大批有知识、有技术的仁人志士从全国各地来到根据地，这些都大大促进了根据地各项事业的发展，为党的新闻事业带来了相对稳定的社会环境。同时，在办报实践过程中，陆续培养了一批优秀的新闻人才，各类新闻报刊的办刊规模得到壮大。特别是进入抗战后期，出现了铜版印制出的摄影图片、锌版印制出的美术作品等高级印刷品，使根据地新闻插图的创作与生产获得大幅度的飞跃。当然，我们不能忘记1941年至1942年抗战最困难的阶段，面对敌人的疯狂扫荡，广大新闻工作者和美术工作者凭着理想和信念坚持创作和办报。

贴近受众需求的传播效果显著。鉴于根据地绝大多数党员和群众不识字，难以阅读文字新闻的客观现状，新闻插图还肩负了启发民智的重任。为了使抗日民众能够及时了解抗日斗争形势，接受政治、科学、文化的启迪，激励广大人民的抗日斗志，宣传根据地的斗争建设成果，新闻插图在各报刊中的版面比例逐渐增加，并以增刊和附刊的形式增加报道内容。与单纯的文字报道相比，新闻插图用照片、绘画表述时事，并辅以文字说明，能够将新闻事实以易懂、美观的视觉形象直观表现，非常适合普通军民的阅读需要。正如新闻学家戈公振先生所述："文义有深浅，而图画则尽人可阅；记事有真伪，而图画则赤裸裸表出。盖图画先于文字，为人类天然爱好之物。虽村夫稚子，亦能引其兴趣而加以粗浅之品评"[5]。《人民革命画报》《山东画报》《中华画报》《胜利画报》等画报应运而生。此外，为向根据地外的爱国人士和国际友人宣传中国共产党领导的抗日斗争，《晋察冀画报》还使用了中英双语和彩色套印，甚至传播到20多个国家。这有力地向国际社会展示了在中国共产党领导下抗日根据地的战斗状况，使根据地获得了国际上广泛的同情和支持。

新闻插图不会游离于社会环境之外而单独存在。抗日战争特殊而复杂的社会环境决定了抗日根据地新闻插图必须在党的领导下为抗战服务，为百姓服务，用军民喜闻乐见的形式宣传抗日救国主张，宣传根据地建设与发展。因此，一方面抗日根据地的无产阶级理论与实践取得了一系列重大进步，创立了大量的报纸和刊物；另一方面各种文化层次的人能够通过新闻插图认知新闻事件和社会现实的瞬间。

三、抗日根据地新闻插图的语意形态

根据地新闻插图图像的语意表达内容丰富、方式多样。这一时期新闻插图主要表现为摄影插图和绘画插图，从战争的残酷场面到根据地政权建设和支援抗战，从日寇的残暴到根据地军民的战斗生活等，都进行了图文并茂、淋漓尽致的展现，不仅能独立于报刊平面，也能交错于字里图间。这些图像引发了受众的广泛共鸣，是宣传工作贴近群众的准确体现。

摄影插图现场感的真实传达。新闻摄影插图通过摄影媒介和印刷媒体将新闻信息进行准确的视觉转化，并传递给受众。摄影插图能充分表达新闻中事件、人物、环境等视觉要素的真实性，记录下新闻对象的典型瞬间，彰显视觉特征。它们通过描写人物的表情及姿态，或记录场景以描述事件的状态和过程，从而强调摄影插图的传播价值和情感效果。受新闻真实性原则的影响，新闻插图更能够把握艺术表现的节奏，体现新闻报道的真实。1937年创办的《抗敌报》（1941年改为《晋察冀日报》）刊登的大量新闻摄影插图，成功地塑造了反抗暴敌的英模形象，记录下日寇野蛮屠杀的历史罪证。《解放日报》创刊一千期（1944年2月16日）的社论曾指出："现在我们要求讲技巧，要求讲文艺性，要求讲求新闻的表现形式，以便把很丰富的内容表现得更好些，更简洁明了些，更突出一些，更引人注意些，更影响别人些"[6]。

绘画插图原创感的主观表达。与摄影插图相比，绘画插图更具有作者的主观意识和想象。由于创作者叙事角度和审美角度的差异，呈现给读者的画面也就各有特色，不可能像"镜子"一样不经任何修饰处理去反映对象的客观存在。通过对保存较为完整的抗战报纸比对和研究，抗日根据地新闻插图可以具体呈现为漫画类、写实类和图解类。漫画类插图运用夸张的艺术手法，对叙述对象进行某些特征的放大，增强视觉效果，也可以运用讽刺、象征、隐喻和双关的表现手法体现含蓄的语境，实现了"评论生活，针对性强；构思新颖，启人神智"[7]。画家通常揭露侵略者和反动派，歌颂英勇的抗战军民，在艺术表现的同时坚决贯彻党的路线、方针和政策。写实类新闻插图运用具象的表现手法，对所表达的形象进行直观塑造和解释，把特定的内容转化为客观的图形符号借以强调准确的造型和空间感受。晋察冀军区的《抗敌三日刊》1940年1月

4日版是"悼念国际友人白求恩大夫专刊",刊登了聂荣臻同志和吕正操同志纪念白求恩的署名文章,为了帮助受众建立对白求恩的视觉印象,版面中插入了用写实手法表现的白求恩同志头像,虽然受到制版和印刷条件的限制,没能刊登白求恩同志的照片,但作品明暗基调的表现形式和受众对人物的形象认知建立了有机的统一。除此之外,新闻插图也常常出现以手绘地图和简笔画的形式来向读者介绍抗战形势和新鲜事物的表现方法。

抗日根据地新闻插图的创作和生产非常活跃,成果丰硕,影响颇深,体现了同仇敌忾、共同抗日的社会主张。这些新闻插图作品,用丰富的视觉画面来展现事件的经过、人物的性格,巧妙地将本身并不具备新闻报道功能的视觉要素与新闻要素有机结合,揭露了侵略者、投降派的残忍和反动嘴脸,表现出敌后根据地军民的众志成城精神。同时,这一时期的沙飞、华君武、沈同衡等人,凭借优秀的新闻插图作品奠定了他们重要的历史地位。

新闻插图在抗日根据地的存在和流行,具有一定历史背景和客观原因,它离不开制版和印刷技术水平,离不开党的坚强领导和根据地军民艰苦卓绝的斗争,更离不开从事新闻插图事业的人们不断因时制宜、因地制宜,从而得以发展和壮大。更为重要的是新闻插图丰富了"政治"与"技术"辩证关系等党报理论的探讨,即关键在于如何让好的技术与正确的政治内容结合、统一起来。战争年代艰苦的斗争环境以及新闻插图工作者执着的追求,他们一边创作一边参加大生产运动,创造宝贵精神财富的同时也创造了丰富的物质财富,有力配合了抗战宣传和根据地建设。这些光荣的革命传统,决定了抗日根据地新闻插图内容的艺术表现形式和社会传播效果,使新闻报道得以延伸、深入和丰富,警醒了民众,顺应了民意,开启了民智,凸显了抗战时期的社会特征。这些新闻插图作品即便是当下来看仍然具有现实意义,体现出较强的新闻报道价值和艺术欣赏价值,使得我们能够直观感知抗战历史风云,认识英雄形象审美和构建民族新闻图景。

参考文献:

[1]刘家林:《中国新闻通史》下册,武汉大学出版社1995年版,第283页。

[2]方汉奇、张之华:《中国新闻事业简史》,中国人民大学出版社1995年版,

第 311 页。

[3]《毛泽东选集》第 3 卷,人民出版社 1991 年版,第 899 页。

[4]中央档案馆编:《中共中央文件选集》第 13 册,中共中央党校出版社 1991 年版,第 149 页。

[5]戈公振:《中国报学史》,中国传媒大学出版社 2016 年版,第 203 页。

[6]复旦大学新闻系新闻史教研室编:《中国新闻史文集》,上海人民出版社 1987 年版,第 276 页。

[7]肖来青:《新闻文艺学》,湖南文艺出版社 1992 年版,第 80 页。

（原载《新闻战线》2017 年第 4 期）

重大革命历史题材电视剧的完形突破

吴帅帅　李化来*

摘　要：《觉醒年代》是近年来重大历史题材创作的突破，从历史观照现实、人物推动历史以及隐喻诗意表达三维度入手，深刻描绘革命领袖"觉醒"精神内核、立体塑造风格化"觉醒"人物、以思想"觉醒"建构叙事引擎，对推动重大革命历史题材电视剧美学的发展具有重要意义。除此之外，重大革命历史题材电视剧具有促进当代青年深刻理解革命历史意义、建构唯物革命历史观、弥补历史文化缺憾的重大现实意义。

关键词：《觉醒年代》；革命历史电视剧；美学

站在建党百年的历史节点上，重大革命历史题材电视连续剧《觉醒年代》一经播出便火遍全网。《觉醒年代》通过对近现代的思想先锋以及青年革命家的人物群像塑造，全景式呈现了自新文化运动开始到中国共产党成立这一时期的历史图景。借用格式塔心理学的视知觉完形的思维逻辑，从审美主体来看，主体视觉并不是对影视符号进行简单的机械复制，而是对有意义的影视结构进行整体式样的把握，因此探讨《觉醒年代》成功的完形突破，或许可以给影视实践创作带来诸多启发。

*作者简介：吴帅帅，博士研究生，主要研究方向：电影艺术（注：这篇文章发表时，吴帅帅是硕士研究生）。李化来，副教授，硕士生导师，主要研究方向：影视理论与实务。

一、历史观照现实，描绘革命领袖的精神内核

重大革命历史题材电视剧，是以电视剧这一艺术载体对过去发生的重大事件进行书写。电视剧作为一种对于历史再现的表达方式，其中定会包含现代人们对过去事物的认知或态度。马克思曾说过："历史本身是自然史的一个现实部分，即自然界生成为人这一过程的一个现实部分。"[1] 这句话不仅强调了历史的现实性，更突出了历史在现实中的作用，现实借鉴历史，历史观照现实。所以重大革命历史题材电视剧若期许观众的情感共鸣，必定要找寻到历史与现实之间的交相呼应之处。《觉醒年代》之所以火遍全网，获得观众的连连叫好，除了与其上映时的政治文化环境密切相关外，还因为剧中不断地将历史与现实相结合，以革命领袖"觉醒"的精神内核呼唤当代青年的价值观构建。

21世纪以来，重大革命历史题材电视剧从选题内容到叙事模式都在不断地进行着有益尝试，从宏大的革命领袖叙事模式到如今的全景式群像叙事模式，都在不断适应市场并尝试多元化表达。但反观现实社会环境，随着5G互联网时代的到来，当代青年处于一个碎片化信息时代，而这也在不断消解着青年的文化观念，"革命"一词对于青年一代来说可能仅仅只是停留于书本上的浅层理解。由此可见，重大革命历史题材电视剧肩负着促进当下青年理解革命历史意义，以及建构唯物革命历史观，弥补历史文化缺憾的重大意义。《觉醒年代》是对新文化运动中思想觉醒的描写，呈现出第一批中国共产党人在找寻拯救中国之路过程中不断遭遇抉择和冲击的故事。这个思想觉醒是社会主义与中国的巧妙结合。剧中重点讲述了新文化运动为什么会发生，青年革命领袖又为什么选择了马克思主义。同时不仅刻画了新文化运动中的"三员大将"陈独秀、李大钊、胡适，还重点描绘了其他革命领袖青年时期的革命理想以及道路信仰的形成过程。剧中这种将叙事聚焦于青年群体的模式滥觞于《恰同学少年》《我的法兰西岁月》等优秀的青春叙事模式电视剧，而这种青春化的叙事模式无疑对当代青年了解历史意义及建构唯物革命历史观具有重大意义。同时，在《觉醒年代》中更是对新文化运动中思想信仰坚守内容进行了大量描写，无论是"新旧之战"还是在"无政府主义"、美国"实用主义"等各路思潮的冲击下，革命领袖们都依然选择并坚守着社会主义，这种革命历史的"信仰叙事"模式

対于现实中青年群体的信仰重塑赋予强烈的现实意义。

二、人物推动历史，塑造风格化"觉醒"人物

"历史不过是追求着自己目的的人的活动而已。"[2] 这是马克思和恩格斯在其著作《神圣家族》中对于历史的定义。由此可见，历史的车轮一定是在人为因素的干扰下不断向前的。作为一种人物叙事艺术的电视艺术，生动饱满的人物形象塑造是其亘古不变的命题。而在重大革命历史题材发展过程中，曾几何时一度陷入了人物"符号化""标签化"的怪圈，让类型电视剧裹挟着浓郁的意识形态的味道。因此人物形象塑造便成了展现电视剧艺术高度的必经之路。

首先，为革命领袖注入生活气息，塑造有血有肉的"人"。革命领袖是历史前进的伟人，他们有着"运筹帷幄之中，决胜千里之外"的非常人之神力，这样就使得塑造出的革命领袖形象与生活处于相剥离的状态，很容易落入符号化、标签化的怪圈。《觉醒年代》中对于革命领袖的形象塑造不仅刻画其非凡的精神品质，而且也对人物赋予了更多生活的气息，二者的融合是一种相辅相成的关系。仲甫不仅是新文化运动的奋勇好斗的先锋，同时也是陈延年、陈乔年口中的"大家长"，更是会拿起锅铲为儿子炒南瓜子的好父亲。

其次，从人物性格入手建构戏剧冲突。在电视艺术中"冲突""矛盾""对比"等代名词始终是凸显戏剧性的根源所在。对于重大革命历史题材电视剧，则是将这种戏剧冲突落在了"革命"二字上，既然是革命肯定就是要打破"旧"的，在其基础之上创立"新"的，以达革命之目的。《觉醒年代》自然而然也是在"新"与"旧"的选择冲突中展开的，其中对于人物形象的塑造没有采用先入为主的情节堆叠，而是基于史料，从人物性格入手去建构戏剧冲突——性格与性格之间的冲突、抉择与抉择之间的冲突。

最后，细腻刻画人物内心感情世界的微妙变化，这也使人物塑造更加知行合一、多维一体。对于《觉醒年代》这部剧来说，它的核心叙事即述说革命年代革命领袖们是如何实现思想觉醒的，思想内核的变化一定附着着情感动力引擎的推动。剧中有一幕经典场景，深刻刻画了鲁迅在撰写白话文小说《狂人日记》时的内心世界。鲁迅对社会的看法早已了然于胸，而他的表弟久苏因目睹穷苦百姓的水深火热而精神错乱，这一情感刺激促使鲁迅产生了化刀为笔的信

念，最终创作出《狂人日记》。对观众来说，这不仅引发了情感共鸣，更加深了对这位历史伟人的认识。剧中类似的手法屡见不鲜，通过情感内核驱动人物的思想觉醒，成功实现了对人物形象的立体刻画。

对于全景式群像叙事模式来说，能够通过视听语言技巧将众多人物的性格、品质、情感在短时间内让观众产生记忆点，这就是创作者的过人之处。剧中演员的上下场，使得生动入微的人物画卷徐徐展开，观众仿佛置身于历史长河之中，聆听历史伟人的故事。

三、隐喻诗意表达，以思想"觉醒"建构叙事引擎

隐喻象征之所以能够刺激观众的心灵，是因为这会激发观众的想象，从而促使观众积极主动地参与到叙事建构中来。《觉醒年代》围绕核心叙事思想"觉醒"，调用多种"有意味"的视听语言表达形式，实现艺术审美和艺术深度的双向提升。

1.动物意象关照个体命运

卡尔·荣格在其自传中曾经这样说到，"动物的主题通常是人类原始本能的本质性象征"[3]。在电视剧中动物意象的本质就是原始本能的动物文化观念，再通过视听语言的表达产生其丰富的象征意义。在视听语言叙事过程中动物意象不仅可以起到起承转合之功效，而且对于人物形象建构发挥了重要作用。《觉醒年代》中利用具体的动物意象，实现了观照剧中人物内心世界的表征性传达以及达到了未来时空的预判功能。

窥探内心世界，新文化运动刚刚起步，陈独秀如同一只蚂蚁一样势单力薄，还不能以四两拨千斤之功力拨乱反正。然而，他依然在中国思想启蒙中发挥着重要作用，展现出不惜先死的觉悟。同时，在剧集的后半段，陈独秀被拘留于京师警察厅之中，"螳螂"意象的出现与"蚂蚁"意象产生强烈的对比，螳螂相较于蚂蚁在原始本能上更加具有攻击性，这就暗示着陈独秀已经发生转变，从探索状态转为攻击状态，去攻破旧社会最后的壁垒，铲除根深蒂固的思想"脓疮"。剧中还出现了"金鱼""青蛙""白鸽"等动物，都极具象征意味。这种通过动物意象抒意的书写方式，在剧中不胜枚举。

2. 空间意象渲染历史氛围

作为电影叙事"容器"的视觉空间，其中凝聚了创作者的艺术造诣和空间审美想象。重大革命历史题材电视剧中，通过一实一虚的叙事空间意象建构，渲染了历史氛围，同时扩展了艺术想象的空间、增加了艺术的厚度。"它既有物质的真实性又具有想象的精神性，是一个彻底开放的空间，种族、阶级、性别等身份与权力关系都汇聚在这里，人们可以从任何一个角度出发去审视它，从而反思当代社会空间发展所产生的严峻问题。"[4] 苏贾认为第三空间就是物质空间和精神空间的二元解构与重构。在《觉醒年代》中对历史物质空间赋予了精神属性，如在第三集中青年毛泽东初次出场，大雨中，怀里抱着牛皮纸包着的精神食粮，穿过"热闹"的集市——横冲直撞的军阀部队、等待着被交易的孩子、坐在车里无忧无虑的公子、拉着水牛的农民。集市作为历史社会物质空间，展示了种种社会现象。通过使用对比蒙太奇的剪接手法浓缩了历史社会的写照。青年革命代表毛泽东与其背道而驰，预示青年群体即将离旧社会逐渐远去，去创造和迎接一个新社会。再如陈独秀与李大钊携陈延年、陈乔年、邓中夏等青年学生登长城那一场戏中，长城作为物质空间，原本是为了抵御外敌，但如今已成为残垣断壁。陈独秀向李大钊表达了对社会主义的新见解，而学生们登高宣读青春誓言，他们化作一座新的长城，以建立一个新的社会，去除旧社会的满目疮痍。《觉醒年代》中的空间意象让"情"与"境"浑然一体，不仅表现了创作者对于艺术审美的自觉追求，更提升了影片的历史质感和艺术深度。

3. 用典互文成就意境之美

"据事以类义，援古以证今"，用典手法源于文学诗歌之中，目的在于借古喻今，将其与电视艺术的融合不仅可以起到丰富其意境内涵之功效，更可以满足观众"曲径深幽"的含蓄审美倾向。《觉醒年代》的创作者也是谙习用典手法之巧妙，将经典文学作品中的经典桥段进行影像化呈现，辅以贴合情感之音乐，呈现出一幅极具文学价值的历史图景。比如在鲁迅刚出场时出现的"人血馒头"便出自其白话文小说《药》中的一段情节，其毛骨悚然的情节设置不仅还原了经典文学作品中的桥段，更刻画了鲁迅人物形象，增强了浓郁的历史意境之美。除了这些用典的经典段落之外，剧中在每一个历史人物出场之时，都通过字幕的形式简略介绍了生平事迹。字幕是对于未来的一个昭示，与画面的现在时产生强烈的互文性，这就增加了视觉影像的"言外之意"。如陈独秀送陈延年、陈乔年前往法国勤工俭学的场景中，兄弟两人大步含笑向前，字幕则显示了二人生命终止的时间与地点。字幕与画面形成的互文性，不仅扩展了电视艺术的叙事空间，更暗示了众多的青年志士为中国走上社会主义道路而勇于献身的决心与牺牲精神。

卡希尔对于历史的双重解读曾说过，"一方面它意味着过去的事实、事件、行为举止。而在另一方面，它又意味着我们对这些事件的重组和认识"[5]。《觉醒年代》是一部基于历史唯物主义的优秀电视剧，其创作者在贴合观众"含蓄"审美情趣的同时，通过隐喻诗意叙事，不断自觉主动地提高审美追求，刻画出生动饱满的历史人物形象。该剧在重大革命历史题材的探索上做出了有益的尝试，值得肯定与赞扬。

参考文献：

[1]《马克思恩格斯文集》第1卷，人民出版社2009年版，第194页。

[2]《马克思恩格斯文集》第1卷，人民出版社2009年版，第295页。

[3]卡尔·荣格：《荣格自传——回忆·梦·思考》，刘国彬、杨德友译，上海三联书店2009年版，第52页。

[4]陆扬：《析索亚第三空间理论》，《天津社会科学》，2005年第2期。

[5]恩斯特·卡西尔：《符号、神话、文化》，李小兵译，东方出版社1988年版，第85页。

（原载《电影文学》2021年第22期）

现代性语境下传统文化的多维诠释

——论纪录片《本草中华》的传播价值

张　荻*

摘　要： 中医药不仅代表了中国人民千百年来对疾病、健康和养生观念的系统认知，更对深入理解传统文化起着重要的镜像作用。"草木归山林，人心归自然。"《本草中华》作为一部全面、深入介绍中国传统医药文化的大型纪录片，以药写人，在论及本草功效的同时完成"人本位"的伦理叙述，并以点带面地勾勒出本草与人共同扎根其间的乡土世界。纪录片的媒介作用与种种一体化叙述策略在此过程中整合多元化个体间的对立与分歧，实现了最优的传播价值。

关键词： 现代性；传统文化；《本草中华》；传播价值

2019年5月，大型中医药文化纪录片《本草中华》带着对疗愈千年而重焕新生的传统医药文化的体验与感悟再次进入观众的视野之中。纪录片分为《轻重》《进退》《黑白》《新陈》《刚柔》《甘苦》六个主题播出，每一集包含着三到五个草药人的人生故事，由此牵引出西瓜霜、黑芝麻糊、麦芽糖等诸多大众耳熟能详但不知所以的方药的介绍。

纪录片《本草中华》敏感地捕捉到了本草文化与传统生活之间异质同构的关系，采取以情叙事的策略，将一个个本草如何与人共生的故事讲述得委婉动人。本草作为一个文化符号，表征着一个更为宏大和复杂的乡土世界，其人际伦理、生命哲学都在现代性变革的冲击下重新表达着自身的特征，但也正是在

---

*作者简介：张荻，副教授，硕士生导师，主要研究方向：媒介文化、媒介与社会。

对文化符号的现代传播过程之中，治病救人的本草知识与细节丰富的个体生活遥相呼应，润物细无声地建构起民族与文化的整体认同。

一、天人合一：本草文化的人伦根基

无论是在学术界还是公共舆论中，中医药的现代应用都是一个众说纷纭、莫衷一是的话题，因而以何种视角介入讨论这一问题成为在传播过程中影响观众接受的关键因素。纪录片《本草中华》悬置了对中西医药优劣利弊的争议，专注于表达与个体紧密共生的本草以多种形态存在于现代社会的具体故事。在这些故事的结构中，本草的历史考据、药用价值和临床效果只是序言，人和本草、人和人的感情关系才是叙述的焦点。

在有关中西医的激烈讨论中，很少有人意识到医药并非无本之木，医药学理的分歧其实是两种迥然有别的思想传统在对话过程中所产生的"文化休克"。中医药有其立足的文化根源，"天人合一"的本体性意识与伦理化用正是滋养本草的独特土壤。

中国古代没有如古希腊柏拉图对于主体与世界二元对立区分的清晰认识，更没有人需要以征服自然、探索自然为代价而获得认知统一的真理观念；在中国的哲学思想长河中，长期流淌着的是一种"天人合一"的想象。这种想象强调人与世界的融合，强调人在世界中消弭自身的主体性，成为更广阔世界的一部分。讲述本草就是讲述人对本草的认识，就是讲述人如何同本草发生关系、进行互动的过程。从这一层面来看，纪录片《本草中华》的叙述逻辑完全契合中国传统哲学思想的脉络。片中，对每一种新的本草的介绍就是对一种人生的观照，例如鲜有人知的药香和药墨，其药用价值虽然看起来令人生疑，但纪录片搁置了这些无法形成定论的疑虑，关注于父子、夫妻之间相伴相知的感人故事。一旦提出"本草的科学价值几何"这个问题，就意味着将本草放进实证科学的体系中条分缕析，就意味着中国医药文化与西方科学技术之间的冲突，但即使这些问题可能得出不同的结论，但是本草与人、人与人之间的联结却是毋庸置疑且真诚笃定的。赵氏父子在登山采药中所加深的信念感，在制作出完美的药香后骑着摩托车吃辣开荤的畅快，老胡和妻子在人生低谷时相濡以沫的坚定……这些都是不可被验证但也不能被怀疑的另一种真实。纪录片的分集题目

《轻重》《黑白》并非指药香之轻和药墨之黑，而是反衬了疗愈人生之重以及白首与共之情。

纪录片《本草中华》诉诸情感的本草故事是对中国伦理的深度表达，而人际伦理也正是对"天人合一"的本体意识、真理观念的见微知著。在中国的传统哲学思想中，真理即"仁"，在本质上并不关涉外部世界，而是指二人之间的和合。"中国式的'天理'就是人伦化的渠道，而每一个个体'知天命'的方式，就是在人伦秩序中轮流扮演'幼辈'与'长辈'的角色，并且在人间秩序中找到了自己的位置后，将它当作是天赋命运一般的予以安守。"[1]幼辈与长辈的人伦秩序和本草的神圣传承紧密地结合在一起，《本草中华》的故事中最经常出现的一个叙述结构就是"子承父业"：一个原本并不愿意接手家族事业的游子念及老父辛苦奔波或感于劝说，最终改变了年轻时的想法，回到家乡学习本草文化，此后如父如子，新的轮回再次开始，仿佛天道一般不能被改变。这样的例子在纪录片中俯拾皆是，包括第一集中赵家父子对药香的守候、第三集中谢氏父子坚持用30年酿一坛好酒、第四集中姚老和儿子对有药用价值银耳的不懈研发……象征真理的本草与作为伦理投射的父子同步讲述着传统医药文化的一体两面。

二、乡村叙事：田园诗的现代表达

从词源学观点来看，英语的文化（Culture）一词最早被用于农业方面的知识，是指"对某种农作物或动物的照料"。随着早期人类社会的转型，16世纪初，"文化"的意义发生了关键的转折，"照料动植物的成长之意涵被延伸为'人类发展的历程'"[2]。对植物的照料转变为对心灵的熏陶——而这正是本草文化的发展历史，从神农尝百草的历史传说中既可以推演出早期中国智慧对疾病的疗愈构想，又能够窥见本草与中国本土文化系统之间的关系。因此，在书写作为一种文化符号的中华本草时，必不可免地将要牵连出其象征的时空语境。

在纪录片《本草中华》所记录的故事中，既有生于乡村山林里的本地人，如云南腾冲百年银杏的传承，那里的江东村民和银杏的相依相伴已经延续了三千多年。对于这些人来说，本草是流淌在血脉中的基因，也是家族命脉的象征，守护本草意味着守护生命的根基。同时，纪录片故事中也不乏在城市里打拼多年一朝醒悟回归山野的外来者，如回乡研究本草的医生龚若朴。本草于这样一批人而言，则是对工具和理性的远离。然而，在老少贫富不均的多样化叙述中，纪录片中一个稳固的中心背景——前现代的乡土世界得以浮现。城市背景即使少量出现，也多用于表现本草的应用和研发。究其根本，本草及其象征的人情都仅仅扎根于乡土之中，后者作为中药人"来"和"去"的地理中心点而提出了一个现代性的命题：在现代化、城市化的历史前进车轮中，传统的本土世界该以何种姿态留存。

乡村在某种意义上指向了现代性的观念自身所具有的矛盾：现代性虽然通常在历史观念中体现为"新"对"旧"的更替，现代性——现代的时间性——在其自身内部就包含了一种动力，即在有别于它的状态方面超越自身[3]。然而，替代旧事物的新世界仍然需要从历史中汲取再次前进的动力，这样一来，过去的世界甚至将要为未来指明方向。乡村指出了一种新的生存可能性，人可以如海德格尔所言"诗意地栖居在大地上"，这也正切合了内容传播的目标观众的接受需求。

在此前提下，纪录片《本草中华》蕴含的本草文化以一种救赎的姿态进入乡村的叙事之中。乡村的外在景观是令人惊叹的田园景色——无论是静谧的竹林、险峻的峭壁还是耀目的百年银杏，本草的生存环境与城市的工业形态形成鲜明的对比。这里的外在景观与其生活秩序一样，都呈现为平静单纯、中心稳固的形态。在对物质不间断地生产、追求、浪费的过程中，或许人们终究能够明白，从城市到乡村，人们的内心将会删繁就简，重获新生。

在更加深入的层面上，纪录片《本草中华》也在表达着一种更为合理和平稳的工作伦理。乡村空间是被自然规律的时节、季候和秩序主宰的，其重要的结果就是稳固、单一的生活生产秩序，这种生活方式一成不变，周而复始。而与本草打交道的人则应该彻底融入自然界植物生长的规律，在四点出门采摘日出前的玫瑰、在悬崖峭壁之间寻找生长于海拔800米以上的高品质卷柏……工作与环境是统一的，世界是可以被理解的。

但在分工细化的城市中，人们只能如盲人摸象一般体验世界的表象，都会性格的心理基础包含在强烈刺激的紧张之中，这种紧张产生于内部和外部刺激而持续的变化。医生龚若朴用6小时等待竹沥、姚老用15年的心血与大量财富培育药用银耳、植物学博士露营山间只为采集一朵回心草……这样的投入产出比无法被高速运转的城市秩序认可，却为乡村所包容，因为正是这样的匠人精神代表着未来良性发展的希望。

三、建构认同：文化传播的一体化策略

在全球化时代中，跨文化的传播与交流互动变得日益频繁。无论是纸质媒体还是当下如火如荼的新媒体，都在表层的信息交流之下进行着意义的协商与价值的交换，但不同的文化在一个话语场域中相互交流，其结果并不总能尽如人意，因为文化的功能之一是，在人与外部世界之间设置一道具有高度选择性的屏障，因此文化以多种形态决定我们该注意什么，不该注意什么。纪录片《本草中华》以其电视媒体的传播特征、还原语境与诉诸感情的策略，呈现出有温度的一体化叙事特征。

在通过大众媒介生产意义的过程中，纪录片《本草中华》体现出影视媒介传播信息的特征，使用多种叙事话语完成了指向一体化受众认同的建构。《本草中华》所采用的叙述策略具有隐而不显的同一性指向，即自觉地将不同时代、地域、民族、文化间的差异消弭在共同的主题之下，构成一个完整的文化共同体。这一过程的实现同媒介有着密不可分的关系。人类学家本尼迪克特·安德森认为，在民族这一想象的共同体的建构过程中，18—19世纪印刷品的风行成为关键的影响要素，印刷品改变了人们的语言，进而改变了语言使用者之间的关系："语言变得不再是一个外在权力与使用语言的人类之间的联系，而是由语言使用者在他们自己之间所创造、成就出来的一个内部领域。"[4] 媒介的力量同样体现在电视纪录片的传播过程之中，有消除差异、追求不同群体之间最大公约数的天然特质，而这一特质也在反向塑造着其受众。在"和而不同"的包容性视野中，叙述主体无论是身处现代化城市的精英、身在异乡的海外侨胞还是新疆或云南边陲小镇的淳朴乡民，无论是徒步7个月磕长头朝圣的虔诚佛教信徒还是以现代科技改良草药的世俗主义者，都以本草之名凝聚在对真、善、美的追求之中，组成一个具有共同文化归属感的社群。

此外，纪录片《本草中华》并不针对某一抽象的观点泛泛而论，而是力图还原具体语境。语境是传播过程中容易被忽略的一个要素，脱离语境，任何代

码都是不完整也难以被理解的，语境之间的孤立也阻断了不同主体之间深入沟通的可能。例如离开了对自然铜和矿工父子故事的语境介绍，这种有毒的重金属本草就很有可能被当作"中医无用论"的一个有力论据，然而纪录片将其放归在一个完整的语境之中，用青年专家的严谨煅淬和科学的化学检验证实自然铜脱毒的有效性，从而为一个合理的判断提供更加完整的情景。

同时，纪录片以情代理的叙述从心理学的角度来看也能够更加有效地消除分歧，获得共识。说服具有对立观点的人的最佳方法是先动之以情，再晓之以理。反对本草者自有其周延的理由，但也不能不为矿工父亲对儿子的舐犊情深而动容，这位父亲培养儿子成为村里第一个博士，又为完成其一节课的教学而和工友下矿寻找自然铜。同样，有关中西医的对立观点或许仍然存在，但是双方都在与对方的切磋交流中不断完善，也加强了对对方的认识。这就是文化传播的作用——在多种信息的交叉对比之中，建立起一体化的情感与文化认同。

四、结语

越是透彻地回顾五千年本草文化，就越能够全面地把握本草在现代社会中的多重价值：其治疗顽疾，也疗愈心灵；是一剂良方，也是多种人生；是成长在中国大地上的生灵，也是哺育新生的沃土，滋养着"天人合一"的伦理哲思，开启着现代世界里的乡土轮回。

孤立地看待本草文化，只会为身处这个复杂多变、变幻莫测现代社会中的国人带来更多隔阂，而敞开心胸接受这些自然的馈赠，则获得了一种观照传统、体察世界的新视角，纪录片《本草中国》正以这样的情怀召唤着传统中医药发展的新气象。

参考文献：

[1]汪民安、陈永国、张云鹏：《现代性基本读本》（上），河南大学出版社2005年版，第139页。

[2]齐奥尔特·西美尔：《时尚的哲学》，费勇等译，文化艺术出版社2001年版，第186页。

[3]拉里 A·萨默瓦、理查德 E·波特:《文化模式与传播方式:跨文化交流文集》,麻争旗等译,北京广播学院出版社 2003 年版,第 44 页。

[4]本尼迪克特·安德森:《想象的共同体:民族主义的起源与散布》,吴叡人译,上海人民出版社 2016 年版,第 68—69 页。

(原载《中国电视》2020 年第 4 期)

媒介化社会研究

媒介化社会国家认同的修辞建构

丁云亮[*]

摘　要：现代民族国家的兴起，推动了人们对国家、国家认同的关注和探讨。信息传播革命引领下的媒介化社会，正改写着现代性、后现代性社会的政治秩序和文化版图，使国家治理技术、族群归属意识、个人生活方式获得重塑的机会，同时也带来边界的模糊性和意识的不确定性。以修辞传播为核心的国家观念、公民身份建构研究，涉及公共言论、日常叙事及历史记忆的语境化生产，媒介文本背后意识形态力量的支配或抵抗，集体认同的心理机制和行动逻辑，乃至如何产生说服效果等。借助修辞学理论、批评工具，审视国家认同的建构路径、实践策略，有助于进一步把握国家认同的认知心理和形成机制，拓展相关研究的学术维度和知识空间，应对全球性传播带来的冲击和挑战。

关键词：媒介化社会；国家认同；修辞建构；本土反思

21世纪以来，伴随全球化的跌宕进程和信息技术的快速发展，人类业已进入由大众传播引领下的媒介化社会。信息生产方式的不断变化、新媒介形态的丰富多彩，不仅带来个人性和世界性物质与精神交往、交流活动的复杂和多元，同时也冲击着固有的有关民族国家的认同意识和共生机制，甚或说使国家的认知界限变得模糊，国家观念越来越显示出不确定性。但全球传播和政治秩序的重构，传播技术的更替、出新，并未从根本上削弱乃至替代国家、国家意识、国家认同的社会基础；相反，以民族国家为基底的阶级问题、族群问题、价值问题，依然困扰着生活于"地球村"的"普罗大众"，并不时以"突发事

---

*作者简介：丁云亮，教授，博士生导师，主要研究方向：话语传播、媒介批评。

件"的方式搅扰着人类的生活世界。立足本土媒介化政治文化现实，厘清国家认同的生成机制，尤其是探究修辞传播的建构路径及其效应，是"互动性"的信息社会不得不面对的课题。

一、国家认同及其学术面向

作为学术词汇的"认同（identity）"，有一个从哲学话语、心理话语向社会话语转化的过程；它既指涉心理层面，又包含行为层面。所谓"国家认同"，是指认识主体对自己生活于其中的，并作为认识客体的国家持有肯定性的认识、态度、情感及信念[1]。从人类社会发展史来看，国家、国家意识及国家认同的生成和出现，并非一个固化、稳定的概念，而是经由漫长历史过程不断演化的范畴，不同社会文化、政治文明的演进阶段所包含的具体内容不尽相同。这些内涵和要素的差异，不仅影响到有关"国家"的种种认知机理，还规约着个人、群体及制度性政权组织对国家的想象和建构。

鉴于早期对地理环境的有限认识和信息传播方式的素朴、简易，古代中国没有明确的"民族国家"，国家意识更多地体现为以"王朝"为中心的"中国意识"；概而言之，它是以历史传奇、典章制度、文化习俗、语言符号等普遍共享的意义信息交互作用，最终形成的政治—文明共同体。这个规范化的世界及其社会结构，"是通过文明的认同和王朝的认同实现的"[2]。现代民族国家的兴起，包括现代中国从"帝国"到"共和"的制度转型，进一步推动了人们对国家、国家认同的关注和重视。"国家"被看作一个多民族的社会共同体实施有效治理的公共权力机构，"国家认同"也成为社会文明、精神凝聚力甚至制度设施的民意基础和合法性来源。

既有的学术史显示，有关国家认同的研究，主要来自政治、经济、历史、国际关系及民族学诸领域，具有跨学科属性。不同社会语境和学科特质，决定了理论工具和研究方法的择取。有人认为，中国的"国家认同"研究直接缘起和动因是来自苏联、东欧剧变引发的"国家认同"重要性的日益彰显；与西方学者多从政治学、国际关系学视角出发，与民族主义交织、缠绕在一起的"强政治性"学术路径不同，中国学人基于对社会稳定的关切，"主要以思辨和理论探讨为主"，如族群理论、跨国民族理论等，并佐以心理探索和实证研究[3]。

还有人从现实紧迫性角度，指出"国家认同"本质上涉及的是国家内部的团结和分裂问题，这种认同性危机既指向文化先赋予性认同危机，也针对政治选择性认同危机[4]。于海涛、金盛华则提出了"国家认同"研究的两种具体方法，"一种是以田野研究、访谈和传记分析为主的质性研究方法，一种是以实验法、问卷法和内隐测量为主的量的研究方法"[5]。

而今，信息传播革命驱动下的媒介化社会，正改写着现代性、后现代性社会的地理空间和文化版图，使国家治理技术、族群归属意识、个人生活方式获得重塑的机会，同时也带来话语行为和叙事方式的嬗变。一方面，传播媒介成为无孔不入的生产性工具，主导着信息传递、公民教育的过程，而媒介背后各种意识形态力量的支配性运作逻辑，直接撕裂或黏合集体认同的心理意识和生产机制；另一方面，过往传播者"中心化"的居高临下的线性信息传递，日渐为互动性的话语协商、修辞劝服形式所取代，国家传播也更多的是"传播者通过有意识、有目的的文本建构以影响受众的心理和行为"[6]。以修辞传播为核心的国家观念、公民身份建构的研究，理应是国家认同研究的重要面向，并拓展相关研究的学术维度和知识空间。

二、国家认同建构的修辞维度

国家认同的历史性、流动性，意味着这一认同既是一个心理感受的过程，又是一个理性接受的过程。对于权力性公共机构——国家而言，对公众的宣导、劝说，存在着多种路径，包括政治、经济、文化、法律、教育以及身处其中的制度关系。而这些规范性政策、理论或者观念，在媒介化社会中，都是通过大众传播的文字、影像和其他象征性符号的制作、流通和消费的；所以，真正形成国家认同效应的不只是建立在"政治正确"基础上强力灌输、抽象说教的结果，相反国家认同多是通过话语活动"不断协商"，并贯穿着"修辞斗争"的实践。媒体话语在建构国家认同中扮演怎样的角色、如何经由修辞策略建构认同规范乃至生产和再生产认同机制等，必然成为重要的治理技术和学术议题。

（一）媒介修辞的公共性

作为一种组织话语、进行说服的方法或艺术，修辞学在其知识演进过程中，一直与"公共性"联系在一起。但这种公共性只是建立在"非强制手段"的环境下。早期的亚里士多德虽然未能经历现代大众传媒的兴盛历史，但他却以希腊时代城邦式民主的典型公共行为——演说为对象，根据听众的特性把演说情境划分为法庭演说、政治演说、典礼演说三大类别，"表明他对国家事务有所思考"[7]。他对一对多、实用性的修辞学和一对一、苏格拉底式辩证法的比较，让修辞学更带有大众传播学的印记。其后西方修辞学，从言说艺术研究到包含言说在内的一切象征手段交流实践研究，多延续着亚里士多德的经典理论和学术理念，通过批判性阐释获得极大的创新和发展；同时亚氏修辞学不只是修辞批评的圭臬，也被视为新兴传播学的古老源头。

近代以降，新闻传媒的快速发展，不仅带来信息传播业的主导地位和繁荣局面，也带来话语组织、修辞行为的急剧变化，并构成相互推动、促进的良性关系。有学者指出过，20世纪新出现的种种修辞形式，呼唤着一个外延扩展程度此前无法想象的大众传播；这一需求"促使能够克服时空限制的新传播技术不断得到发明和发展，而通信技术从无线电广播、卫星电视一直到互联网的跃升反过来又为修辞场景、范围和语境的不断扩大提供了各种新的可能性"[8]。语言、言语、话语成为经济社会和政治文化系统的标志性符号，同时也在意义生产和人际交往中占据越来越醒目的位置。大众传播连接起政党政治、公共舆论、娱乐生活等不同领域，还覆盖了全球性广告设计、公关公司、公共外交等组织化的创意机构。人们开始意识到，修辞主体一旦调动、组织起各方可资利用的资源，就有可能影响和改变受众的认知和行为。知识学术界的话语转型研究及修辞策略分析，在整个人文社会科学领域，亦形成独具特色的学术路径。这一趋势，同样影响到在社会生活中日渐扮演重要角色的媒介修辞话语研究。

著名语言学家索绪尔，曾将语言视为"一种社会事实"；韩礼德通过"功能主义"转换，把语言引申为"一种社会符号"。这里姑且不谈他们关于语言本质的社会学知识差异，可以见到的共同点是对语言"社会性"和结构功能的强调。从语言的起源和变体来看，不难得出这样一个结论，即语言产生于人类个体与他人之间进行意义交流的生活经历，在人类生命存在必需的交往、交流实践中，不同族群或共同体都创造、使用并不断变异着语言。所以，"语言是一种共享的意义潜势，它既是经验的一部分，也是对经验的主体间阐释"；与此同时，语言不仅仅是达到彼此之间的理解，还通过日常的表意行为，"呈现社会结构，确定自己的地位和角色，建立和传播共享的价值和知识体系"[9]。当然，媒介话语既区别于日常场景中的话语理解和言语交际，也区别于陌生化、审美化的艺术语言；它的社会性与公共性，直接与具体社会系统中的话语秩序、修辞秩序及道德秩序等相勾连，在广阔的政治经济与社会文化的变迁过程中嬗变、重组。

国家认同，是大众对公共权力机构的一种个体意识、一种社会心理。媒介话语修辞的力量不是压迫性的，而是在情绪、情感的交流、引导、涵化中完成的。其间蕴含的政治逻辑和意识形态性，既会有迎合接纳的霸权式译码、相互妥协的协商式译码，也会遭遇逆反性的对抗式译码。按照范·戴克的理论，意识形态包含社会结构、认知结构、话语表达和再生产三个相互关联的组成部分[10]。媒介修辞对国家意识、国家认同的价值或本身具有的公共性，便是社会场域、主体认知和话语行为的统一体，牵涉到一种群体意识和个体意识的嫁接、整合功能，以及个体利益和普遍利益的平衡、协调功能，并通过有效的话语表达模式，激发社会行动者的集聚意识和心理需求。

（二）国家认同建构的修辞理念

人们普遍认为，全球性传播和区域主义理念，正在使国家和社会的结构关系出现重塑的迹象；国家观念的淡化、萎缩，让国家认同的主动性、自觉意识日益模糊，这被视为对民族国家意识形态的一种挑战。而阶级关系、权属关系、性别关系等多元因素的凸显，也在稀释国家认同的核心内容。传统的国家认同，作为一种从心理到行为获得肯定与依附的特殊"共同体"，大体上可以从制度、文化、民族三个层面得到解释，进而形成了政治认同感、文化认同感、民族认同感的建构逻辑和应用路径[11]。这种理念虽然从宏观上准确把握了国家认同的"基本内涵"，但在具体的劝导手段和说服艺术方面，并未能在理论上作出更加深入、令人信服的说明。事实上，对于国别、习俗、身份及语境化的社会现实必然带来的认同机制的差异，不仅不能回避，反而更应该得到精确的阐述。

现代修辞学作为一门边缘学科，尤其是经历20世纪的语言论转向、修辞论转向逐渐走向复兴，不同流派的批评家力图采用开放、宽容的胸怀，吸纳心理学、社会学、人类学及行为科学等领域中的研究成果，对传统以论辩、知识为主要研究对象的学术范围进行拓展，形成自身的话语体系；尽管"并不是全新的发展方向"，但一些突破性的理解，还是能给我们带来新的视野和启迪。正如社会学家米尔斯所认识到的，"修辞与意识形态限制着人类的选择，支配着人类的行为，人类在使用自己所拥有的权力时，受他们认为自己必须运用的语言的影响，受他们在相互交易中意识形态的影响"[12]。国家认同的接受和确定也不例外。人类在家庭、学校、媒体及其他社会化传播活动的教育和熏染过程中，语言既是一种符号，一种社会资源，同时也将人带入一种社会实践；语言符号本身具有约定俗成性和随意性，借助各种修辞手段、技巧组织话语方式，形成一种有形或无形的社会力量，建构着公众之间可以共享的政治意识、文化意识和民族意识。

从修辞传播的角度看，国家认同特别表现在两个层面，一是认知，二是行动。肯尼斯·伯克在创新修辞理论时，突出"认同（同一）"的中心位置，以取代传统修辞学的"说服"。他将人看作"使用象征的动物"，进而修辞成为用语言或信息符号诱发合作的行为；人在交际时需要说服，而说服的前提是"同一"，因之，"同一"是劝说的起点，也是目的[13]。在人类交往、交流活动中，差异性越多，相互沟通并达成一致就越困难，当双方相似性多甚至有同质化倾向时，就增加了相互理解、达成共识的可能性。在媒介化社会，媒介产品形式具有多样化品格，文字、言谈、影像乃至全媒体平台的多维呈现，使得媒介文本具有"互文性"结构，体现着完全不同的接受信度和社会效度；这种多功能对受众心理态度、价值取向的规制和影响，又集中于情感、认知、意志诸因素。媒介文本的话语修辞属性，意味着国家认同的传播内容不只是意义本身，还包括具有修辞意味的形式，修辞化内容更能催动人的情绪、情感，调节人的认知，强化人的意志，甚至于超越原文本固有的话语意义。

在国家传播的认同建构中，通过有效修辞"诱发合作"，最终还需要转化为"行动"。语言学家们早就认识到，作为社会实践的一部分，语言即社会行动，是生产关系和社会关系的感性显现。这里不仅指人类在言语活动中，创造题旨和意义、实现表达和交流的动态的生存方式和生命运动，还包括言语的聚合、组织实践，能够对个体或群体态度、立场、信仰的塑造，并表征为外在社会实践的逻辑和动力。就像有学者指出的，修辞是方法不是物质，它做的不是对业已发现的、静态的真理的论证，"是促使某一状态的产生而不是发现或检验某一状态"[14]。大众传媒是隐喻性的，通过不断地定义现实，形成对现实世界的独特理解；在形形色色的媒体景观中，有关国家的意识、性质及其与自我的关系，也在被不断地定义，国家认同意识和行为的结合，需要在可共享的知识框架、认识水平范围，实现有机统一。

国家认同研究采用修辞学阐释方式，并非意味着传统的财产结构、制度安排、经济政策和法律规范等方面的考察不重要，而是立足于这样一个事实：由媒介"隐喻"构成的意义世界里，传播话语以其真实或虚构的表达方式，越来越强有力地型构着国家观念、国家行为，这些修辞能力已是国家文化战略的"软实力"，并对公民身份、国际关系及公共外交起着巨大的作用；同时，也是为了激活"积极修辞"在国家认同中的影响力。

（三）国家认同建构的修辞策略

全球性经济运行、信息化传播革命、城市化进程以及国家语言战略，都在塑造并推动着一种新的国家认同机制的形成，在这一过程中，各个国家历史经验、民族属性的不同，会规制着认同意识和行为的表征实践；同时，它们对于黏合共同体的共性诉求，又意味着国家认同的叙述话语和修辞策略具有某种程度的相似路径。从本质上说，公民国家是"建立在有关一个政治共同体建构的合理性的叙述的基础之上"，都是以"对'人民'是谁和'国家'在世界上的位置的话语叙述为基础的"[15]。正因为如此，媒介化社会的国家认同建构与国家传播的修辞策略、修辞行为有着紧密关联。我们结合国内外国家认同修辞理念和传播现实，概括出几条基本原则和实践策略。

1.运用日常修辞，培育情感认同

在各类媒介话语中，新闻话语既是传统性的信息传播话语，也是当代媒介传播活动中极具影响力的话语形式。因为它不断地讲述我们未能亲历的事实，叙述并教会我们理解身边或外部世界的故事，使我们获得对全球各地人物、事件的认识。虽然从专业主义和职业伦理看，新闻记者需要秉承真实性、客观性原则，但真正成型的新闻文本无不带有主体的观点、判断或成见。根据葛兰西的霸权理论，统治阶级在"生产世界"时，不只是通过国家机器的强制性权力进行统治，还经由一种民众自发"同意"的关系，规定着共同体社会生活的方向。对民意的组织性权力的实施，往往是在"政治和意识形态的领导"下，通

过说服的方式对从属集团而行使的；"当一个统治集团通过这种类型的领导形式，博得其他集团对于自己偏好的现实定义的同意时，它才具有霸权的性质"[16]。因之，政治或其他意识形态只有成为无须省思的"常识"，才真正具有对生活世界的型构力量。新闻报道的"修辞性"，即力图将陌生的现实日常化，变成可理解的、具有情感认同功效的话语实践。

这种日常修辞，在媒介化社会赢得广阔的空间。随着媒体工业的开发和对阅听者效益的追求，一方面媒介内容越来越日常生活化，新闻传媒在市场化体系里希望通过"贴近"公众，满足受众实用的、精神的及娱乐的需要，尽可能生产受众喜欢的节目产品；另一方面媒介作为生产主体，自身也在不断变化，形成所谓"民众化转向"，更多的普通人出现在报刊、荧屏上，参与着媒介文化的生产—消费过程。这些媒介生产方式及生产关系的变化，包裹着不同的情感内容，可能会组织认同也可能撕裂认同。国家认同当然无法忽略这一媒介市场的新动向，需要在崭新的环境下聚敛有关"民族国家"的意识、情绪，疏解与社会认同、国家认同对立的反向情绪。譬如中国梦的认同，它的话语传播是一种全民性的社会认同，更需要作为共同体中独立"自我"的身份认同、情感认同；中国梦要实现的是"国家富强、民族振兴、人民幸福"，与每个中国人有着千丝万缕的联系，它既是对民族国家前景和未来的展望，也是对每个个体安全感、幸福感的承诺，既是国家主义的宏大叙事，也是源自个人日常生活的微观修辞。

2.借助记忆修辞，强化认知认同

人类对自我、他人和族群的认同，有一个模仿、学习及从众性的交替发生的涵化过程，其间语言符号的意义表征实践产生重要影响。国家认同作为成员情感、思想和身份的集聚活动，因为超越了个体对眼前空间、利益的考量，需要更有效的话语方式和符号效应，才能获得认知的"同一"。那些蕴含民俗礼仪、思维习惯的物质或符号，既昭示于对先人遗留下来的某些人造物品的命名及释义，更表征为对历史人物、事件的真实叙述和艺术再造，按照发明者和使用者之间的想象性沟通，达至某种符合现实需求的意向性关系。这意味着，国家记忆、历史情节的叙述说明，不仅仅是对单纯存在的事实、事件的记录和论证，还会包括"诗意的和修辞的因素"，只有利用这些技巧、手段才会使既存的事实转化为故事的模式；海登·怀特由此提出"竞争性叙述"一词，认为一种叙述说明可以把一类事件描绘成"具有同样形式和意义的叙事诗或者悲剧故事",另一种叙述说明可以把同样的事件描绘成"一出闹剧"[17]。所以,对国家记忆、历史事件的处理方式和修辞策略,能够表达不同的意旨、取向,进而影响到接受者的认知认同。

因为大众传媒的兴盛和结构功能,现代社会对文化记忆的修辞性应用达到前所未有的程度。虽然传媒话语在推动具体机制和行为的形成中,呈现出建构或解构的双面性,但记忆修辞在组织、嫁接认同意识时,还是具有难以替代的作用。从生产工具本身来看,作为元媒介的语言符号具有鲜明的文化属性,蕴含着丰富复杂的社会历史内容,负载着不同形态的文明的转型和进化。以书籍为中介的识字教育、语言教育等教科书,一直是延续文化血脉、塑造身份意识的基本认知认同路径。同时,媒介技术的发展,一些新艺术形式和媒介产品,也日益加入建构认同的记忆修辞的创造性工作序列。电子媒介的纪录片、电视剧、自制视频乃至专题性文化节目,借助语言、文字、影像等不同信息符号,发挥着传统修辞学以追求知识、真理为旨归的说服认同功能、艺术审美功能,通过对集体性记忆的钩沉和展演,重新解读古典历史传统、红色经典叙事,再造民众的国族记忆、人民记忆和社会记忆,使人们回归对"国家"的依赖关系和对"文化"的认同心理。

3.通过互动修辞,增进价值认同

现代修辞学从人类本质属性界定方面,大大拓展了古典修辞学的领域。他们将人不只视为理性的动物,还视为"使用符号的动物",并以此辨识人和动物之间的联系和区别。人类通过对符号的社会性使用,个人、团体以及族群力求争取、维持在相互依靠的结构系统中的身份、地位。在伯克那里,认同是存在于传播者和接受者之间的共同点;他还借助宗教性语言描述了认同得以生成的机制——"圣体共在论(consubstantiation)",即耶稣的身体和血与圣餐中的饼和酒融为一体,二者的本质相互融合[18]。总之,传受双方在传播活动中,为了克服个性、信仰、态度的差异,而增强相似性、同质性,需要根据受众的具体特征和接受过程里的变化,努力通过精心设计或者无意识外溢的双向互动的言语、符号行为和策略,激发、塑造共同的趣味、观念。

网络时代信息传播的微型化、多元化,为国家认同建构带来新的挑战和空间。传统新闻媒体尤其是纸质媒体影响力日趋缩小,甚至面临生存困境;电子媒体在管理运营、节目改制诸方面，也不断遭遇之前难以想象的难题。传者、媒介、受众之间固有的生产关系，被重新组织，并发生结构性的变化。建立在互联网基础上的新兴媒体传播形态，成为公众接收讯息、发表意见、凝聚价值共识的最重要平台。网络媒体最突出的特点除了快速传递方式之外，就是去中心化、融合性和互动性。普通网民能够在论坛、社区及朋友圈等社交媒体渠道，形成、分享共同的"感觉、意象、思想、态度"。公共舆论场也在分化，并体现着不同利益集团的价值观念相互冲撞、协商的复杂的"平行四边形"图景。人工智能技术、机器人学、区块链结构等新的信息生产、传输、接受模式的发展，进一步颠覆了数据存储、共识机制及话语理解的认知过程和交互关系，形成更具参与性、体验性的"场景"社会。代表国家、政府机构的主流价值观，就不能仅仅停留在过往宣导、教化、灌输性的模式上；新媒体的互动功能、对话功能以及再生性的艺术修辞功能，往往更客观地展示舆情、民意，通过互动修辞和理性沟通，恰恰能够凝聚民心，在价值同一基础上催化国家认同。

三、国家认同修辞建构的本土反思

尽管全球化和反全球化思潮总是不断抵牾、缠绕，但是从经济、文化到政治的全球化转型，业已成为当今世界"不可逆"的趋势；与此同时，全球性的公共治理和传播实践，继续重塑着个人与国家、民族与国家、国家与国家之间的相互关系。在这一大的历史背景下，国家认同建构变得日益复杂和多样化，并且因认同的形成或断裂而改写着整个世界秩序。中国的强势崛起及其在全球事务中显著的作用，不只影响到国族内部的认同意识的建构和确立，还影响到外部世界的格局和态势。在媒介化社会，国家认同也不再仅仅是一个国家通过新闻传媒展现出的一种自我形象和实际行为，作为"国家与世界关系的集中写照"，它也是公众个人与世界关系的表征。而中国文化传统和国情的特殊性，同样也左右着国家认同修辞的建构逻辑。

（一）民族国家修辞的延续与创新

日本学者佐藤信夫认为，作为技术研究的古典修辞学，在人类口头语、书面语的发展中，一直延续着双重作用，即说服表现功能和艺术表现功能。前者主要出于实用的目的，强调言语生动的说服力；后者则以有魅力的审美为旨归，以期获得艺术的激发力；二者相互砥砺、交叉发展。鉴于社会性交往、沟通中，人的言语组织、技巧应用不只是为了驳倒对方，也不尽是修饰词语，他在批判性考察修辞学史及现代修辞实践的基础上，提出修辞的"发现性认识的造型"这一第三种功能[19]。"发现性造型"，体现着一种新的修辞意识，那就是人类在语词表现中，为了避免言不尽意的缺陷，很多时候会凭借"感觉"机能，通过具象化的方式尽可能完整地传达心理反应和精神意识。

现代中国媒体的国家认同实践，有一个从国家主义修辞到国家修辞的演进过程[20]。国家主义传播理念，往往基于国家权力、国家政治的立场，以不容置疑的话语行为，向受众宣导、灌输关于个人同国家之间的依附、从属关系，通过权威性话语逻辑促成社会共识，并作为共同体每个成员行动的指南；其修辞路径是单向的、线性的。极端政治化时期的报刊新闻、影像节目甚至文艺作品，都带有这一"单面"特征；这在相对封闭的年代，会起到短期聚焦效应。但在今天，中国的多民族属性、世界发展一体化态势，业已稀释了压迫性的国家认同的构建力量；民族国家意识的形成，除了既往宏大叙事之外，更应该从微观说服技术出发，关注修辞机制的成熟和修辞话语的传播效果。中国的历史图景、文化记忆有多重叙述方式，现代生活中也有多种隐匿的、蕴含人文精神的人物、事件和行动细节，需要我们去进行"发现性造型"，创造有效的话语修辞方式予以呈现。在继承、延续传统文脉时，吸纳古典话语的说服力、艺术技巧，同时利用媒体融合环境下的多平台渠道、功能，发现、创新民族国家的修辞实践，是国家认同建构的重要路径。

（二）意识形态修辞的冲突与融合

现代历史的断裂性发展，既是中国人共有的记忆，也是特殊的记忆；它带来的国家属性、制度设施、经济政策的不同，直接塑造了媒介话语的另类特征。媒介话语的演变，既是社会文化变迁的结果，也是其表征，并呈现出复杂且矛盾的过程。作为公共权力机构的国家，有能力掌控着大众传播的主导倾向，进行符合国家利益和制度建设的意识形态宣传。但话语自身的多重语义和应用功能，又或隐或显地动摇固有的修辞秩序乃至社会秩序，体现着不同阶层、群体的共同体之间的思想分歧。报刊、电视媒体长久以来，在纪实性、评论性及仪式化的媒介文化生产中，在凝聚人心、形成共识方面，起到关键性作用；但互联网及建基其上的新兴信息传播平台，以民主化、商业化、技术化发展潜势，不断地重组着传统意识形态的话语结构，成为国家认同机制建构的双刃剑。尤其是自媒体话语生产的个性化运作机制，使同一社会事件有不同意义解读，成为网络时代舆论场的常态。

话语的变化及话语秩序的新方向，需要国家认同建构中修辞战略的转换。克劳德在分析有关"波斯湾战争"报道的修辞传播效果时，指出美国电视媒体经历了一个把政治不满情绪改编为个人焦虑之情，把反战愿望改编为对军队支持，进而消除人们的政治分歧的过程[21]；为了调节公众对战争的反感，军人家庭成为电视新闻播放的典型形象，引发了社会情绪的普遍转移，最终达至"理想的全国一致"。当下中国的国家认同，在不同个人、族群之间亦存在对立、分歧、不一致的情绪、情感，这种不和谐不只是话语表象层面，还是身份、地位、价值层面的。媒体在这一公共领域的修辞建构，既要有"宏大叙事"的国家、民族，又要有"具体而微"的个人、家庭，用共同的社会生活愿景，弥合现存的意识形态冲突、分歧。

（三）传播话语权的争夺与合作

现代中国尤其是近四十年来，中国的政治结构、社会传播都发生巨大的变化。在经历了改革开放、市场经济及消费主义洗礼之后，道德伦理秩序、政策法制秩序和公共传播秩序逐渐走上"现代化"之路，并开始与世界接轨。同时，社会发展中的问题和困厄，亦日益凸显。在由一个农业大国转向工业化国家的过程中，西方发展主义话语一直是社会转型的主导力量，城市（城镇）化的突进带来物质生产、生活资料丰裕的同时，也引发精神信仰、家国情怀的矛盾和张力。尤其是不同区域、人群中间存在的财富、权利的不均衡，导致社会大众出现认同危机；国家认同是社会认同体系的一部分，而且是极为重要的组成部分，当社会大众普遍出现对"国家"的疏离心理，民族振兴的愿景就难以实现。从修辞传播角度看，社会认同感的裂痕，必然导致传播话语的分化、对抗；而大众传媒的隐喻性，又深深烙上这种差异化的印记，表征为显性或隐性话语权的争夺。特别是在流动性的网络社会，官方话语、民间话语、精英话语、民族话语等多重传播话语的矛盾、冲撞态势，业已成为客观事实。这种话语权的争夺，既是社会结构关系的直接反映，也是一场说服性的"修辞斗争"。

对于当下中国的现实境况以及修辞场域的重组，已有学者深刻体认到，国家与社会关系的变化导致权力再分配，进而形成了不同的话语体系，但这并不意味着"对立"，"主导性言论"在多重话语体系中的流动，"会有益于我们的国家与社会，会有益于我们的政治文明进步，会提高党和国家政治传播的'正能量'"[22]。从政治哲学角度看，"国家"作为赋予国民整体性、安全性的契约组织，也是强制性组织，不只肩负"教会我们爱国"的责任，还有"给我们爱国的理由"的义务[23]；只有关于"国家"的情感、理念，成为公众生活中的"常识"或引以为荣的"意象"，才会真正拥有"象征性权力"。这就要求在具体的国家认同建构方面，主流话语必须适应媒介技术的发展态势和话语"民主化"的趋势，既有修辞的创造性又有修辞的敏感性。改变传统媒体惯常的"自上而下"的传播方式和"广场心态"，寻求最适合数字化公众的表达行为；同时，又要努力规避国家主义修辞可能引发的极端民族主义情绪。真正意识到，国家认同是通过公民对政治、文化、民族的理解、肯定、同一，达到团结合作、互利共赢的目的。

马克思说过，理论只要说服人，就能掌握群众[24]。媒介化社会国家认同的修辞构建研究，本质上就是通过对言语、信息符号结构"世界"能力的分析，发现社会治理和公共管理中的一种"话语的力量"，为民族国家的稳定、利益和安全提供可能的建设路径。当然，我们也必须认识到，这种话语修辞的建构逻辑及传播活动，在社会政治实践中不只是积极的、肯定性的，还因受制于特定历史条件下的集体心理、制度设施和权力结构，也会"播撒"消极甚至异变的认同效应。沉潜具体的社会文化语境，建立以人的全面发展为基底的开放性、包容性的"健康认同"，才是修辞传播的真正旨归。

参考文献：

[1]李崇富：《马克思主义国家观和国家认同问题》，《中国社会科学》，2013年第9期。

[2]许纪霖：《国家认同与家国天下》，《华东师范大学学报（哲学社会科学

版)》，2014 年第 4 期。

　　[3]袁娥：《民族认同与国家认同研究述评》，《民族研究》，2011 年第 5 期。

　　[4]周光辉：《国家认同的规范之维》，《学习与探索》，2016 年第 8 期。

　　[5]于海涛、金盛华：《国家认同的研究现状及其研究趋势》，《心理研究》，2013 年第 4 期。

　　[6]陈汝东：《论国家修辞学》，《江淮论坛》，2012 年第 3 期。

　　[7]埃姆·格里芬：《初识传播学》，展江译，北京联合出版公司 2016 年版，第 298、310 页。

　　[8]刘亚猛：《西方修辞学史》，外语教学与研究出版社 2008 年版，第 288 页。

　　[9]韩礼德：《作为社会符号的语言·引论》，苗兴伟等译，北京大学出版社 2015 年版，第 2—3 页。

　　[10]范·戴克：《媒介中的意见与意识形态》，艾伦·贝尔、彼得·加勒特编：《媒介话语的进路》，徐桂权译，展江校，中国人民大学出版社 2016 年版，第 19 页。

　　[11]吴玉军：《论国家认同的基本内涵》，《中国特色社会主义研究》，2015 年第 1 期。

　　[12]转引自肯尼斯·博克等编：《当代西方修辞学：演讲与话语批评》，常昌富、顾宝桐译，中国社会科学出版社 1998 年版，第 228 页。

　　[13]邓志勇：《修辞理论与修辞哲学》，学林出版社 2011 年版，第 41 页。

　　[14]莫里斯·内坦森：《修辞的范围》，肯尼斯·博克等编：《当代西方修辞学：演讲与话语批评》，常昌富、顾宝桐译，中国社会科学出版社 1998 年版，第 201 页。

　　[15]M.莱恩·布鲁纳：《记忆的战略：国家认同建构中的修辞维度》，蓝胤淇译，商务印书馆 2016 年版，第 13 页。

　　[16]斯图亚特·艾伦：《新闻文化》，方洁等译，北京大学出版社 2008 年版，第 91 页。

　　[17]海登·怀特：《历史情节的编织与真实性问题》，李宏图、王加丰选编：《表象的叙述》，上海三联书店 2003 年版，第 179 页。

　　[18]彼得·伯克：《历史学与社会理论》，姚明等译，上海人民出版社 2010 年版，第 62 页。

　　[19]佐藤信夫：《修辞感觉》，肖书文译，重庆大学出版社 2012 年版，第 9 页。

　　[20]有关国家主义的内涵和特性，还可参阅史娜：《从国家主义到以人为

本》,《前沿》,2010 年第 2 期。

［21］达纳·L.克劳德:《沙漠安慰行动》,大卫·宁等编:《当代西方修辞学:批评模式与方法》,常昌富、顾宝桐译,中国社会科学出版社 1998 年版,第 217 页。

［22］荆学民、苏颖:《不同话语的身段与博弈》,《人民论坛》,2013 年第 13 期。

［23］史蒂芬·B.史密什:《政治哲学》,贺晴川译,北京联合出版公司 2015 年版,第 279 页。

［24］马克思:《〈黑格尔法哲学批判〉导言》,《马克思恩格斯选集》第 1 卷,人民出版社 2012 年版,第 9—10 页。

（原载《学术界》2018 年第 4 期）

理想的彼岸抑或意义的迷失：算法驱动新闻社会责任反思

张军辉　　沈　宇*

摘　要：算法驱动新闻是算法技术全方位参与新闻生产与分发的一种新型新闻形态，触发了新闻生产流程再造与传播范式再构，也引发了人们对其社会责任的反思。从新闻价值论和社会责任论视角对其进行解构和重构，有利于丰富新媒体社会责任理论的研究成果，也有助于促进算法驱动新闻的良性发展。

关键词：算法新闻；媒介责任；新闻生产；新闻分发

麦克卢汉（Marshall McLuhan）曾将媒介形象地比喻为人体的延伸，并指出任何一种延伸都会引入一种新的尺度[1]，这种新尺度或解放或束缚信息的形式与内容。中国互联网信息中心发布的《2016年中国互联网新闻市场研究报告》显示："算法分发"正逐渐取代传统的"编辑分发"模式，成为我国互联网新闻主要的分发方式。近年来，谷歌欧盟反垄断案、Facebook"偏见门"、今日头条的版权争议案等，这些由算法驱动新闻引发的争论愈演愈烈。我们对算法驱动新闻的社会责任进行反思，正是基于对如何减少这一创新扩散的不确定性，促进其良性发展的思考。

---
　*作者简介：张军辉，副教授，硕士生导师，主要研究方向：新媒体理论与实务、舆情与战略传播。沈宇，2022届新闻传播学硕士研究生，主要研究方向：马克思主义新闻观、新媒体理论与实务。

一、算法驱动：一种新型的新闻形态

算法（Algorithm）最初是由古希腊著名数学家欧几里得（Euclid）提出的一个数学概念。计算机诞生后，算法成为计算机科学的一个重要分支，指"解决一类问题的任意一种特殊的方法"[2]。互联网时代，这一技术被引入新闻传播实践领域后，形成了一种新的新闻表达模式——算法驱动新闻。

1.算法与新闻的耦合：一种新的表达模式

算法与新闻的耦合可以追溯到20世纪50年代计算机技术的兴起。1952年，具有存储程序功能的商用计算机UNIVAC首次成功预测了当年的美国大选结果，这一事件受到新闻机构的关注，计算机的算法程序开始被引入新闻内容生产，但此时的算法主要用于提高复杂数据的计算效率。1973年，菲利普·迈耶（Philip Meyer）提出了"精确新闻"的概念，提倡用精确的数据解构和建构新闻事件，加之个人计算机技术的不断成熟，大量美国记者们开始利用计算机辅助新闻内容生产，于是诞生了"计算机辅助报道（CAJ）"。1989年，《亚特兰大宪法报》记者比尔·戴德曼（Bill Dedman）运用计算机辅助生成的调查性报道首次获得了普利策奖。这一时期，算法的作用主要体现在：一是通过整理分析政府、民调机构、社会组织等提供的结构化数据库，帮助记者发掘数据库中的新闻线索；二是通过开发专业的软件平台，协助新闻机构人员进行新闻内容的编排。

互联网时代，结构化、半结构化和非结构化等不同类型的网络数据开始急剧增长，基于计算机网络技术的各种算法如雨后春笋般层出不穷。1997年，美国网景公司（Netscape）推出RSS项目，通过这种过滤算法技术，实现了信息分发方式从"拉"到"推"的转变，以满足网络受众的个性化信息需求。2000年后，Web2.0理念在互联网业界兴起，传统的信息传受二者边界变得模糊，大量用户生成内容（UGC）开始出现，互联网开源数据急速膨胀，谷歌、百度等商务平台开始利用算法优势提供新闻检索与推荐业务，算法开始深度参与新闻业务。2011年美国叙列科学软件（Narrative Science）公司首次应用同名软件向媒体提供自动生成的新闻稿件，2015年我国腾讯公司首推梦想作家（Dreamwriter）软件为其财经频道自动写作，算法开始代替传统新闻机构的部分专业人员，进行新闻写作和分发工作。尤其是2008年，我国启动第三代移动通信（3G）牌照发放项目，迎来了以用户为中心的传播时代。澎湃等App以快速、精准的信息推送优势，成为受众获取新闻资讯的重要渠道，基于算法的新闻生产与个性化推荐正在成为新闻生产与分发的主要模式和新常态。

2.从编辑到代码：新闻生产流程再造与传播范式再构

算法的介入，再造了新闻内容生成与分发的流程，形成了新闻生产与分发的"算法厨房"。算法可以协助人工或者自动从海量大数据中挖掘新闻线索，基于算法的自动写作软件开始扮演传统记者的角色，通过算法对信息进行聚合，依据算法对新闻的重要程度进行排序，成为新闻产品形式的决定性要素。算法通过分析用户网络日志（Weblog），判断用户兴趣，自动对不同的新闻进行分类筛选，并精准推送至受众。之后，算法进一步收集受众的阅读行为，充实现有的用户个性化数据，为新一轮的新闻生产提供线索和依据。

算法促使新闻传播范式从"去中心化"到"再中心化"的再构。传统媒体时代，新闻机构及其成员扮演着"意见领袖"的角色，这种"中心化"的信息流通形式是传统媒体时代新闻传播的典型范式。互联网打破了信息流通的壁垒，信息不再掌握在少数媒体机构手中，以个人兴趣为中心的信息获取方式，极大消解了传统媒体的"中心化"特权，迎来了信息流通的"去中心化"传播范式。移动互联时代，数据极速膨胀，人们刚从"信息过窄"的境况中走出，又陷入"信息过载"的境遇。面对这一矛盾，受众开始寻找可靠的"代理人"帮助他们筛选大量的冗余信息，算法作为一种高效的信息筛选技术，开始介入网民的信息检索工作，扮演受众信息"把关人"的角色，这一过程完成了信息传播范式从"去中心化"到"再中心化"的再转移。

二、算法的隐忧：谁来决定新闻的价值

从哲学意义上来说，价值判断是受判断主体需要和客体属性双重制约的实践活动。算法的参与，触发了传统的新闻价值活动中的主体、客体和介体关系的嬗变，面对众多的訾诟，人们从对这一新鲜事物的猎奇到开始关注算法带来的隐忧。

1.算法分发：新闻价值主体的解放还是"公众极化"的茧房

新闻价值具有"前在主体"和"后在主体"的双重主体性[3]，即信息的传者和受众。传统的新闻价值活动主体既有相对性又有统一性。相对性体现在二者所处的新闻传播环节的不同，前在主体主要负责新闻线索发现、稿件写作、产品分发和受众调查，后在主体处在新闻传播活动的末端，是新闻产品的消费者。但无论是前在主体还是后在主体，"人"是唯一的全程参与者和管理者，二者通过有效的新闻产品分发达到在新闻需求上的统一。

算法驱动新闻价值活动中，传播主体根据受众主体的需求进行新闻生产，受众主体通过浏览精准推送的新闻产品，对推送平台产生越来越强的依赖，这种依赖行为进而成为传播主体进行新一轮新闻生产的依据。在这种类似"死循环式"的程式中，算法代替人，起到了决定性因素。这种让渡有其积极的一面，越来越智能的算法大大节约了人工成本，提升了受众的阅读体验。但这种让渡也同时撕裂了新闻价值活动主体间的相对性张力，重新定义了主体的功能。算法开始代替专业的新闻业务人员判断数据信源中的新闻价值，但其判断依据主要来源于受众的个人兴趣，而非公共利益。于是，在这种一味迎合用户兴趣的"受众本位"算法价值观下，受众与新闻内容被算法精准地聚类画像、匹配，算法成为新闻价值活动主体的代言人。这种看似智能的新闻算法系统，打造了一种新型的信息茧房：首先，受众主体被精准的按需分类，陷入大量同质新闻信息的包围，增加了沦为赫伯特·马尔库塞（Herbert Marcuse）笔下"单向度的人"的风险，从而丧失了对不同社会环境的想象能力；其次，迫于生存的压力，传播主体一味迎合受众兴趣，忽视了传播目的性，带来了人们对获取信息多样性缺失的担忧。在算法茧房的包围下，人们进行选择性的新闻阅读及其他新闻消费行为，进而形成了一种"公众极化"现象。

2.算法编辑：谁来把关新闻价值的客体

新闻价值客体是主体的活动对象，具有"前在客体"和"后在客体"的双重主体性，即新闻事实和新闻文本，影响着新闻价值实现的质与量。传统的新闻内容生产，有着严格的把关程序和规范性的操作章程，记者、编辑、总编等专业新闻编辑人员共同扮演着"把关人"的重要角色。近年来，数据新闻、机器人写作成为新闻界的热点词汇，我们对于新闻报道中"以上内容由机器自动编写"的声明也不再陌生。从新闻线索发现、新闻文本写作到产品分发，价值活动客体开始向"机器化"转移。这种新闻价值客体活动的机器化转移的积极性在于，高效能的算法技术进一步用时间消除了空间，通过算法能够实时监测网络信息的动态，迅速生成新闻报道产品，及时推送至用户的移动 App 客户端。但也引发了人们对"机器时代新闻生产中人的价值"迷失的担忧。

麦库姆斯（McCombs）将议程设置分为两层：第一层是对象的显著性，第二层是属性的显著性。算法驱动新闻生产模式中，算法开始代替记者的现场采访和专业判断来定义何谓新闻事实，筛选出哪些新闻事实能够呈现在用户接收端，来完成第一层的议程设置。进而，写作机器通过固定的模式对新闻文本进行意义编码，完成了第二层的议程设置。算法全方位地侵入新闻价值客体，我们不得不反思：冰冷的算法能代替复杂社会关系中的人，判断何谓新闻事实的真实性吗？算法对新闻文本的程式化叙事结构，能代替人对新闻事实进行符号的意义加工吗？

3.价值介体的"硬化"：谁来决定算法的架构

新闻价值活动介体是连接主客体的桥梁，是新闻价值活动得以完整呈现必不可少的要素，其也有"硬中介"和"软中介"之分，即媒介的物质工具和影响主体认知的精神工具。传统媒介时代，新闻的采访、写作、编排、发行被高度集成在具体的新闻媒介机构内，价值主体根据新闻符号、思维方式、叙事模式等软中介，对价值客体的意义进行编码与解码。

移动互联时代，越来越多的普通民众开始使用社交媒体平台获取新闻。虽然百度、一点资讯、天天快报、今日头条、微信公众号等大量资讯类 App 一直否认自己的媒体属性，但实际上这些不参与新闻作品内容生产的"非新闻单位"平台，每天都在从事新闻推送业务。于是，新闻的生产与分发被彻底分离。这种分离超越了传统媒介时代新闻生产与分发分离，从事新闻分发的算法平台并不参与具体新闻内容的生产。大量新闻价值活动中的主体和客体通过第三方平台进行间接的勾连，移动 App 平台终端成为算法驱动新闻模式下的价值硬中介，而平台集成的一系列复杂算法，成为新闻价值主客体接触新闻事实和新闻文本的软中介。算法高度集成的平台中，新闻价值活动介体被"硬化"。

新闻价值活动介体的"硬化"，使得算法成为新闻主体和客体联系的桥梁，决定着价值主体如何接触价值客体，也决定着新闻客体如何到达新闻主体。价值中介成为一个"过滤气泡"，传统价值主体对客体的同向性、对抗性或妥协性多元解码过程逐渐趋同，引发了新闻公共性与个性的失衡。这也引发我们的疑问和反思：是谁在架构着神秘的平台算法？受众除了被动地接受算法的过滤外，有没有获悉算法原则，参与修改算法的权利？算法的客观性和教育性由谁来监督？

三、何者为王：算法驱动新闻的社会责任再构

1947年，美国新闻自由委员会针对被滥用的"言论自由"和日益堕落的新闻界，发布了著名的调查报告《一个自由而负责的新闻界》，提出了新闻的社会责任论。算法盛行时代，如何立足我国媒介生态的现实，规避算法驱动新闻发展中的潜在风险，值得我们冷静地审视。

1.警惕"技术决定论"的取向，探索个性与公共性的平衡机制

新闻算法，拥有与生俱来的技术属性。技术和赋权存在着难以割舍的联系，一方面科学技术具有驱散蒙昧、启迪民智的启蒙特征，这本身就是一种赋权，另一方面对技术的垄断过程也是获得权力的过程[4]。反观人们对算法驱动新闻价值主体迷失的担忧，其根源还是对新闻公共性缺失的质疑，这种公共性的缺失正是源于人的话语权被算法抢占。

社会责任论警示我们，新闻媒体有通过传播全面、多样的报道来监督社会的责任。不容置辩，算法大大节省了新闻生产和分发的时间，但如果一味地迷恋和依赖算法，只会让我们不断地丧失主体性，将自己置身于柏拉图比喻的"洞穴"，沦为技术的傀儡。如何在算法技术下寻求新闻个性与公共性之间的平衡支点，其解决路径还需要依靠人的主动参与。算法只是新闻价值主体的工具，对于人在新闻事实与文本的客观性把握及深度解读中的作用，远非算法所能代替。加强人对算法技术的控制，才能保证还社会一个真实、全面和智慧的报道。

2.流量时代，依然需要重塑内容立身的原则

与大众传播时代不同，互联网进一步消解了空间限制，受众可以随时随地获取信息。在用户带来流量，流量诞生财富的"铁律"下，谁抓住了受众的眼球，谁就掌握了互联网江湖的生存之道。大量长尾受众成为媒体竞争的目标，算法能够成为新闻生产与分发的核心竞争力，根源还在于其投其所好，培养用

户黏度的优势。新闻是商品，但它是一种特殊的商品，特殊性在于它不仅是传播信息的媒介，也是传达社会目标与价值观的方法。而社会目标与价值观蕴含于新闻事实和新闻文本中，是不以受众的个性化喜好为转移的。目前，流量至上的算法驱动新闻平台一味地追求用户至上培养受众的关系黏度，在经济利益和公共利益面前，其价值判断的天平明显失衡。如何在流量与责任之间寻求经济利益与公众利益的平衡点，其解决路径还是需要重塑"内容为王"的理念：一方面需要完善版权制度，为内容生产提供有效的商业模式，引导新闻内容生产和产品分发的价值统一；另一方面，也要加强对分发平台的监督，在强调"关系为王"的同时加强对内容的把关责任意识。

3.算法"有限中立"，新闻社会责任的另一条路径

从提倡"网络中立"到"搜索中立"，人们在不断探索互联网技术承担社会责任的路径。但这种中立的思想真的是人们对抗传播技术决定论最有力的武器吗？网络信息筛选机制中，绝对的中立只是一种虚幻的乌托邦。首先，算法作为平台间的立身资本，绝对的算法公开务必会破坏平台竞争的活力；其次，看似中立的算法，其难免会受到撰写算法的人的价值观影响；再次，算法在进行信息筛选的同时，必定会过滤掉另一部分信息。

因此，算法"有限中立"的理念不失为探索算法驱动新闻社会责任的另一条路径。这种有限中立的理念要求我们尊重现实，理性判断。一是中立是人的理念，而非算法和机器的责任；二是在尊重平台核心竞争力版权的基础上，对算法进行适度公开，向用户声明算法的运行原则和可能带来的危害；三是算法要提供接受用户主动修改的渠道，摒弃仅依靠用户短期行为进行浅层画像；四是算法设计需要自觉接受新闻信息服务的约束，确保个性化和公共性的平衡。

四、结语

算法驱动新闻的快速发展，正深刻影响着新闻的传播通道、价值主客体关系以及传播权利格局。新闻作为特殊的商品，如何在新的媒介格局下履行责任、砥砺前行，既需要学界的积极反思和理论构建，也需要业界的积极实践。应在技术与责任之间寻求平衡点，推动这一新生事物快速、有序、健康地发展。

参考文献:

[1]马歇尔·麦克卢汉:《理解媒介:论人的延伸》,何道宽译,商务印书馆2000年版,第33页。

[2]陈慧南:《算法设计与分析》,电子工业出版社2012年版,第2—3页。

[3]杨保军:《新闻价值论》,中国人民大学出版社2003年版,第74页。

[4]陆炎:《技术何以赋权》,《中国图书评论》,2014年第7期。

（原载《中国出版》2019年第4期）

"失语"后的重生

——媒介生态视域下徽州戏曲传播研究

赵忠仲　秦宗财*

摘　要： 本文基于媒介生态视角探讨徽州戏曲的传播问题。在阐释徽州戏曲传播与媒介生态的耦合关系基础上，探讨传统社会媒介生态平衡与"徽俗最喜搭台观戏"的关系。考察媒介生态失衡与徽州戏曲传播"失语"的关联性，并分析徽州戏曲传播的重生不仅要适应微观媒介，更要立足于宏观媒介生态环境，打造从传播内容、传播形式到传播渠道的整体传播流程链。

关键词： 媒介生态；徽州戏曲；传播

一、回顾与前瞻

徽州戏曲是中国戏曲史上历史最为悠久、剧目十分丰富、影响较为广泛的剧种之一，是中华传统文化艺术宝库中的璀璨明珠，是优秀地域文化——徽州文化的重要组成部分。学术界中诸多前辈对徽州戏曲的研究可谓是弦耕不辍，成果蔚为大观，主要体现在徽州戏曲形成与发展历程、徽州戏曲家及创作、徽商与徽州戏曲、徽州戏曲与徽州地方社会、徽州戏曲的当代传承与传播研究等方面。

---

*作者简介：赵忠仲，讲师，主要研究方向：文化遗产，文化传播。秦宗财：教授，博士生导师，主要研究方向：徽商文化、文化传承与产业创新。

1.回顾：媒介生态与徽州戏曲传播研究

目前，关于徽州戏曲的传播研究主要体现在两个方面：其一，分析、阐释传统徽州戏曲在当下传播的困境与瓶颈。其二，集中于大众传播与当下徽州戏曲的传播方面，尤其是互联网时代下传统徽州戏曲的传播方式或路径成为重点。从目前来看，尽管徽州戏曲传播在研究视角、时限和方法的使用上均有很大进展，但在某些领域仍有许多遗憾之处，值得我们再深入思考，特别是媒介生态视角下的研究十分薄弱。

关于媒介生态的研究，最早起源于20世纪60年代的北美，1968年麦克卢汉首次提出"媒介生态"一词，而后美国学者波斯曼全面深入地阐释了这一概念，逐渐形成较有影响力的加拿大多伦多学派和美国的纽约学派。20世纪90年代，媒介生态研究引入中国，尹鸿、邵培仁、崔保国、林文刚、骆正林、张国良、栾轶玫、童兵、单波等对媒介生存和管理、媒介生态系统等方面进行了较为深入的探讨。

作为媒介学与生态学、新闻学与传播学等多学科交叉的产物，在媒介生态的界定上，各学科表述虽有不同但仍有几点共同之处。第一，媒介生态有着宏观、微观之分（或内、外之分），宏观层面的媒介生态（外生态）是指媒体处于整个社会系统动态发展的状态中，包括政治、经济、社会、文化、技术生态，微观层面的媒介生态（内生态）主要是指报纸、广播、电视、电影、出版及包括互联网在内的媒介因素彼此博弈的状态。第二，媒介生态是一个动态发展的过程，在这一过程中是通过系统内外因素不断竞争、消解，从而形成相对稳定、平衡的生态结构。第三，媒介生态系统的基本构成要素应包括"媒介系统、社会系统和人群，以及这三者之间的相互关系和相互作用"[1]。

2.前瞻：徽州戏曲的媒介生态

基于目前对媒介生态特性的共性认知上，本文认为媒介生态是指在一定的社会环境中，各子媒介内部要素之间、媒介之间、媒介与外部环境之间经过竞争、博弈的互动，从而达到一种相对平衡、和谐、共生、融合的状态。在此基础上，徽州戏曲媒介生态结构可从图1观之：

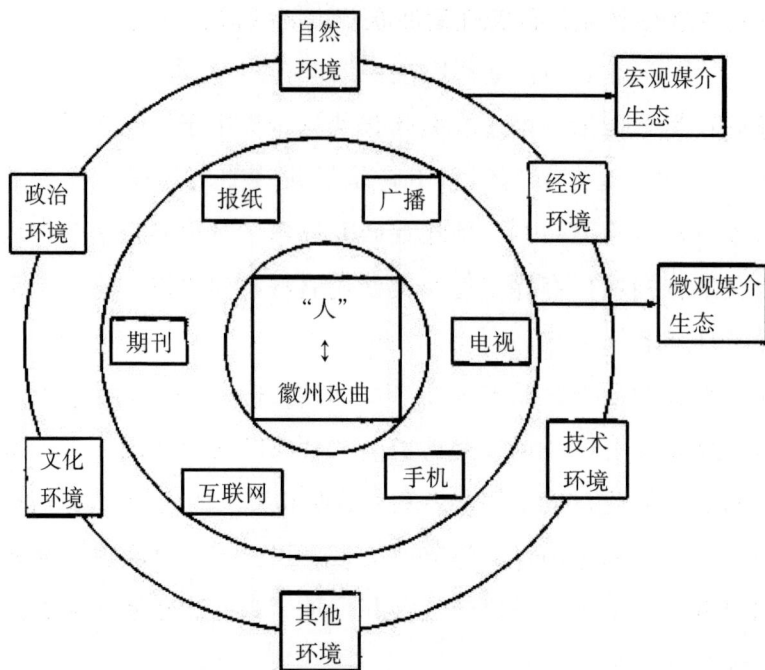

图1 徽州戏曲媒介生态系统结构图[2]

从图1可以清晰地看出，徽州戏曲传播与媒介生态之间的关系十分密切。在整个系统中，徽州戏曲的传播并不仅是一种静态的中介工具，而是作为动态因子参与到所有的媒介活动中，尤其新时代重点要在"输入"与"输出"的环节中协调处理"让渡的传播"与"主动的受众"[3]之间的平衡。"输入"与"输出"是从媒介生态系统的宏观层面出发，一方面生产、制作与加工满足人民日益增长的美好生活需要的徽州戏曲产品与服务，另一方面在"输出"内容时，将不同产品与服务通过不同的媒介融合路径进行整合传播。同时，从媒介生态系统的微观层面出发，"技术赋权带来的能动性"使得受众的地位发生转变，他们"既是发起者也是主导者"，因此在这种戏曲传播中要不断调适各媒介的生态位，媒体要"让渡"部分权利，鼓励受众参与到内容的生产与制作、加工及传播中。

因此，若能够从媒介生态的系统视角探究，传统徽州戏曲的新时代传播问题可能会别开洞天。因为解决当下传统徽州戏曲面临的传播困境这一难题，不仅需要传播本体的研究，更亟须媒介生态视角下整合传播流程链的探讨，其重点就是将戏曲传播置于整体、宏观的媒介生态环境中去考量。以此视角切入，既能为传统地方戏曲在新时代的传播提供思路，亦对包括传统戏曲在内的中华优秀传统文化创造性转化、创新性发展有着重要的借鉴意义。

二、媒介生态平衡与"徽俗最喜搭台观戏"

目前学术界普遍认为，在明中叶时期徽州形成了"搭台唱戏"的习俗，一句"徽俗最喜搭台观戏"描述了当时徽州戏曲在民间广泛流行、声名远扬、传播影响至深的场景。其中目连戏、傩戏等更堪称中国戏剧的活化石，在中国传统社会尤其是明清以降的徽州社会生活中扮演着异常活跃和重要的角色。

徽州戏曲内容既与国家政策意旨相关，也与民众生活内容紧密结合，多围绕"孝顺父母，恭敬长上，和睦乡里，教训子孙，各安生理，毋作非为"精神，创作及演出的《目连救母》《贵妃醉酒》《空城计》《昭君出塞》等剧本颇受欢迎并口耳相传。因此，徽州戏曲不仅是艺术史上的辉煌成果，更是统治者、基层组织劝善兴孝的工具，与当时宏观层面的政治、社会媒介生态较为符合，其传播影响力在明清之际也达到鼎盛。朱万曙就曾指出社会环境、区域文化在徽州戏曲发展中的重要性，"区域是戏曲艺术存在和发展的基本土壤"，"由于区域文化的差异性，在不同区域文化的土壤上，绽放的戏曲艺术之花也千姿百态"，"徽州显然是戏曲艺术生存和发展的土壤"，"徽州区域文化的特点也决定了戏曲艺术在这里存在和发展的轨迹"[4]。

因此，从宏观媒介生态来看，政治局面的相对稳定、商品经济的繁荣发展、文化艺术消费的有力需求是其得以存在、发展和传播的前提，以戏曲作家和戏曲理论家为代表的文化生产者和传播者（如郑之珍、汪道昆、潘之恒等），以徽商、宗族和士绅等群体为代表的主要消费者（受众）等，也构成了徽州戏曲传播的重要媒介生态。其中，尤其是"富可甲天下"、执商界之牛耳达三百年之久的徽州商人作为媒介，他们既是戏曲艺术的爱好者、创作者，也是戏曲文化的传播者，并有力地促进了徽州戏曲的对外传播。从微观媒介生态来看，文本传播为代表的印刷媒介，语言传播和建筑传播为代表的符号媒介是当时主要的媒介生态表征，前者体现在徽州刻书业的发达与文人对手抄本的倾心，使得民间得以较为广泛地流传徽州戏曲的刊本、抄本，后者则以明代的吴徽州班、吴越石家班、汪季玄家班和清代的"四大徽班"及各邑为此修建的戏台为典型主体，形成了徽人观戏、赏戏的文化传统。上述多元化的媒介生态要素，共同推动了传统徽州戏曲的传播与交融发展。

三、媒介生态失衡与徽州戏曲传播的"失语"

媒介生态是徽州戏曲生存、发展与传播的重要土壤。在传统社会中，徽州戏曲的传播与当时的媒介生态是和谐共生的。随着进入近代社会以来媒介生态环境的几经变迁而导致的生态失衡，徽州戏曲的发展与传播面临着前所未有的局面，在未能及时调整和适应的情形下，出现"失语"的状况。

清乾隆五十五年（1790）后徽班陆续进京，"徽调在北京嬗变为京剧并流播全国"，"徽州所保存的徽调却成为古老的声腔遗产"[4]。由此徽州戏曲媒介生态环境遭遇了前所未有的危机，外在媒介环境中对徽州戏曲的认知因为京剧的兴起而逐渐降低，道光以降，徽商逐渐衰落等因素使得徽州戏曲在传播过程中失去了最重要的生产者、营销者和传播者，影响力不复从前。有人曾统计传统社会徽州戏曲的剧本数目，有1404个，数目繁多。与有着如此厚重历史积淀形成鲜明对比的却是徽戏媒介生态的失衡，以及由此造成的戏曲传播"失语"。

"失语"的背后是媒介生态的失衡和徽州戏曲无法适应这种生态环境的现状。从徽州戏曲宏观媒介生态来看，存在着媒介各要素、媒介与环境之间的失衡状况，如经济建设与文化建设不平衡、资本市场对戏曲艺术冷漠、技术因子与戏曲传播融入度低、戏曲创造人才匮乏、戏曲艺术表演者青黄不接等多方面因素，导致戏曲文化传承发展之路举步维艰，徽戏文化传播缺少强有力的环境支撑。因此，徽戏在大众社会生活中几近"边缘化"，有逐步淡出公众视野的趋势，徽戏演出及媒体关注越多反而传播效果"有却似无"，甚至出现越保护越衰退、愈传播愈"无声"的情况，当然这也与媒介生态系统内部各要素未能很好地与徽州戏曲进行互动适应有很大的关联。以地方传统媒体为例，首先，安徽卫视《美在黄山》《大黄山》，宣城电视台《传承徽文化，品味古徽州》，歙县电视台《歙县溯源之徽文化的传承》等都是从总体上对徽州文化进行概述，叶龙主创的以戏曲为主的综艺性栏目《相约花戏楼》，成为安徽卫视首批推出的4档自办节目之一，曾经入选过创新创意制片人2007电视百佳栏目名单，但是现在随着大型真人秀综艺节目的兴起，《相约花戏楼》收视率持续走低，以前辉煌的收视率战绩不复存在。虽然《相约花戏楼》栏目宣传以黄梅戏为主打，兼顾推介其他戏曲品种，将栏目定位在普通人的戏曲欣赏和参与之中，但其针对的依然是黄梅戏，对徽州戏曲的传播显然是心有余而力不足。其次，以安徽广播电台为例，其中安徽戏曲广播是安徽省第一家专业戏曲广播电台，以宣传安徽地方各戏曲为己任，传播地域特色文化，扩大皖韵徽声的影响力，但在生产制作内容时过于生硬，传播效果有限。再次，以报纸媒体而论，在整个报纸行业衰退的趋势下，安徽各类报纸发行量也有所下降，其中对徽州戏曲宣传、报道的专业类报纸发行量和宣传内容更是少之又少，其传播效果可想而知。最后，就网络新媒体在徽州戏曲传播中的角色而言，百度搜索引擎中关于徽州戏曲的视频共124条，涉及徽州戏曲的新闻报道有63篇，其中国家级媒体有网易教育和新华网，省级媒体关于徽州戏曲报道以中安在线以及安徽省非物质文化遗产网为主，市级以及县级报道以黄山新闻网以及休宁信息新闻网为主，报道内容多为非遗传承人、徽戏演出等，点击量和阅读量都非常少。在微博发达的时代，徽文化民俗博物馆、黄山新闻综合、安徽发布等微博号粉丝众多，但统观其内容，不难发现，这些微博发布内容涉及徽州戏曲方面的不多，难以发挥出微博资源交互共享的重大作用。黄山微生活公众号、黄山市民网络公众号均是关于当地居民生活以及各种娱乐性质的软文转发，对徽州戏曲的叙述仅仅停留在戏剧脚本方面，很难达到理想的传播效果。

综上所述，地方传统媒体在徽州戏曲的传播中未能发挥较大影响，互联网时代下新媒体也没有很好地发挥在非物质文化遗产传播中的责任与担当，后者是目前学界、业界重点关注和呼吁的。但其实从徽州戏曲的媒介生态角度而论，不仅要考虑这些微观、内在的媒介生态环境，更重要的是要考虑其宏观、外在的媒介生态环境，徽戏产生、发展、演变，离不开它特定的自然条件、社会环境等综合因素。还有人文生态是促进徽州戏曲发展并具有地域特色的重要因素。仅将尚存剧目作为起点和基础对徽戏进行保护性、传承性的演出，等于在"量"上下功夫，一味保留徽戏剧目、提高学习及传承人数、增加上演次数、加大媒体报道力度等，并不能从根本上解决现今徽州戏曲的传承与传播问题，在某种程度上仅能"治标"而无法"治本"。徽州戏曲的传播之路必须立足于媒介生态系统之中，从"质"入手，在精品内容、创新形式的基础上借力传播载体，才能将"只有民族的，才是世界的"徽州戏曲发扬光大，以不愧于地域文化和中华文明的符号代表。

四、媒介生态适应与徽州戏曲传播的"重生"

党的十八大以来，以习近平同志为核心的党中央高度重视包括戏曲在内的文艺发展和文化建设，先后出台了《关于支持戏曲传承发展的若干政策》《中共中央关于繁荣发展社会主义文艺的意见》等。党的十九大报告指出"文化兴国运兴""文化强民族强""满足人民过上美好生活的新期待，必须提供丰富的精神食粮"，要加强文化遗产保护传承，坚定文化自信，推动文化繁荣，这些都为传统戏曲的"重生"指明了重要方向。在新媒介生态环境下，徽州戏曲要破解冰河之僵，打破"失语"困境，仅扩大、创新传播渠道及模式是远远不够的，根本问题是适应这种失衡的媒介生态系统，从传播内容源头入手，重点创新徽州戏曲内容，改变表现形式策略，融合传播渠道，再造徽州戏曲的完整传播流程链，满足人民（受众）日益增长的美好生活需要，从而真正实现徽州戏曲的"重生"（图2）。

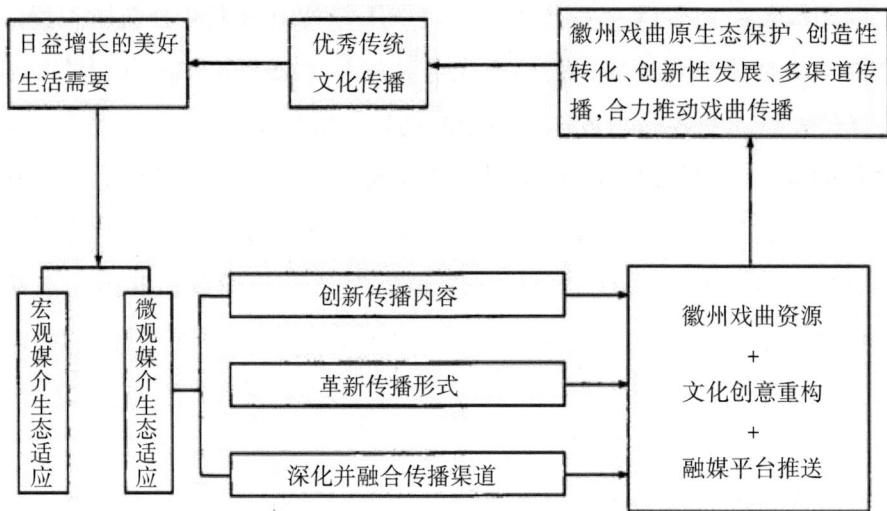

图2 媒介生态中徽州戏曲"重生"构建图

1.创新传播内容——有新"声"可唱

网络应用的日益丰富，大量用户生成内容、专业生成内容和职业生成内容使得网络信息呈裂变式、碎片化增长。维亚康姆公司总裁雷石东曾说过："传媒企业的基石必须而且绝对必须是内容，内容就是一切!"在内容为王的传媒时代，内容是核心，形式是关键，符合受众口味是主流。徽州戏曲要达到一定的传播效果，首要的必须要解决传播内容这一关，没有优质的、吸引受众的内容，媒体传播也只能感叹"无米之炊"的无奈。

2017年中共中央办公厅、国务院办公厅印发了《关于实施中华优秀传统文化传承发展工程的意见》，提出全面复兴传统文化。党的十九大报告指出要"坚持思想精深、艺术精湛、制作精良相统一，加强现实题材创作，不断推出讴歌党、讴歌祖国、讴歌人民、讴歌英雄的精品力作……倡导讲品位、讲格调、讲责任，抵制低俗、庸俗、媚俗"。在以政治、社会环境等媒介为主的宏观媒介生态已发生变迁的背景下，徽州戏曲传播必须先在内容上进行现代化思维创造与创新，与外层生态环境相适应，创造出符合受众需要的产品或服务。主要可围绕以下几个方面。

第一，以"孝文化"为核心的《目连救母》等戏曲作品创作。《目连救母》是徽州经典的戏曲剧本，讲述了傅相之子傅罗卜历经艰苦，前往西天求佛救母，并在地狱经历各种苦难，最终寻得母亲的故事。以此剧本为代表，以"孝文化"为核心进行多角度、多层次的二次加工创作，既具有较好的劝善、教化意义，也是新时代弘扬社会主义核心价值观的体现。

第二，以徽商精神为主体的戏曲作品创作。徽州山多田少，"十三四岁，往外一丢"的徽州人"东走浙，西走蜀，南走湘、闽，舟车无暇日"[5]，在徽州历史上谱写了崇儒、品高、创新、开放、活变等优秀的商人文化与商帮精神。富有徽商精神内涵的内容创作及演出，既是对传统徽商精神的弘扬，也是对新时期习近平总书记所提倡的商人应具有"造福社会的责任感"的历史印证和现实响应。

第三，以徽商妇故事为主体的戏曲作品创作。徽州"女人犹称能俭，居乡者数月，不沾鱼肉"[6]，在徽商数载不归家乡的情况下，徽州女人坚守家庭，能够主动自觉地承担孝养舅姑、抚孤育侄、床前侍疾、教养后辈，在徽州历史上书写了许多感人至深、可歌可泣的事迹。辩证、积极地汲取历史上徽商妇女事迹，进行优秀戏曲的再次加工创作，既能让观众了解徽州女性在徽文化中的重要贡献和历史地位，也可为当下家庭教育和优秀家风的建设提供较好的参考，更能体现戏曲在传承中华优秀传统文化中的重要作用。

除此之外，徽州宗族、徽商会馆、新安医学、徽州匠人、徽州村落、徽州菜系等灿若星辰的文化元素，为徽州戏曲在新时期的传播提供了丰富的素材和广阔的创作空间。徽州戏曲在此基础上进行现代化思维的转化与重构，创造出适应媒介生态环境的内容或服务，方能满足受众的需要和戏曲本身可持续发展的需要。

2.革新传播形式——有新"式"可创

在徽州戏曲文化传播中，其内容的创新是基础，但传播形式与媒介生态的匹配度也决定了其在传播过程中或是具备加速的催化功效，或是具备减速的消解功能。因此，在徽州戏曲媒介生态环境中，传播形式是对戏曲内容的二次加工与包装，一方面可避免在传播过程中出现"有声似无声"的情形，另一方面在匹配受众媒介的消费需求和配合融媒渠道的基础上，尽可能地扩大传播影响力。

其一，是戏曲传播本体的形式创新。徽州戏曲在剧院等地上演时可以借助现今颇受市场欢迎的多元化表演形式，如徽州戏曲可与传统的皮影戏、布袋戏、霹雳戏结合，或者与泉州的提线木偶等表现形式相结合，从而赢得更多的细分市场，实现"1+1>2"的效果，让这个集武术、杂技、说唱、舞蹈、音乐、文学、舞台美术为一体的综合表演艺术在创作中更富于艺术性，在表演中也更具有市场价值性。如徽州戏曲可与沙画相结合。沙画是一门独特的艺术，利用这种较为新颖的形式描画徽州典型戏曲的故事情节或发展历程，可以起到事半功倍的传播效果。同时，技术媒介的变迁也是戏曲传播需要适应的环境因素。随着 AR 和 VR 技术的不断发展，徽州戏曲可以借助幻影成像、CG 高仿真动画、全 3D 视频等数字技术，并结合徽剧的特性，满足受众参与互动体验的需求，达到一定的传播效果。

其二，是戏曲传播衍生产品的创作。徽州戏曲作为徽州非物质文化遗产的代表，其表现力度、影响力受载体影响具有一定的时空限制性，但若能借助实体形式的传播则更易加深记忆，并可达到传播的即时性。因此，在新媒介生态环境中，徽州戏曲资源亟须进行文化创意产品 IP 化，将徽州戏曲人物、故事造型、场景等与剪纸、三雕、木偶、日用品等工艺品相结合进行创作。以故宫博物院文化创意产品为例，2013—2015 年，故宫博物院研发的文化创意产品累计达 1273 种。与此同时，故宫的文创产品销售额也从 2013 年的 6 亿元增长至 2015年的近 10 亿元，延续至 2017 年始终保持年收入 10 亿元的纪录。因此，文化创意产业与地方戏曲艺术行业相联动，以文化创意产品搭桥徽州戏曲文化，更有利于放大徽州戏曲的传播影响力。

当然，在徽州戏曲传播形式创新上还有一些其他途径，如徽州戏曲与文化旅游结合，让更多人在文化体验与旅游过程中了解徽州戏曲；与当地高校联合，开展戏曲文化进校园活动等，以"人"为"媒"，口耳相传，扩大徽州戏曲在各区域、社会各阶层的影响力。

3.深化并融合传播渠道——有新"路"可走

互联网时代带来的媒介融合之势如火如荼，2014年习近平总书记主持中央深改小组会议，部署推进传统媒体与新兴媒体融合发展，强调"融为一体，合而为一"，从"相加"到"相融"，发挥各方优势，集多种媒体的优势于一体，进行跨媒介的融合，实现资源的优化配置，最终满足消费者个性化和多元化的消费需求，并实现从"一次传播"到"多次传播"的效果。在此背景下，徽州戏曲在内容创新、形式革新的基础上，应借力以传统媒体、新媒体为合力的融合传播渠道，最终让徽州戏曲之声通过传播渠道的"扩音器"，走出一条崭新的发展道路。

第一，各传统媒体应在徽州戏曲的保护与传承中发挥"先头兵"作用，履行在徽州戏曲传播中的应有义务，并与新媒体传播保持适度融合。以传统文化为主题的真人秀节目《传承者》《传承者之中国意象》是一个较好的参考，此档节目将非物质文化遗产与娱乐元素相结合，采用青年团与导师团切磋讨论的方式宣扬传统文化，改变同类型节目的单一评判方式，达到了百花齐放的效果。因此安徽地方电视媒体可以此为借鉴参考，打造一场以"徽州戏曲背后的故事"为主题的非遗节目，集合业界有影响力的人物、社会青年群体等多方主动参与，一方面记录和还原戏曲大师的奋斗历程和创作成果，另一方面通过这种参与者的多元化达到传播效果的多角度辐射。此外，也可以《舌尖上的中国》为范例，进行美食综艺节目的创新，将徽商、徽菜与徽州戏曲相结合，以徽州戏曲为背景，以徽商为主体，以徽菜为辅助，潜移默化地扩大徽文化传播影响力。同时，徽州戏曲以"听""看"为主的特点决定了报纸、期刊为代表的传统纸媒在徽州戏曲传播中发挥的功能局限于两端：其一，是宣传、报道徽州戏曲即将演出、上映或有关的事情；其二，总结、推进、发酵徽州戏曲有关的新闻，扩大影响力。但融媒时代下纸媒基本拥有自己的App，可以通过视频报道等多种方式推进徽州戏曲的即时传播。同样，城市广播在传播传统文化方面也应承担不可推卸的责任，利用广播这一媒介载体的特殊性，多关注"受众"的主体性，让渡部分权利，将"受众"变为主动的传播者，强化"受众"的忠诚度。

第二，利用客户端、微博、微信、微视频等社交媒体，加强宣传推广，并逐渐打造成徽州戏曲文化传播的后期主力。以 App 为例，目前关于戏曲文化等非遗 App，有非遗四川、苏州非遗、每日故宫、大理非物质文化遗产博物馆等，主要可分为电商购物与文化展示两大类。但绝大多数存在技术欠缺、可读性差、销售量低、价格高、信息时效性较慢的情况，因此它与传统文化结合之路还需要一段时间的摸索。在此背景下，徽州戏曲 App 传播之路可分两步走：其一，尝试探索基于移动设备的观众服务及藏品介绍应用程序，为观众提供文化旅游的饕餮盛宴，扩大影响力；其二，借助现有较高知名度、较强传播力、较好技术支撑的 App 平台，推介徽州戏曲的内容及产品，如徽戏上映的演出售票、衍生品交易等。另外，地方政府、相关企业、地方各级媒体甚至有一定影响力的自媒体可在微博或微信中定期推送包含徽州戏曲在内的徽文化信息。但在微博、微信等媒体中宣传关于徽州戏曲的相关内容时，一定要采取"软"营销方式，如以敬业、孝子、求学的史实为蓝本，借此传播徽州的价值观念和徽州的戏曲文化，通过"以情动人"的方式感动、拉近受众，在潜移默化的过程中传播徽文化。

同时，传统媒体与新兴媒体在融合助力徽州戏曲传播时要注意打造品牌效应，避免分散传播。电视等媒体可借助大数据分析受众对徽州戏曲的关注点，构建戏曲频道的品牌或戏曲节目的品牌栏目，利用互联网、手机即时传播，对徽州戏曲的"人""事"和精品节目，尤其是热点话题进行及时追踪和报道，形成从创意、采访、写作、摄影、编导、播出、评论、后期管理等一整套完整流程，扩大徽州戏曲的传播影响力，形成"星星之火，可以燎原"之势。

当然，在徽州戏曲传播过程中，其内容、形式创新及与媒介"相融"的过程中，要格外注意"活态性""原生性"的重要性。从事徽剧表演 40 多年，先后获得中国戏剧"梅花奖""华表奖"等奖项的艺术家李龙斌在谈及徽剧发展时说，"徽剧传承，最重要的是还原它当初的风貌，恢复它的草根气质"[7]。活态传承是徽州戏曲文化的延续与继承的重要途径，"活态"是徽剧保护的真谛所在，任何的创新都要以"活态"传承为准则，以徽剧为文化母体，兼以喜闻乐见的展现方式，才能实现徽剧在内容发展和形式延续上的传播与传承。

媒介生态作为徽州戏曲发展、传承与传播的重要土壤，始终处于动态但又相对"静止"的状态。徽州戏曲传播效果与媒介生态是否平衡始终息息相关，尤其在新时代下以徽州戏曲为代表的优秀传统文化的传承与弘扬，不仅要关注传播手段、传播渠道这种微观的媒介生态，更要从传播内容与形式创新上聚焦宏观媒介生态。在媒介生态发生变迁时，徽州戏曲须与时俱进，坚持在"活态性"与"原生性"基础上创新，才能发出自己的声音，避免"失语"的悲剧。新时代徽州戏曲的创造性转化、创新性发展必须建立在与媒介生态耦合的基础上，以形成地方戏曲文化传播的强大合力，从而在中华优秀戏曲艺术的传承中添上浓墨重彩的一笔。

参考文献：

[1]刘远军：《我国媒介生态研究》，《长江大学学报（社会科学版）》，2007年第3期。

[2]胡友峰：《媒介生态与百年中国文学史的书写问题》，《中州学刊》，2017年第11期。

[3]栾轶玫：《媒介生态新主宰：主动的受众》，《视听界》，2017年第4期。

[4]朱万曙：《徽州戏曲》，安徽人民出版社2005年版，序言。

[5]周之屏、周赞贤等：《绩溪城西周氏宗谱》卷十七，《明高祖宗道公传》，敬爱堂木活字本，清光绪二十四年（1898）。

[6]赵吉士：《徽州府志》卷二，《万青阁刻本》，清康熙三十八年（1699）。

[7]张强：《安徽戏曲传承陷"窘境"后继乏人成"主症"》，中新网，http://www.chinanews.com/cul/2017/01-19/8129250.shtml，2017年1月19日。

（原载《文化产业研究》2018年第1期）

新时期以来主旋律电影男性气质的嬗变

孙炜峰*

摘　要：主旋律电影作为我国一种重要的影片类型，从产生伊始至今，在意识形态领域发挥了重要作用，影片中的主角在几代观众心中留下深刻的印象。从1987年提出主旋律电影这一概念至今30余年的发展中，其男性气质的构建从单一维度发展到全面立体，从单纯宣传需要上的"霸权性男性气质"到置于祖国强盛语境下的"霸权性男性气质"，这一系列的变化与政治、经济、文化的发展有直接的关联。而男性气质构建方式的变化，也在一定程度上影响着大众对党和国家的认知，促进了整个社会对男性气质构建的自我反思。

关键词：主旋律电影；男性气质；嬗变

　　"1987年3月，全国故事片厂长会议上提出'突出主旋律，坚持多样化'的主张，'主旋律电影'开始登上历史舞台，成为维护主流意识形态稳定与发展的重要宣传工具。"[1]从彼时起，主旋律电影的概念出现在观影大众的视野中。国内专家学者在对主旋律电影进行研究时，曾指出这个概念有两个重要的特点——"表述的权威化和内涵（所指）的滑动"[2]。也就是说，我国主旋律电影这一类型电影并不是在电影实践的过程中生发并走向壮大，进而形成一种电影类型，并产生理论思考的，而是一种文艺指导思想下的电影实践过程。

　　在主旋律电影登上历史舞台的初期，其主要的作用就是树立国家建立的合法性以及增强我党执政的权威意识，从而提升全民的国家认同感。在20世纪80年代末到90年代初，受到国内、国际政治局势的影响，这一作用显得尤为关

---

*作者简介：孙炜峰，讲师，主要研究方向：影视艺术。

键。以《开国大典》（1989）为代表的影片，展现新中国成立的步履，以此传达共产党领导人民武装斗争并成立新中国的合法性。而随后的《毛泽东和他的儿女们》（1991）、《毛泽东的故事》（1992）、《周恩来》（1992）等影片，则是针对彼时政治大环境影响下对伟人评价不一的一种对策，对领袖形象进行的强化表达。

随着改革开放进程的推进，主旋律电影中的表现对象也日益丰富，从初期建设国家需要的工农兵形象到社会事业繁荣发展中需要的各行业英模、从在社会思潮变迁中引导大众道德审美而呈现出的我党干部形象再到自我奉献的平凡人形象，都在当时的社会中起到了思想建设作用。

进入新世纪后，为了适应快速的经济发展，同时也为了应对电影产业化改革所带来的冲击，主旋律电影，如《集结号》（2007）、《建国大业》（2009）、《建党伟业》（2011）、《建军大业》（2017）、《战狼》（2015、2017）等，一改以往叙事单一的特点，加入了动作、爱情等诸多元素，使叙事更加多元、人物更加立体。

纵观主旋律电影的发展，可以看出作为电影中价值功能构建主体的人物多为男性，影片通过对这些男性气质的塑造，引导大众在认同人物的同时认同其背后所传递的意识形态。由于受到政治因素、经济因素等影响，在影片中主体人物男性气质构建的过程中呈现出性别关系结构从单一到多元的特征，主要体现在伟人领袖、英模人物、战争英雄三种男性角色类型的变化上。

一、伟人领袖：从单一的政治需求走向市场融合的男性气质

在1978年以前的电影作品表达中，领袖人物一直处于缺席的状态，毛泽东等党和国家的领导人的在场表达都是"隐形的""思想上的"，直到1978年《大河奔流》中出现毛泽东和周恩来的影像，在当时引起了较大的轰动。随后的电影创作中，开始更多地对伟人领袖的人物形象进行强化，主要是为了通过对他们的不断塑造，强化民众对革命过往的高度认同，以此达到主旋律电影维护主流意识形态稳定与发展的作用。学者科尔曼（Coleman）指出，领袖人物的男子具有"庄严/权威（gravitas/auctoritas），道德名誉（existimatio），尊严（dignitas）"[3]。而在彼时的电影作品表达中，领袖人物的男性气质构建也多遵循这

几个维度的准则。受到国家、文化、社会等这些男性气质外部场域构建因素的影响，使得这一时期的影片创作多延续"十七年"时期的电影创作风格，不能对男性气质的挖掘多角度多层面进行，只能塑造理想型的男性气质为社会服务。澳大利亚社会学家瑞文·康奈尔指出：男性气质具有多样性，同时兼具在不同维度中存在变量的特性。因此，这种单一的领袖人物的表达样式，并不能真正让大众所接受。同时出于影视作品奇观中的"窥视"欲，也有更多的人希望能够看到领袖人物除工作外的不同侧面，由此，《毛泽东和他的儿女们》（1995）、《毛泽东在安源》（2003）、《周恩来》（1992）、《周恩来：伟大的朋友》（1997）这一系列影片开始关注起了领袖人物的侧面。影片《毛泽东和他的儿女们》让观众看到了毛泽东同志和几位儿女之间的故事，并通过这些故事让受众感受到一代领袖高尚的道德情操；《周恩来：伟大的朋友》则通过对周总理生活中不为人知的小故事的记述，让人们从不同侧面感受到总理的光辉形象。可以说，这一类影片都满足了受众对领袖人物男性气质表达的不同维度的需求。

领袖人物的饰演并不全部由特型演员完成是进入新世纪以后，主旋律电影中领袖人物的男性气质构建除了延续之前的惯有表达外，出现了一个值得注意的变化。例如在《建国大业》（2009）、《建党伟业》（2011）、《建军大业》（2017）这"建国三部曲"中，当红明星和流量小生被邀请饰演领袖人物。与以往高度复原领袖人物外貌、全力展现领袖人物男性气质不同，这些影片中部分领袖人物的饰演演员被评价为"身体瘦弱、气质阴柔"，认为"不符合领袖人物气质"。领袖人物男性气质差异化表达的原因之一，在于性别权力的变化。随着女性观影人数的增加，为了满足女性观众，许多影片大量起用"流量明星"。这确实在一定程度上吸引了原本对主旋律电影本没有观看欲望的女性消费群体（也包含部分男性消费群体）。原因之二，如学者孙佳山所言："由于投资结构、出品归属等多层次的市场化、产业化变革，今天的'主旋律'影视作品与过去由国家、政党明确标注主流文化边界的发展阶段相比，已经有了相当的自主性，对于主流文化边界的'勘定'也是在商业逻辑的基础之上摸索完成的。"[4]对领袖人物男性气质的塑造，也构建于商业逻辑之上。如何吸引作为电影消费市场主力军的青年消费群体观影，并且将正向的观影感受书写于各大网络论坛、影评 App，以扩大消费影响，成为电影创作过程中的一大考量要素。

"正是青年群体的电影消费，使得中国'主旋律'电影出现了转型，使得中国电影文化出现了新的面向。"[5]

二、英模人物：从单一维度到多元维度呈现的男性气质

瑞文·康奈尔指出，生产关系中的性别分工中总是有利于维护男性霸权。"男性在社会上从事有偿劳动，而女性所从事的家务劳动则被认为是对丈夫的义务和爱的表现。随着性别分工的加剧，经济社会领域被当成男性的世界，家庭生活被当成女性的世界。"[6]与此观点相呼应，主旋律电影中所呈现的英模人物大多为男性角色。20世纪70年代末上映的《雷锋之歌》《李四光》，80年代初上映的《廖仲恺》《夏明翰》，90年代上映的《焦裕禄》《孔繁森》《杰桑·索南达杰》《无言的界碑》等影片，都专注于当时榜样人物的树立，这些人或是行业的楷模，或是尽职尽责的干部，又或是甘于奉献的平凡人物，但都塑造了同一种任劳任怨、乐于奉献的主体形象，并以此来影响社会大众的价值取向。影片《焦裕禄》中，讲述了时任兰考县委书记的焦裕禄同志，为了改变兰考县贫穷落后的面貌，带领全县人民"灭三害"的事迹。影片中李雪健饰演的焦裕禄身形消瘦却充满坚定目光，塑造了这种理想型的男性气质。影片中无论是焦裕禄勤勉工作之力还是仁厚爱民之心，无论是惜才爱才之情还是大公无私、以身作则之实，均展现了一个完美的共产党员干部的形象，树立了完美、无瑕疵的男性气质。在当时的社会大环境下，改革开放大潮风起云涌，社会中部分人群出现思想上的躁动，开始出现了将追求经济效益置于首位的思想，因此，这类影片从单一侧面进行男性气质的构建，在当时更有利于进行道德教化。

进入新世纪后，受到"以人为本"的政治导向的影响，主旋律电影在创作过程中，男性气质书写方式有所转变。这一时期，多数电影作品开始展现英模人物的不同侧面，将男性气质的塑造放入多维度性别关系中。影片《袁隆平》（2009）中除了将科学家袁隆平置入生产关系外，还通过和志同道合的董婕相恋等情节，展现了在情感关系维度中袁隆平的男性气质。影片《钱学森》（2012）也将主人公钱学森置于多维度的性别关系中，书写了其与妻子的爱情故事，描绘出一个有血有肉的爱国科学家的形象。更值得一提的是2013年上映的影片《中国合伙人》，其通过三位主人公男性气质的塑造，将市场经济大潮

中涌现出来的新型英模——商人的形象表现得淋漓尽致。影片中的三位来自不同地域、代表不同文化背景的年轻人，打破了之前影片中常见的主流男性气质的塑造，使得英模人物更加多元化。这种男性气质的转换，其一是为了满足在市场经济的快速发展的背景下，大众对商业精英人物的追求和探寻；其二是"为了矫正社会上弥漫的功利主义价值。英模对人民群众的引导作用在此语境下显得尤为重要，文艺作品的传播功能则是实现这一目的的重要手段"[7]。

2019年国庆档期的主旋律电影《我和我的祖国》塑造了众多平民英模的形象。和"建国三部曲"相似，《我和我的祖国》同样邀请了众多当红明星和流量明星，以达到吸引更多女性观众观看并"移情"角色，教育大众的目的。根据"猫眼电影"想看数据显示，女性观众想看比例为53.2%，也证明其策略的成功。影片中，男性气质的构建更加多元化：黄渤饰演的林治远这一工程师形象被置于与军人的合作这一特殊的"性别结构关系模式"中，形成传统文化中"文"与"武"的男性气质呈现；张译饰演的核试验研究人员高远则是被放置于权力关系、生产关系、情感关系、象征关系四个维度中进行男性气质构建，使人物形象立体、生动；韩昊霖饰演披上披风化身小"超人"的男孩形象，为帮助极具国家荣誉感的街坊邻居观看女排比赛而放弃自己懵懂的"小欢喜"，体现出中华传统文化对男性气质构建的规训作用；故事"回归"中谈判代表所呈现出的男性气质则是基于国家强盛背景下的叙事；"白昼流星"中则体现了男性气质的民族化差异，并在理想的男性气质协助下，实现"边缘性男性气质"的转型；"护航"中的宋佳所饰演的女飞行员，通过干练的短发、坚定的眼神、不服输的性格等人物特征刻画，呈现了女性的"男性气质"异化表达。而同样作为国庆档的主旋律电影，由真实事件改编的影片《中国机长》则更多地通过他者叙事，例如爱人、女儿、机组乘务人员等坚定地相信机长一定能够安全带领大家返回，塑造出"军转民"的机长刘长健专业素质过硬、值得信赖的男性气质，而其对女儿的爱、对捡来狗狗的照顾则体现出在不同场域下男性气质的复数化和变量特质。

值得一提的是，与影片《我和我的祖国》中女飞行员的气质构建相似，在主旋律电影英模形象的构建中，作为生理性别二元对立之一的女性角色也是重要的一部分，但往往她们在被塑造的过程中会被剥夺大部分的女性特质，将其构建成社会男性气质。

三、战争英雄：从"高大全"到立体鲜活的男性气质

从中国电影自诞生开始，战争片就一直伴随左右，但在20世纪的电影创作过程中，战争片中的主要男性气质塑造均围绕领袖人物展开，仅有部分影片注重战争英雄的男性气质塑造。在主旋律电影产生初期，军人往往被塑造成"高大全"的形象，这种形象不容被侵犯，他们宁死不屈，当国家需要时，会义不容辞地选择为祖国牺牲自我。

1986年，为纪念抗日战争胜利40周年上映的影片《血战台儿庄》，塑造了在战斗中援兵不济的情况下依然坚守阵地，最终饮弹自尽的国民革命军第31师师长王铭章的战争英雄形象，也塑造了众志成城，最终为国捐躯的"血肉长城"中的平民英烈的形象。加拿大学者达琳·M.尤施卡在其著作《性别符号学：政治身体/身体政治》中提到，对于战争叙事，"其一是英雄叙事，其中英雄会克服他旅途中的种种困难幸存下来；另一种叙事是围绕这些英雄如何被困难压倒的悲剧故事，这种男人就是牺牲的符号。二者一起构成了诱惑性的叙事，引起对男性气质符号理想的联想，诸如勇气、忠诚、坚定、睿智、权力和高贵"[3]。同《血战台儿庄》相似，在彼时的影片，诸如《百色起义》（1989）、《大决战》（1991、1992）、《大进军》（1996、1997、1998、1999）中，正是通过这样的男性气质的塑造方式，使大众对中国共产党的形象产生了进一步的认识，以此展现中国共产党革命的正义性。20世纪90年代的战争人物男性气质构建在延续80年代表现手法的基础上，也在寻找小切口对战争中的小人物进行展现，放低视角平视"平民英雄"。例如1992年上映的《神龙车队》中的志愿军某部汽车连连长郭玉，同年上映的《白山英雄汉》中出身林海雪原小戏班中的侯星和大狗，以及《九死一生之把一切献给党》（1991）中的吴运铎，他们在原本男性气质的实践构型中，并不属于纯粹支配者的地位，但是影片在构建起男性气质的过程中，通过特殊时期对自身男性气质的实践，使其自身的男性气质转型，承担起支配者的责任。这样的男性气质构建方式，在当时社会大环境的背景下，成为引发平凡人拼搏奋斗的精神食粮。

进入新世纪后，多数主旋律战争影片并没有跟上时代的步伐，未能在市场上产生影响。从2000年到2010年，仅有2007年上映的首次尝试主旋律电影与

类型片融合的《集结号》能够被大众所记住。影片中的男性气质的构建选取在军队这种特殊"性别体制"中展开，在这种性别体制中，男性气质的位置相对稳固。影片中张涵予饰演的谷子地绝大多数处于支配地位，但影片没有能够将男性气质的构建置于男性与女性的性别关系中，仅围绕男性与男性之间的场域被构建起来的社会关系展开叙事。全片中，主人公谷子地被塑造成的硬汉形象在与女性角色的互动上往往是笨拙的，没能摆脱长期以来中国本土硬汉的男性气质构建惯用方式。因而在战争片中，为辅助霸权性男性气质的构建，接替牺牲的指导员工作的王金存被塑造成"同谋性男性气质"，因为恐惧战场而受罚、在士兵受伤时大叫指导员时却被吓退，这样的男性气质与周围其他士兵的男性气质形成鲜明对比。而当王金存从不敢为伤员包扎到敢于包扎，再到坚定地表达没有听到集结号，直到最后从容拉响炸药，表明其男性气质的"位置"在军队这种机构中得到了改变。"个人接受、拒绝、抵抗、跨越该'位置'的行为，则属于个人围绕着该'位置'所进行的性别实践，该实践会影响性别关系结构本身，也会对个人的性别气质产生影响。"[6]在这特殊的"位置"上，王金存通过改变自身行为，使自己在性别政治中的地位得到了调整。

进入 21 世纪第一个十年以来，观影人群发生细微变化，80后、90后甚至00后成为主体观影人群，由于他们在成长的过程中受到西方电影，尤其是好莱坞电影叙事手法的影响，因此对影片，尤其是对战争影片提出了更高的要求。同时，由于新媒体的快速发展，豆瓣、天涯等平台成为观影者交流的主要平台。豆瓣电影评价机制存在私人化、去规范化的特性。"相较于学术研究文章，网友这种自发的、浅层次的评价具有更强的传播力，也就为网络影评发挥影响力创造了有益的条件。"[8]如何让青年一代能看、爱看并积极评价主旋律电影成为关键。因此，这一阶段的主旋律战争影片呈现出两个明显的变化：一是受到好莱坞电影个人英雄主义的影响，影片主人公的男性气质构建开始往此方向发展；二是影片题材开始由历史叙事转变为当代战争的原型叙事。和传统主旋律电影将军人进行"高大全"化、脸谱化塑造的方式不同，这时的影片开始呈现出主人公男性气质的"不完美"和"接地气"。影片《战狼》系列（2015、2017）中就塑造出一个并不十分完美的军人形象，吴京饰演的冷锋屡屡闯祸，违抗军令打死恐怖分子、宁被开除也要为去世的战友出头；《红海行动》（2018）中临牺牲前说"吃糖就不疼了"的机枪手张天德、怯懦的观察员李懂等，这些人物形象的塑造都与传统主旋律电影中的战争英雄形象格格不入，但是却具有极强的个性，也更加鲜活，使大众乐于接受。这些影片在男性气质塑造的过程中，从地区的霸权性男性气质出发，将其"在文化或民族国家层面被构建"，形成理想的西方男性气质与中国男性气质对抗的局面。无论是在《战狼》中最后抓捕敏登（倪大红饰）遇险时我军部队的及时赶到，还是《战狼2》中在冷锋与雇佣兵战斗中处于弱势地位时我军导弹的及时达到，都将其构建的男性气质置于民族、国家的大背景下，展示在国家强大的状态下，国际"性别关系结构模式"的变化。同样被国家背景赋予男性气质的还有《战狼2》里的中国大使，拥有"同谋性男性气质"典型配置的戴着金丝眼镜、书生气十足的樊大使在面对武装分子时毫不示弱，从容淡定，展现出完美的男性气质。值得一提的还有《战狼》中队长龙小云的性别构建。在军队这样的男性士兵居多的特定结构下，龙小云"通过性别实践，主动习得和构建男性气质，令自己处于男性气质的位置上"[6]。这些男性气质的构建方式使人物更加丰满、更加立体，也更加接地气。男性气质构建的瑕疵和多样化，都能够让大众感觉他们就在身边，产生共情，也更有利于主旋律电影发挥其教化作用。

四、结语

随着时代的变化，男性气质的表达也越来越多元化，近年来都市影片中多呈现出"花美男""小鲜肉"等男性气质构建方式，在一定程度上受到了受众的追捧，很多制片方也纷纷在利益的驱动下追寻这一商机，进一步将其现象化。这种男性气质的构建方式，对于广大电影观众来说会在一定程度上对男性气质的认知产生影响。在整个社会中，男性气质构建的第一环就是"在具体历史条件下，特定机构或文化定义了集体层面的男性气质性别实践构型"[6]。电影作为一种大众传播媒介，其男性气质构建实践即起到了这个作用。尤其是对于青少年来说，在7到20岁这一阶段，他们经历了从"写实主义高峰"到"审美感受性出现"，再到"审美专注的危机期"的变化过程。他们最初从模仿感官世界中出现的人的言谈举止开始，产生崇拜心理，随后深究于其背后的文化内涵。在形成独立的自我意识的过程中，这些经历对他们产生了长久的影响。随着社会的发展，主旋律电影为了适应政治、经济及大众的需求，其男性气质的构建也越来越具备多样性，也更加注重多维度呈现。这种男性气质的构建不仅发挥了主旋律电影作为宣传工具的作用，还帮助巩固了意识形态的建设，增强了国家认同感。同时，它也促进了中国男性性别身份的形成，引导大众进行自我性别身份的反思与调整。

参考文献：

[1]杨菊:《当代中国电影文化格局的形态特征及其发展趋势》，上海师范大学 2003 年研究生论文。

[2]彭涛:《坚守与兼容:主旋律电影研究》，华中师范大学出版社 2013 年版，第 26 页。

[3]达琳·M.尤施卡:《性别符号学:政治身体/身体政治》，程丽蓉译，译林出版社 2015 年版，第 161、95 页。

[4]孙佳山:《三十年"主旋律"的历史临界及其未来》，《电影艺术》，2017 年第 6 期。

[5]汪荣:《类型叙事、跨地生产与青年消费:"主旋律"电影的现状与发展趋势》，《电影评介》，2018 年第 24 期。

[6]詹俊峰:《性别之路:瑞文·康奈尔的男性气质理论探索》，广西师范大学出版社 2015 年版，第 108、103—104、110、105 页。

[7]陈犀禾、翟莉滢:《改革开放 40 年来主旋律电影中的国家形象研究》，《艺术百家》，2019 年第 1 期。

[8]秦琼:《主旋律电影的变与不变:近十年来的主旋律电影叙事研究》，《长江文艺评论》，2019 年第 1 期。

（原载《电影文学》2021 年第 10 期）

纪念空间的转型对红色记忆的书写与传承影响

高 月 翟光勇*

摘 要：纪念空间作为一种媒介，是红色记忆赖以书写与传承的基础。科技的进步促使实体纪念空间不断向虚拟的网络空间转型，时空连续性和身体实践被数字化叙事所取代，集体参与也演化为个人书写。这一变化在拓宽红色文化记忆传承空间、强化国家话语的同时也容易带来记忆淡化及红色文化褪色的危险。红色记忆的书写与传承需要创新手段打通两类纪念空间，在互联网时代切实做好红色记忆的当代叙述，构建传承的常态化机制。

关键词：纪念空间；转型；红色记忆；书写；传承

纪念空间作为一种媒介和符号，不仅是实践活动的场所，更是一种文化景观。它立足当下环境，以厚重的历史为脚本，最终指向未来的实践与行为，用于唤醒记忆、缅怀历史、传承文化等。民族之灵魂的红色记忆作为一种集体记忆和文化实践，总是在特定空间中生成和传递，因而纪念空间的建设与维护对红色记忆的书写与传承起着决定性的作用。科技发展日新月异，加之社会转型期的步调加速，纪念空间在时代大浪潮下也开始由线下实体空间向线上虚拟空间转型，这给红色记忆的书写与传承也带来了新的时代命题。本文基于纪念空间网络化转型的时代语境，聚焦这一转型对红色记忆产生的影响，并试图探讨红色记忆在新型语境下如何突破创新，探索更好的记忆书写与传承路径。

---

*作者简介：高月，讲师，主要研究方向：媒介文化、纪实影像。翟光勇，副教授，硕士生导师，主要研究方向：媒介社会学、体育传播。

一、纪念空间的转型与红色记忆的时代书写

（一）纪念空间的文化意义及其网络化转型

纪念空间不仅指举行各种纪念活动的物理性场所，更包含文化承载的各类符号及"记忆之场"，是塑造文化景观、传承集体记忆、建构身份认同的重要来源。档案馆、博物馆、遗址公园、烈士墓，甚至是一扇门、一堵墙……都属于纪念空间的范畴，它们借以环境的设计、展品的选择、气氛的营造等来彰显价值、传达意义，成为记忆共享及延续的容器和桥梁。空间是"记忆的介质"，记忆在空间中的共享与延续同样为民族和国家提供着认同的资源。美国学者本尼迪克特·安德森就曾提及，近代国家这一"想象的共同体"之所以能够建立，就是因为人们拥有共享的记忆，而提供这些记忆资源的载体之一就是纪念空间[1]。实际上，似乎很少有其他景观构筑物能像纪念空间一样具有如此强大的文化建构力和持久的文化传播力[2]，这也能够说明纪念空间何以上升到国家维度，与文化象征及精神标志相连接的原因。随着时代的进步、技术的更迭，社会转型大浪潮下，人们都步入加速的"快车道"，沉稳静谧的纪念空间也不可避免地被囊括进了新媒体的影响范围中。一些实体的纪念空间开始被压缩，取而代之的是网络化的虚拟纪念空间，人们不需要亲临现场，仅仅借助移动设备就可实现一键祭祀、在线缅怀。科技将纪念空间转化为数字，将纵向时间和横向空间都压缩到一个节点上呈现给人们，使得实体纪念空间逐渐摆脱其对物理环境的依赖。

（二）红色记忆的时代书写及其传承逻辑

纪念空间通过共享记忆发挥作用，正是因为这些记忆，空间才具备了纪念价值。红色记忆作为集体记忆的一种，其内涵随着时代的发展不断丰富，在中华几千年的文化传承中成为激励华夏儿女前赴后继的动力源泉和民族化的标尺。所谓红色记忆，是指中国共产党在历史进程的多年浴血奋战中所积淀下来的宝贵财富和历史遗产，它凝聚着党的优良作风和光荣传统，国家如果淡忘红色记忆，就会得"软骨病"，就不会永远挺直脊梁。无论是革命亲历者，还是

非亲历者，红色记忆都是镌刻在人们脑海中的一种世代传承的记忆，从而构成人们的政治取向及心理基础，以此赋予民族和政治的边界。井冈山先烈的英勇事迹、延安精神、长征故事、北大荒精神、西柏坡精神……这些内涵丰富的红色记忆，展现了先驱们波澜壮阔的革命历程，构成了集体记忆中不可或缺的一部分。

红色记忆是一种力量，对红色记忆的传承需要把握其内在逻辑。首先，红色记忆具有价值认同的作用，蕴含着社会主义、集体主义以及爱国主义的价值观[3]。其传承不仅是巩固执政党的政治保证，也是坚定文化自信、打造文化高地的需要，因而对红色记忆的传承必须同时把握政治与文化的因素，既从历史的维度进行传承，也将其置于未来的语境进行叙述。其次，红色记忆是历史的，"没有一个国家能够和自己的历史一刀两断"[4]。习近平总书记曾指出："历史是现实的根源，任何一个国家的今天都来自昨天。只有了解一个国家从哪里来，才能弄懂这个国家今天怎么会是这样而不是那样，也才能搞清楚这个国家未来会往哪里去和不会往哪里去。"[5] 与此同时，中央更是一再强调"不忘初心、牢记使命"的主题教育，为的就是深入历史，从历史中读懂"红色基因"，从而真正明晰"我属于哪种政治组织""这个组织是什么样的"等问题，以进一步提升政治自觉、规范政治行为。最后，红色记忆是未来的，国家和民族的发展离不开红色记忆的内在支撑和世代传承。红色记忆是个持续生产的动态过程，人民主体一直在孜孜不倦地创造特定时代的红色记忆。基于未来的发展方向，我们在鼓励红色记忆生产的同时也要根据不同时代的主体特性，有选择性地将时代血液注入红色记忆，把握记忆建构的"凸显"与"遮蔽"双重机制，以此才能规避复杂多样的政治干扰和多元文化的冲击。总之，"我们在用一只手把握住过去的散失的同时，也要用另外一只手把握住过去的传承的现实"[6]。对红色记忆的理解要同时把握历史与未来的维度，其共享与延续既为一代又一代的奋进者凝神铸魂，也为国家和民族未来的发展道路奠基铺石。

二、纪念空间转型中红色记忆新的呈现方式

（一）断线为点：数字化叙事打破时空及实践的连续性

传统意义上的纪念空间都是被严格限制在固定的地理位置上，也必须遵循一定的时间线性规律，红色记忆在传统纪念空间中的运行因而也需绑定在特定的实体空间中以及具有明确"开始时间"与"结束时间"的严格边界。现代传媒技术的介入，重组了传统纪念空间固有的时空序列[7]，技术抽离了时间和空间概念，将过去的记忆和远方的位置变为"此刻此在"，严格的场所限制和物理时间限制被解构而散落，红色记忆也从"线性"中脱离，转变为数字化的"点"。依托网络代码的转译，人们不用亲临现场，一键便可将远在天边的空间拉到眼前，也不需严格遵循线性的时间规律，随时就可任意切换进入一个点。

红色记忆在网络纪念空间中被转化为"0"和"1"，这同样也解构了身体实践的连续性。红色记忆通过仪式及操演加以唤醒与强化。传统纪念空间中，基于一定的仪式性和神圣性，主体需要有准备地将时间空出并亲赴一定的物理场所，并通过身体实践对记忆进行建构，在这个过程中，主体的目的是明确的、唯一的，全身心地在场，因而这段记忆的唤醒必然也是连续的、完整的。而网络纪念空间中，身体实践和操演被省略，敬畏感、仪式感和神圣感一定程度上被消解，取而代之的是随时随地的"一键介入"和碎片化的学习，且在这个过程中主体极易被其他事务干扰而分神，并随时可以暂停、倒带、快进或退出，成为"时空碎片"的打卡签到。

（二）日常化转移：集体参与转向个人书写

红色记忆在网络纪念空间中呈现的最主要载体便是移动媒介。人们使用移动媒介，将空间与记忆联结成一个有机整体，创造出一种数字化网络记忆的新形式[8]，并从中回忆过去、书写历史。技术赋权下，媒介确实可以解放话语权力以供多元表达，但从记忆传承的前后端角度来说，红色记忆的叙述却从集体参与向日常化的个人书写转移了。

传统纪念空间中，红色记忆的传承往往依附主体的高度参与和高效互动来

完成，且这种参与往往都是有规范、有组织的，每个人都是按照特定的要求以集体的形式进行参与，既包括主体与主体的集体参与，也包括主体与物的集体参与。而网络纪念空间中，主体的参与更多是基于自主性和随意性，主体与主体以及主体与物都是分离的，红色记忆的书写也向日常化转移了。一方面，主体间被屏幕隔绝，各自在不同的时间段介入，"时间差"使得单位的集中性和集体性被拆分冲散。非对称的互动性使得主体更多倾向于超链接的分享与讨论，而这个过程也是基于主体的个性化选择，逐渐地，个人的书写开始拥有了对红色记忆的"议程设置"的功能：在浩瀚如海的红色记忆中，被个体反复链接分享和讨论的记忆会逐渐深刻，而那些未被主体选择的文化和记忆则会淹没在主体的"屏幕快速下滑"中。另一方面，借助移动媒介的中介，主体会根据自身的使用特性，逐渐培养成一种日常化的红色学习和记忆保存习惯。而日常使用习惯是个人的，对记忆的理解和书写也是个性化的。加之移动媒介使用的日常化，记忆工作也在日常生活实践中化繁为简，红色记忆的书写和传承似乎成为一种介于有意识和无意识之间的日常活动。

三、纪念空间的转型对红色记忆书写和传承的影响

（一）纪念空间网络化转型对红色记忆书写和传承带来的文化机遇

1.多种记忆符号联动，拓宽传播新空间

现代信息技术正在解构与重构我们对时空的认知，也解锁了很多现实的不可能。首先，有关红色记忆的一些历史性物件保存并非完整，但网络纪念空间可以弥补有关资料的残缺，将已消失的事物重新呈现在人们面前。其次，传统纪念空间对红色记忆的呈现方式是单一的，所赋予的"记忆之场"也多为视觉和听觉的传达，但在网络纪念空间中，红色记忆可以诉诸各感官的联动刺激以满足"读图时代"的所有诉求，图文、视听、可视化、大数据、云图、VR、3D等均可让主体身临其境并感同身受，参与者只需虚拟在场便可进入网络纪念空间，哪怕参与者缺席，也可以通过各种"象征符号"获得某种信仰记忆。最后，网络纪念空间的超时空性可以通过提供更大范围的仪式共享及社会阶层的去中心化来提升参与者的主体意识和行动积极性[9]，有利于主体的多元文化表

达。通过各行各业的讨论，有关红色记忆的多方面细节大规模涌现，更多的红色记忆也被挖掘、被补充，从而丰富了人们对红色记忆的认知，提供了一种对中国革命的多元理解。

2.提升文化自觉，进一步巩固国家话语

网络纪念空间的开放属性使得主体更加便捷地参与各种纪念仪式与纪念活动，进而给集体记忆的建构和文化自觉的提升带来契机。所谓文化自觉，是指生活在一定文化中的人对其文化有自知之明，明白它的来历、形成过程、所具有的特色和它发展的趋向，它强调的是一种多元、开放的文化观[10]。网络纪念空间的便捷性和开放性为红色文化的学习提供了技术支撑和保障，有利于主体全面了解红色记忆，把握党在革命奋战中艰苦卓绝的革命精神以及明晰我国在当代国际环境中的地位，以此坚定文化自信，提升文化自觉。网络纪念空间在提升文化自觉的同时也强化了国家话语，这表现在红色记忆在网络空间中偏向个人的日常化书写，而国家话语的路径便是以日常化的个人记忆为切入口，将个体记忆"媒介化"进行圈层辐射，从而反向唤醒集体记忆。主体参与红色记忆的相关实践，都必须遵循一定的规律和准则，以将个人行为限定在国家话语预先设定的框架中。如2017年建军节前夕，《人民日报》App推出的"我的军官照"项目在生成图像之余会自动生成主标题，且页面布局、色调及版式都是被限定好的，并镶上红色烙印；再如《人民日报》App2018年推出的"时光博物馆"项目，无论网友如何进行内容创作，在微博上发布时都需加上"中国有我 时光有我"的标签。诸如此类的还有"献礼新中国成立七十周年""我和改革开放"等，这些设定将主体的个人日常记忆与国家和民族的记忆相勾连，使个人记忆在自媒体平台产生裂变，从而通过情感共振更好地实现红色记忆的传承。

（二）纪念空间网络化转型对红色记忆书写和传承带来的现实挑战

1."记忆"的挑战：仪式感式微造成记忆淡化

纪念空间中的仪式感是参与者内心情感的直接表现，也是强化记忆之场记忆功能的关键[11]。美国学者詹姆斯·凯瑞曾强调仪式的作用是共享信仰和意义："仪式观是共同信仰的创造、表征与庆典……其核心是将人们以团体或共同的身份召集在一起的神圣典礼。"[12]传统纪念空间中，意义的传达和价值的

内化往往通过仪式感进行催化升华，其中身体操演起着关键的作用。一方面，主体借助各种身体操演将内心情感进行仪式感的外化，同时也通过神圣氛围的营造来影响他人，以此加强记忆的深刻性。如面向党旗的宣誓、面对烈士墓的默哀，主体在纪念空间中实在化在场，自然而然便会接受仪式感的涵化：放慢脚步、压低声音、脱帽肃立以及不由自主地生发崇敬和敬畏之感。另一方面，由于仪式感的强化，传统纪念空间才有了庄严感和神圣性，环境熏陶下会进一步刺激更具有仪式感的身体操演，仪式感的实践变得合情合理且十分必要，纪念空间的纪念性进一步强化。

而网络纪念空间中，身体操演很大程度上为数字化叙事所取代，红色记忆的仪式感也逐渐为网络的强大包容性所消解，仪式感的式微，直接后果便是记忆的淡化。依靠网络纪念空间的便捷性，主体不再亲赴严肃的实体纪念空间，而是在开放、多元的网络纪念空间中通过屏幕刺激着感官，在各种红色历史和知识中实现"一键打卡"。与此同时，隔着屏幕，主体不对虚拟的纪念空间进行各种参拜、默哀、宣誓等实体性的操演，内心情感和深层记忆也无法被直接触动，深刻的"脚印记忆"变成瞬间的"打卡记忆"，主体的身份也从"参与者"转为了"旁观者"。缺少了神圣感的环境熏陶和作为催化剂的身体操演，仪式感对记忆深化的力量被阻隔，红色记忆的纪念性也大打折扣。长此以往，主体会逐渐忘却纪念空间纪念的是谁、纪念的是什么，从而将纪念空间与红色记忆相剥离。虽然纪念空间不是红色记忆的唯一载体，但红色记忆的传承必须要求主体对被纪念者或革命史实有一定的"前见知识"和情感基础。当主体在浏览红色文化时的情感投入弱于浏览娱乐节目的时候，红色记忆的纪念空间可能会被娱乐空间所侵蚀。这使得主体在记忆的缺失中沦为"形式主义"的躯壳，有关红色的所有记忆也就无从传承，纪念也变得毫无意义。

2."红色"的挑战：红色褪色及变色的危险

纪念空间不是简单的物质化或精神化的空间，而是一个多种权力、资本争夺的场域。网络纪念空间同样也面临各方冲击，这可能导致"记忆仍是记忆，红色却不再鲜明"的隐患。

一方面，多元文化的干扰解构了红色的严肃性。在经济全球化、后现代的思潮中，多元文化和个人化的记忆解读盛行，一些红色记忆中的经典在多元文化的冲击下被戏谑、歪曲，这不仅消弭了党浴血奋战的革命记忆，甚至可能对官方的红色记忆和意识形态安全构成威胁，从根源上动摇革命先烈用鲜血染红的"红色性"。另一方面，民粹主义、历史虚无主义的渗透及"后真相"的干扰，纪念主体尤其是青年主体的政治判断被动摇。网络纪念空间的主力军是年轻一代的媒体移动端用户，一些别有用心之人会在政治立场和文化导向上对青年主体进行政治认同的污名化。红色记忆虽是动态生产的过程，但由于其代际递减和对革命年代距离的拉长，青年主体对红色记忆传承的坚定性和主动性也随之弱化，加之青年主体的价值观还未完全成熟，容易为历史虚无主义和民粹主义拼接渲染过的资料所诱导。而后真相时代的"情感导向"原则更是迷惑了主体对事物的判断，弱化了主体独立思考的能力，使红色记忆的神圣性被冲淡而褪色。此外，网络纪念空间是个多元开放的场域，容易受到商业的入侵和资本的宰割，红色记忆在这个过程中极易"变色"，成了主体戏谑或者消费的范本，其历史与未来赋予的意义在世俗化的冲击中褪去了其政治和文化的明确指向性。正如鲍德里亚所言："当将一个物品作为消费品的时候，人们最为关注的是它的交换价值，而往往对其价值、使用价值视而不见，物品蕴含的内在光辉、象征意义也在这时自动失效。"[13]

总之，有关政治诉求和文化方向的红色记忆是不能也不允许置喙的，红色记忆必须是深刻的"记忆"、鲜明的"红色"，二者缺一不可，这也要求我们必须对潜在的社会风险进行规避，建设好国家和民族的"精神长城"。

四、红色记忆在新型纪念空间中的书写与传承的进路选择

（一）打通两类纪念空间，加强身体操演和文化体认的自觉性

网络纪念空间是数字化、经济全球化的时代产物，但却不能因此而否认传统纪念空间的价值。传统纪念空间和网络纪念空间各有优势及缺陷，因此要将两类纪念空间相勾连，做好联动，在共存互补中实现纪念空间的价值最大化。

1.加强语言和实践的身体操演，做好身体化在场

身体操演是强化仪式感、传承记忆的重要手段，既包括身体的实践与行为，也包括语言的交流与互动，红色记忆需要身体操演的强化以凝聚人群、提升认同。红色记忆的身体记忆主要是亲历者记忆，即亲身经历革命、建设、改革历

史的个体所拥有的记忆；语言记忆则是通过沟通实现延续，是在同他人和他人回忆的语言交流中建构的[14]。一方面，网络纪念空间中，身体实践的弱化无法避免，语言交流却可以得到进一步发挥：通过符号的筛选、重组并嵌入时代特色后的再输出，网络纪念空间为主体提供有关红色记忆的技术保障和话题支撑以激发主体的高频交流和互动，如开设学习小组、意见反馈、评论分享等渠道或开展激励性评比活动，使得革命亲历者和非亲历者都能在全国范围内进行跨界交流，形成有关红色记忆的"大V"，从而将"星星之火"以圈层化传播的形式进行燎原。另一方面，身体实践性较强是实体纪念空间的优势，需要强化实体纪念空间的身体实践性以提升文化认同：常开展实际活动引导主体前往实体纪念空间以潜移默化地对其价值观进行熏陶，利用特定的环境来"唤起"特定的红色记忆，让主体意识到这个空间的"非日常性"和身体行为的"神圣性"，从而进一步接受红色的教育与洗礼。如井冈山革命根据地的活动每年会吸引大量来自各地的民众的参与，他们穿红军服、戴八角帽、吃南瓜粥、走挑粮小道、唱革命红歌……身体操演在这一过程中成为连接纪念空间和红色记忆的桥梁。

2.加强主体文化体认自觉性，做好精神化在场

纪念仪式的举行有赖于记忆主体的参与，这种参与不仅在于身体化在场，更需要精神的高度参与。纪念空间中对红色记忆的吸收程度是和主体的相关"前见知识"相挂钩，当人们的精神缺席，"前见知识"就会归零，红色的相关记忆就不能被主体"选择性注意"，自然也不会进一步地对其"选择性理解"和"选择性记忆"。现在，很多人拍照片、拉横幅、喊口号，却不能真正理解其中的意义。这种现象比比皆是，折射出人们的政治素养和文化认同。我们完全可以通过人们对待纪念空间中人物和事件的态度来了解人们对过去记忆的种种想法[15]。这些蜻蜓点水般的形式主义都是对红色记忆的错误理解，也是对红色记忆在实体纪念空间中的错误打开方式。在具体的红色实践中，只有全身心地做好身体和精神的双在场，从内心真正明晰我在做什么、我为什么要这么做的相关问题，才能从内心触动主体的情感和信仰，文化和政治体认才能高度坚定，外界的各种干扰与企图就无所遁形。在这个过程中，学校教育起到了关键的作用。一方面，通过教材承载红色记忆进行主体教化，以细节化、情景化、情节化的方式提升他们的"前见知识"和文化体认的自觉性；另一方面可以将网络纪念空间中的初步认知诉诸实体纪念空间中的强化与巩固，以实现二者的互补与联动。例如，在学习邱少云的英雄事迹后，带领青年主体亲赴纪念现场，通过庄严的仪式感和一些特定的身体操演，亲身感受先烈们甘愿为革命流血牺牲的坚强意志，从而将这些红色记忆嵌入内心，实现红色记忆的书写及传承。

（二）做好红色记忆的当代叙述，构建传承的常态化机制

记忆传承不在一朝一夕，而是长久宏大、需要各界合力的伟大工程。故此，必须以动态的、长远的眼光对红色记忆进行审视，做好红色记忆的当代叙述，并创新手段构建传承的常态化机制。

1.红色记忆的呈现需要立足"人性化"及"大众化"

一方面，对红色记忆的呈现需要掌握细节和方法，刻画人性化的"立体"人物形象而非脸谱化的"扁平"形象：英雄并非完美无瑕，而是普通人中的一员，这种"人性化"的转向不仅能够还原历史、还原现实，也能够激励主体爱岗敬业，坚定每个人都可以成为时代英雄、塑造新的记忆的决心，而且也使主体的思考和分辨能力得到训练。另一方面，红色记忆的传承是要将"红色"的基因刻入每位主体的脑海中而成为"记忆"。这就要求传承形式要从精英立场转向大众立场，所传达出来的内容要真正被主体所辨识和认可。如《人民日报》开设的"抖音号"，以主体喜爱的视频图文等形式和"混合情感传播模式"进行传播而获得大量追捧。需要注意的是，所强调的人性化和大众立场并非庸俗化及不加甄选地一味迎合受众，必须将记忆牢牢限定在"红色"属性内和国家话语框架中。

2.红色记忆的传承还需要兼顾"本土化"与"时代化"

网络纪念空间是全球时代的产物，但我国的红色记忆却是独一无二的，这就要求红色记忆在呈现中更多考虑本土属性，切忌故步自封的同时也避免矫枉过正。红色记忆作为我国集体记忆的一部分，在面对西方文化冲击时一定要在深扎本国土壤的基础上力求创新。时代的变迁与话语的更新以及历史对叙事的新要求又赋予历史新的意蕴，我们需要更新思维方式和话语呈现，从革命历史的富矿中打捞或开掘其中的新意[16]。一是要拓宽红色记忆书写的渠道，在延续传承红色记忆时也要生产符合当下时代特性的红色记忆，树立新时代的楷模和

标杆，如第一书记黄文秀、拆弹英雄杜富国、洞庭赤子余元君等。二是要利用现代化技术发挥红色记忆的作用，创新红色记忆的学习形式及呈现方式，诸如可视化、云图、H5、传感器技术等，在"数字中国"中挖掘更多的可能性。另外，在做好红色记忆的当代叙述、构建传承的常态化机制的道路上，媒体机构需要肩负起关键的责任。一方面，在重现红色记忆作品时，须切实做好数字把关，切不可丢失红色属性，即使是必要的改编与创新，也要坚守"不走调""不变味""不注水"，努力实现其"艺术的真实"；另一方面，媒体机构要切实做好议程设置及舆论引导，尤其是在网络纪念空间中更需要发挥意见领袖作用。在网络纪念空间与传统纪念空间相互打通的基础上，建立一个更长远、更稳定的传承常态化机制。

纪念空间是寄放记忆的场所，红色记忆借纪念空间为媒介唤醒主体记忆、激发群体认同，并通过纪念空间得到书写和传承。科技的发展与社会转型期的加速，使得纪念空间不断向网络化转型，这也使红色记忆在网络纪念空间中有"数字叙事"和"个人书写"的新的呈现方式。纪念空间的转型对红色记忆的书写和传承也带来了相应的机遇和挑战，且这种影响是动态化的，随着时代的发展而充满了不确定性，这就要求我们左手握住历史的同时右手指向时代的未来，积极打通两类纪念空间的同时做好红色记忆的当代叙述，并构建传承的常态化机制。新的语境要求新的打开方式，红色记忆的书写和传承任重道远，我们需要在网络纪念空间中做好对接和传承，在红色记忆"寻"与"思"的基础上，最终达成"跃"与"新"，保存好党和国家的红色基因库，确保红色江山永不变色，真正从思想上和行动上做到"不忘初心、牢记使命"。科技的发展日趋提速，纪念空间的网络化和数字化记忆新形态也是大势所趋，但无论技术将纪念空间推向何方，红色记忆都必须永远是鲜明的"红色"、深刻的"记忆"，一切记忆的书写和传承，都必须围绕国家展开，纪念空间中的国家话语必须永远在场。

参考文献：

[1]陈蕴茜：《纪念空间与社会记忆》，《学术月刊》，2012年第7期。

[2]翟光勇、李婷：《纪念空间的网络化转型及其文化影响》，《中州学刊》，

2019 年第 2 期。

[3]王振杰、张贵星:《构建"红色记忆"传承的常态化机制》,《人民论坛》,2018 年第 6 期。

[4]阿兰·佩雷菲特:《官僚主义的弊害》,孟鞠如、李直、吕彤邻译,东方出版社 2014 年版,第 9 页。

[5]习近平:《历史是现实的根源,所有国家的今天都来自昨天》,http://news.youth.cn/gn/201404/t20140401_4958546.htm,2014 年 4 月 1 日。

[6]杜赞奇:《从民族国家拯救历史:民族主义话语与中国现代史研究》,王宪明等译,江苏人民出版社 2009 年版,第 70 页。

[7]翟光勇、李婷:《纪念空间的网络化转型及其文化影响》,《中州学刊》,2019 年第 2 期。

[8]Hoskins A: Media, memory, metaphor: Remembering and the connective turn, Parallax, 2011(4):19-31.

[9]翟光勇、李婷:《纪念空间的网络化转型及其文化影响》,《中州学刊》,2019 年第 2 期。

[10]《费孝通论文化与文化自觉》,群言出版社 2005 年版,第 248 页。

[11]翟光勇、李婷:《纪念空间的网络化转型及其文化影响》,《中州学刊》,2019 年第 2 期。

[12]詹姆斯·凯瑞:《作为文化的传播——"媒介与社会"论文集》,丁未译,中国人民大学出版社 2019 年版,第 40 页。

[13]让·鲍德里亚:《消费社会》,刘成富、全志钢译,南京大学出版社 2001 年版,第 118 页。

[14]龙柏林、潘丽文:《文化整合的红色记忆维度》,《南京社会科学》,2018 年第 4 期。

[15]庞璐:《事件型纪念空间的设计研究》,北京林业大学 2011 年研究生论文。

[16]陈振华:《红色记忆的当下叙述》,《安徽日报》,2018 年 2 月 23 日,第 11 版。

（原载《广西社会科学》2020 年第 6 期）